T0316913

Institutionnaliser l'évaluation des politiques publiques

Étude comparée des dispositifs en Belgique, en France, en Suisse et aux Pays-Bas

P.I.E.-Peter Lang

Bruxelles · Bern · Berlin · Frankfurt am Main · New York · Oxford · Wien

Steve JACOB

Institutionnaliser l'évaluation des politiques publiques

Étude comparée des dispositifs en Belgique, en France, en Suisse et aux Pays-Bas

Collection « Cité européenne »
n° 35

Éditions scientifiques internationales
Bruxelles, 2005 ; 2e tirage 2006
1 avenue Maurice, B-1050 Bruxelles, Belgique
www.peterlang.com ; info@peterlang.com

Imprimé en Allemagne

ISSN 1376-0890
ISBN 10 : 90-5201-078-1
ISBN 13 : 978-90-5201-078-6
D/2006/5678/09

Information bibliographique publiée par « Die Deutsche Bibliothek »

« Die Deutsche Bibliothek » répertorie cette publication dans la « Deutsche Nationalbibliografie » ; les données bibliographiques détaillées sont disponibles sur le site http://dnb.ddb.de.

Remerciements

Cet ouvrage est une version remaniée d'une thèse de doctorat soutenue à l'Université libre de Bruxelles, en mars 2004. Au terme de ce travail, j'ai la conviction que celui-ci n'aurait pu aboutir sans le soutien de nombreuses personnes. Je suis particulièrement redevable aux professeurs Jean-Louis Genard et Frédéric Varone, les promoteurs de cette thèse, qui ont accepté d'en faire une lecture critique assortie de nombreux commentaires et qui furent de véritables guides patients, attentifs et disponibles. Je tiens aussi à remercier les membres du jury (Odile Daurmont, Alain Éraly, Paul Magnette et Pierre Muller) pour leur intérêt et leur encadrement en cours de route.

J'exprime également ma gratitude à toutes les personnes qui, à des titres divers, ont contribué à l'accomplissement de ce travail. Parmi celles-ci figurent en bonne place mes collègues de l'Association universitaire de recherche sur l'action publique (AURAP) de l'Université catholique de Louvain et du Groupe de recherche sur l'action publique de l'Université libre de Bruxelles (GRAP) pour leur important soutien moral et leurs nombreux conseils théoriques et méthodologiques dispensés lors des séminaires de recherche mais aussi à l'occasion de pauses rendant ainsi mon cadre de travail aussi stimulant qu'agréable, Christophe Pasquet qui a accepté de procéder à une relecture attentive du manuscrit final, ainsi que Nathalie Risse, Philippe Bézès, Pieter Bouwen pour la relecture de chapitres et les commentaires constructifs qu'ils ont formulés. Je tiens également à remercier les enseignants du DEA « sociologie politique et politiques publiques » de l'IEP de Paris et tout particulièrement Pierre Muller, Christine Musselin, Pierre Lascoumes, Patrick Le Galès et, *last but not least*, Jean Leca qui m'a fait partager ses analyses et points de vue originaux sur mon sujet de recherche mais également sur la science politique en général.

Une recherche comparée de cette ampleur nécessite un financement et un soutien logistique. Je remercie les institutions qui m'ont fait confiance depuis le début de cette démarche. Il s'agit de l'Université libre de Bruxelles qui m'a octroyé une bourse de recherche (Mini-arc), des Services fédéraux des affaires scientifiques, techniques et culturelles et du Ministère de la Région de Bruxelles-Capitale (*Prospective research for Brussels*). Dans le même ordre d'esprit, je n'oublie pas Philippe Baret à qui j'adresse un remerciement tout particulier.

Les ressources financières garantissent des conditions d'existence et de recherche confortables mais ne suffisent pas à alimenter une recherche centrée sur les acteurs. C'est pourquoi, je souhaite, une fois encore exprimer ma gratitude à toutes les personnes que j'ai interviewées. Leur accueil et la qualité des informations transmises en toute transparence, même lorsque j'abordais des sujets sensibles, constituent un matériau inestimable.

Enfin, cette recherche n'aurait pu aboutir sans le soutien constant et les encouragements permanents de Virginie. Les remerciements que je lui adresse ici n'expriment qu'une infime partie de mes sentiments. Sa patience et sa compréhension m'ont permis de surmonter les écueils du découragement.

Table des matières

Deuxième partie

La construction et l'adaptation des dispositifs institutionnels

Liste des figures

Liste des tableaux

Liste des abréviations

AGEVAL	Arbeitsgruppe Gesetzesevaluation
APSR	American Political Science Review
ARSS	Actes de la recherche en sciences sociales
CAW	Contrat d'avenir pour la Wallonie
CDF	Contrôle fédéral des finances
CdG	Commissions de gestion
CEPP	Commission externe d'évaluation des politiques publiques du canton de Genève
CGP	Commissariat général du Plan
CIME	Comité interministériel de l'évaluation
COBA	Commissie voor de Ontwikkeling van Beleidsanalyse
CNE	Conseil national de l'évaluation
CSE	Conseil scientifique de l'évaluation
ENA	École nationale d'administration
INTEVAL	International Research Group on Policy and Program Evaluation
INTOSAI	Organisation internationale des institutions supérieures de contrôle des finances publiques
IOCE	International Organization for Cooperation in Evaluation
IWEPS	Institut wallon de l'évaluation, de la prospective et de la statistique
LOLF	Loi organique relative aux lois de finances
OCDE	Organisation de coopération et de développement économiques
OFSP	Office fédéral de la santé publique
OPCA	Organe parlementaire de contrôle de l'administration
OPEPP	Office parlementaire d'évaluation des politiques publiques
MEC	Mission d'évaluation et de contrôle
NAO	National Audit Office
PMP	Politiques et management public
PNR	Programme national de recherche

RCB	Rationalisation des choix budgétaires
RFAP	Revue française d'administration publique
RFSP	Revue française de science politique
RIPC	Revue internationale de politique comparée
RISA	Revue internationale des sciences administratives
RSSP	Revue suisse de science politique
SEE	Société européenne d'évaluation
SER	Socio-Economische Raad
SEVAL	Société suisse d'évaluation
SWEP	Société wallonne d'évaluation et de prospective

Introduction

L'évaluation des politiques publiques est un concept récurent du discours politique contemporain. Cette pratique jette un nouveau regard sur l'action de l'État et rompt le monopole des traditionnels contrôles de légalité et de régularité en vigueur jusqu'il y a peu. Sans doute est-ce parce qu'elle fournit des clés de compréhension sur les effets des politiques et de la mesure de l'atteinte des objectifs que l'évaluation apparaît si populaire. Il est vrai que l'évaluation permet de répondre aux attentes des principaux acteurs intéressés par l'amélioration de la gestion publique. Pour les décideurs, qui entendent appuyer leurs décisions sur des données objectives, l'évaluation est une source d'informations non négligeable. Les responsables administratifs, soucieux d'améliorer la gestion interne de leurs services, trouvent dans cet exercice une impulsion à un processus d'apprentissage organisationnel. Enfin, les citoyens désireux de disposer d'explications sur la conduite de l'action de l'État peuvent, à la lecture de certains rapports d'évaluation (par exemple, sur les sites internet d'organismes spécialisés tels que la Cour des comptes[1] ou le portail français de l'évaluation[2]), prendre conscience des contraintes limitant les initiatives des pouvoirs publics.

L'évaluation, composante des sciences sociales[3], s'est développée aux États-Unis, au cours des années 1970, avant de se généraliser dans la plupart des démocraties occidentales[4]. Cet essaimage se comprend par le fait que les principales raisons explicatives de ce mouvement sont

---

[1] http://www.courdescomptes.be (Belgique), http://www.ccomptes.fr (France), http://www.rekenkamer.nl (Pays-Bas), http://www.efk.admin.ch (Suisse) [consultés le 2 août 2005].

[2] http://www.evaluation.gouv.fr [consulté le 2 août 2005].

[3] L'évaluation est une pratique pluridisciplinaire qui, très rapidement, s'est autonomisée des disciplines académiques auxquelles elle emprunte les techniques et méthodes. En se développant, l'évaluation alimente de multiples réflexions théoriques et recherches empiriques, mais aussi des débats politiques. Des revues scientifiques lui sont spécialement consacrées, des sociétés professionnelles se constituent au niveau national et/ou régional, et des instances parlementaires ou exécutives sont formellement en charge de piloter des évaluations. Tous ces éléments participent d'un même mouvement qui vise à développer et à améliorer la pratique et l'utilité de l'évaluation des politiques publiques.

[4] Furubo, J.-E., Rist, R. et R. Sandhal (eds.), *International Atlas of Evaluation*, New Brunswick, Transaction Publishers, 2002.

universelles. Brièvement, il s'agit d'une volonté de réduire les déficits publics et de freiner l'érosion du degré de confiance des populations envers leurs institutions. Ces symptômes conduisent les gouvernements à amorcer un programme de modernisation de la gestion publique qui s'appuie sur une idéologie managériale inspirée des théoriciens de la Nouvelle Gestion Publique (*New Public Management*)[5]. C'est dans ce contexte que l'évaluation des politiques publiques est devenue un instrument au service des acteurs politico-administratifs poursuivant un objectif général d'amélioration de la gestion publique en vue d'offrir aux citoyens un service de qualité.

En raison de ses finalités pratiques, l'évaluation peut être mobilisée par les acteurs politico-administratifs aux différentes étapes du cycle d'une politique publique. En mettant à la disposition des décideurs une information précise sur des enjeux particuliers, les savoirs produits par l'évaluation alimentent les débats lors de l'élaboration d'une politique et peuvent, dans certains cas, légitimer la prise de décision. Ensuite, elle permet d'éviter les lacunes ou les déficits de mise en œuvre, par lesquels une intention politique est détournée de ses objectifs originels suite aux aléas de concrétisation de l'action publique (par exemple : non-exécution, application sélective, etc.). En fin de cycle, l'évaluation est une démarche qui permet de vérifier l'efficacité et l'efficience de l'intervention publique, c'est-à-dire de s'assurer que le problème collectif à l'origine de la politique est résolu.

Dans cet ouvrage, nous abordons l'évaluation à travers le prisme de l'analyse institutionnelle en mettant tout particulièrement l'accent sur les processus de création et d'adaptation de dispositifs institutionnels. Ceux-ci se composent d'organisations (un service d'évaluation interne à l'administration, une commission parlementaire, etc.) et de règles (une clause dans une loi) qui contribuent au développement et à la pérennité de la pratique évaluative dans un pays. Telle que nous la concevons, l'institutionnalisation correspond à une « routinisation » du recours attendu sinon obligatoire à l'évaluation et peut, dès lors, être mesurée à l'aune de sa pratique effective au sein des instances politico-administratives. À la suite de Patrice Duran, nous considérons que « le développement de l'évaluation est tributaire du type d'État dans lequel il se produit et de la nature des élites susceptibles de la porter, comme des éléments plus culturels à travers lesquels la chose publique trouve sa définition et sa justification »[6]. Ainsi, la conception et le choix du dispositif sont

[5] Hood, C., « A Public Management for All Seasons? », *Public Administration*, 1991, vol. 69, n° 1, pp. 3-19.

[6] Duran, P., « Les ambiguïtés politiques de l'évaluation », *Pouvoirs*, 1993, n° 67, p. 137.

aussi importants à étudier que la sélection des méthodes retenues pour la réalisation d'évaluations.

C'est à travers une analyse comparative que nous voulons mettre en lumière les différentes approches du même phénomène, en tenant compte de la culture et de la mentalité administrative inhérente à plusieurs pays. Dans cette optique, nous présentons une description qualitative de l'institutionnalisation de l'évaluation dans quatre pays européens – la Belgique, la France, la Suisse et les Pays-Bas – qui met l'accent sur la genèse des processus, sur la configuration des dispositifs actuels et sur le développement régional ou en réseau de la pratique évaluative.

L'originalité de cette étude réside dans la manière dont nous abordons les institutions et l'institutionnalisation. La construction de dispositifs institutionnels permet, par l'agrégation d'éléments procéduraux et organisationnels, de dépasser la singularité descriptive qui caractérise un grand nombre d'études institutionnelles. À cela, il convient d'ajouter la vision dynamique que nous avons de l'institutionnalisation qui représente un processus dont nous cherchons à comprendre les origines. Les explications mobilisent le poids des institutions auquel nous ajoutons, dans le but de prendre en compte des éléments rarement retenus par les théoriciens du néo-institutionnalisme, la volonté des acteurs.

PREMIÈRE PARTIE

L'INSTITUTIONNALISATION DE L'ÉVALUATION DES POLITIQUES PUBLIQUES

CHAPITRE I

Prolégomènes méthodologiques

1. Un objet peu étudié en science politique

S'il ne fait de doute pour personne que l'administration publique constitue un objet d'étude à part entière en science politique[1], nous ne pouvons pas en dire autant de l'évaluation des politiques publiques et encore moins de son institutionnalisation. Ce constat nous pousse à nous interroger sur le statut et la place de l'évaluation dans les études politologiques et plus particulièrement dans celles qui contribuent à l'analyse des politiques publiques.

Une recherche bibliographique atteste de la situation. En effet, il y a peu d'articles consacrés à l'institutionnalisation de l'évaluation dans les revues nationales et internationales de science politique (*Revue française de science politique*[2], *Revue suisse de science politique*[3], *Res Publica* en Belgique et *Acta Politica* aux Pays-Bas) et administrative (*Revue internationale des sciences administratives*, *Revue française d'administration publique*[4], *Administration publique : revue du droit public et des sciences administratives*). La revue *Politiques et management public* (*PMP*) représente une exception en la matière. En effet, *PMP* fait figure de pionnier dans le monde francophone puisque, dès sa création, elle consacre des articles à l'évaluation des politiques publiques. Ceci explique, sans doute, pourquoi les porteurs de projets sur lesquels nous reviendrons plus tard se tournent vers cette revue pour la publication des comptes-rendus de leurs journées d'études[5]. Par contre

---

[1] Duran, P., « Les développements récents de l'analyse comparative dans le domaine de l'administration publique : l'administration, entre l'État et les politiques publiques », *PMP*, 1984, vol. 2, n° 3, p. 28.

[2] Duran, P. et É. Monnier, « Le développement de l'évaluation en France. Nécessités techniques et exigences politiques », *RFSP*, 1992, vol. 42, n° 2, pp. 235-262.

[3] Bussmann, W., « Evaluationen und intensive demokratische Beteiligung: Ergänzung oder Ersatz? », *RSSP*, 1997, vol. 3, n° 2, pp. 83-101.

[4] En 1993, cette revue a consacré un numéro thématique à l'évaluation des politiques publiques (n° 66).

[5] « Compte rendu de la journée d'étude du 17 octobre 1987 du Club Cambon sur l'évaluation des actions publiques », *PMP*, 1988, vol. 6, n° 2, pp. 95-186. « Compte

l'évaluation donne lieu à la publication de plusieurs revues spécialisées (*Evaluation and Program Planning*, *Evaluation Review*, *Evaluation Practice*, *Evaluation*)[6]. La spécialisation du champ évaluatif passe donc par une autonomisation des publications. Sur ce point, Patrick Gibert, rédacteur en chef de la revue *PMP*, estime que les motivations qui animent les fondateurs d'une revue sont multiples. Une nouvelle publication permet de

> doter une école, voire une chapelle d'un moyen de prosélytisme, créer un symbole de l'émergence d'une discipline nouvelle, offrir un exutoire aux trop nombreux articles produits dans un domaine où les auteurs sont féconds, proposer un lieu de rencontre à un "*establishment*" scientifique.[7]

Il semble donc évident que les travaux sur l'évaluation des politiques publiques après avoir suscité un engouement passager auprès de certains chercheurs souffrent actuellement d'un problème de reconnaissance scientifique. Faut-il chercher une explication au sein de la « communauté des évaluateurs » qui s'est trop fermement repliée sur elle-même ou bien les scientifiques refusent-ils de s'intéresser à cette pratique transdisciplinaire en raison d'un cloisonnement bien établi[8] ? Il est difficile d'apporter une réponse claire et définitive à cette question. L'évaluateur ou le chercheur qui s'intéresse à cet objet doit être légitimé dans cette « famille » plutôt qu'auprès de ses collègues académiques lorsqu'il s'agit d'un universitaire. Le néophyte qui entend prendre l'évaluation comme objet d'étude doit donc entamer un double processus de socialisation qui peut engendrer des difficultés. Dans notre cas, il nous semble que nous avons évité de sombrer dans une sorte de schizophrénie entre les figures de l'évaluateur-scientifique ou du scientifique-évaluateur puisque nous avons clairement fait le choix de la recherche.

Cette démarche scientifique revendiquée est tout de même solidement ancrée dans la réalité. Pour cela, nous avons souhaité observer les évaluateurs en action à travers leurs travaux concrets en participant à un comité d'accompagnement d'une évaluation réalisée par un consultant privé (Plan énergie de la Région wallonne). C'est également pour cette raison que nous avons adopté une position engagée et participative en la matière. Après avoir esquissé les prolégomènes d'une comparaison des

---

rendu de la réunion du 25 novembre 1989 du Club Cambon sur l'évaluation des actions publiques, principes oratoires ? », *PMP*, 1990, vol. 8, n° 1, pp. 75-147.

6 Ces revues attestent de développements méthodologiques pluridisciplinaires (éducation, psychologie, économie, etc.) en évaluation.

7 Gibert, P., « Avant-propos », *PMP*, 1983, vol. 1, n° 1, p. 1

8 Scriven, M., *Evaluation Thesaurus*, Newbury Park, Sage, 1991, p. 363.

modalités d'évaluation des politiques publiques[9], nous avons participé aux colloques des sociétés d'évaluation comme observateur (Société française d'évaluation) ou comme intervenant (Société européenne d'évaluation, Société wallonne d'évaluation) et contribué aux travaux d'un groupe international en évaluation (INTEVAL). Ces diverses expériences sont riches d'enseignements pour notre travail qui porte sur l'étude de l'institutionnalisation de l'évaluation des politiques publiques. Comme nous aurons l'occasion de le préciser ultérieurement, nous considérons ce mouvement comme un processus de changement. Ce point de vue est loin d'être anodin puisque l'étude du changement administratif représente un véritable défi. En effet,

> le Léviathan étatique a […] souvent été présenté comme un ensemble monolithique plus ou moins fermé sur lui-même, intégré à un jeu compliqué d'interrelations, maîtrisant imparfaitement son environnement, ce qui autorise au total peu de modifications de l'action publique.[10]

La question qui constitue le point de départ de cette recherche est la suivante : « L'évaluation des politiques publiques s'institutionnalise-t-elle au sein des pays occidentaux et si oui, pourquoi l'institutionnalisation s'opère-t-elle de différentes manières ? ». La réponse à cette question présuppose que la pratique évaluative soit, d'une manière ou d'une autre, présente dans les pays considérés. La littérature contient en la matière quelques pistes exploratoires intéressantes. Sur ce point, Éric Monnier considère que le développement de l'évaluation des politiques publiques s'explique par la convergence de trois éléments : la complexification de l'action publique, les difficultés de pilotage et de légitimation et le développement de l'analyse des politiques publiques qui en permet l'intelligibilité[11]. De son côté, Hans-Ulrich Derlien identifie quatre principaux facteurs explicatifs du développement de cette pratique : le changement de la situation fiscale, la constellation politique, le contexte constitutionnel et le contrôle financier[12]. Si ces déclarations permettent d'alimenter une première réflexion, ces assertions empreintes, *a priori*, de bon sens et de réalisme n'ont malheureusement pas fait l'objet de

---

9 Jacob, S., « Approche comparative des politiques d'évaluation », *Pyramides. Revue du Centre d'Études et de Recherches en Administration Publique*, 2000, n° 1, pp. 85-113.

10 Muller, P. et Y. Surel, *L'analyse des politiques publiques*, Paris, Montchrestien, 1998, p. 123.

11 Monnier, É., *Évaluation de l'action des pouvoirs publics*, Paris, Économica, 2e éd., 1992, p. 54.

12 Derlien, H.-U., « Le développement des évaluations dans un contexte international » dans Bussmann, W., Klöti, U. et P. Knoepfel (dir.), *Politiques publiques : évaluation*, Paris, Économica, 1998, pp. 7-11.

validation empirique ou de test de causalité approfondi. C'est à cette tâche que nous nous employons dans cet ouvrage. Toutefois, avant d'esquisser un début de réponse à notre question de recherche, il est nécessaire de préciser le choix de la démarche ainsi que les modalités dans lesquelles s'inscrit ce travail.

2. Réflexions autour de la démarche

2.1. Une démarche comparée ...

Nous étudions les dispositifs institutionnels de chaque pays en accordant une attention particulière à l'existence de règles ou d'organisations transversales à l'ensemble de l'administration. En effet, il nous semble qu'une démarche de recherche en analyse des politiques publiques doit identifier une « porte d'entrée institutionnelle »[13] qui va déterminer la manière dont l'objet sera construit. Ensuite, conscient du fait que l'évaluation se développe selon des particularismes sectoriels (certains pays ont des traditions évaluatives plus longues que d'autres), nous nous sommes attardé sur le secteur perçu comme le plus en pointe dans son pays (par exemple la santé en Suisse et en Belgique et l'éducation en France et aux Pays-Bas). C'est pour cette raison que nous n'étudions pas le même secteur dans tous les pays.

Parmi les nombreuses méthodes permettant l'étude de politiques publiques dans différents pays, la comparaison de politiques est particulièrement utile[14]. D'une manière schématique nous pouvons la définir comme « the study of how, why, and to what effect different governments pursue a particular course of action or inaction »[15]. Cette approche comparative recourt à trois catégories méthodologiques distinctes. La première est l'étude de cas d'un secteur politique au sein d'un pays. La deuxième est l'étude statistique de différentes politiques dans plusieurs pays. La troisième, qui est celle que nous avons appliquée dans cette recherche, étudie une politique publique dans une série de pays compa-

---

[13] Muller, P., *Les politiques publiques*, Paris, PUF, Que sais-je ?, 1990, p. 91.

[14] Il existe de nombreux ouvrages présentant la méthode comparée. Parmi ceux-ci mentionnons : Badie, B. et G. Hermet, *La politique comparée*, Paris, Armand Colin, 2001. Landman, T., *Issues and Methods in Comparative Politics: An Introduction*, Londres, Routledge, 2000. Stepan, A., *Arguing Comparative Politics*, Oxford, Oxford University Press, 2001.

[15] Heidenheimer, A., Heclo, H. et C. Adams, *Comparative Public Policy: The Politics of Social Choice in America, Europe and Japan*, New York, St Martin's Press, 1990, p. 3.

rables[16]. Les descriptions des situations inter-nationales ambitionnent de dépasser la collection (également qualifiée de comparaison « de bureau » ou « Canada dry »[17]) pour tendre vers une véritable comparaison telle que l'entend Alex Inkeles lorsqu'il affirme « individual country studies are therefore 'cross national only in the sense they are conducted simultaneously »[18].

En décidant d'étudier les dispositifs institutionnels d'évaluation des politiques publiques dans quatre pays, nous avons fait le choix de la comparaison[19] pour, notamment, déterminer l'importance des traditions nationales dans les trajectoires empruntées. En entamant ce travail, la démarche comparée favorisant la forme de « l'expérimentation indirecte », telle que la définit Émile Durkheim[20], nous semblait la plus prometteuse pour atteindre un des « buts essentiels de la recherche scientifique [qui] est la recherche des traits invariants dissimulés sous le désordre des faits empiriques »[21]. Selon cet auteur, le recours à la comparaison permet de passer d'une approche purement descriptive à une approche explicative. Ainsi, il estime que la sociologie comparative n'est pas une branche de la sociologie puisqu'elle est elle-même sociologie[22]. Plus radicale est la conception de Guy Swanson qui considère que penser sans faire de comparaison est proprement impensable et qu'en l'absence de comparaisons, il ne peut y avoir de pensée et de recherche scientifique[23].

---

16 Harrop, M. (ed.), *Power and Policy in Liberal Democracies*, Cambridge, Cambridge University Press, 1992.

17 Hassenteufel, P., « Deux ou trois choses que je sais d'elle. Remarques à propos d'expériences de comparaisons européennes » dans CURAPP, *Les méthodes au concret*, Paris, PUF, 2000, pp. 105-124.

18 Inkeles, A., « Cross Cultural Research Confronts the Needs of Policymaker » dans Dierkes, M., Weiler, H. et A. Antal (eds.), *Comparative Policy Research: Learning from Experience*, Gower, Aldershot, 1987, p. 51.

19 La comparaison présuppose plusieurs objets d'analyse puisque l'on compare une chose à ou avec une autre. Sigelman, L. et G. Gadbois, « Contemporary Comparative Politics: An Inventory and Assessment », *Comparative Political Studies*, 1983, vol. 16, p. 281.

20 « Quand ils [les phénomènes] peuvent être artificiellement produits au gré de l'observateur, la méthode est l'expérimentation proprement dite. Quand au contraire, la production de faits n'est pas à notre disposition et que nous ne pouvons que les rapprocher tels qu'ils se sont spontanément produits, la méthode que l'on emploie est celle de l'expérimentation indirecte ou méthode comparative ». Durkheim, É., *Les règles de la méthode sociologique*, Paris, PUF, 1986 (1937), p. 124.

21 Morin, E. et M. Piatelli-Palmarini, *L'unité de l'homme*, Paris, Seuil, 1974, t. 1, p. 9.

22 Durkheim, É., *La division du travail social*, Paris, PUF, 1967.

23 Swanson, G., « Frameworks for Comparative Research: Structural Anthropology and the Theory of Action » dans Vallier, I. (ed.), *Comparative Methods in Sociology:*

D'un point de vue méthodologique, il est important de spécifier que dans ce type de démarche, la question de la comparabilité est centrale[24]. C'est pourquoi l'élaboration de notre typologie des dispositifs institutionnels cherche à répondre à la question « Qu'est-ce qui est comparable ? »[25] en considérant que « comparer c'est à la fois assimiler et différencier par rapport à un critère »[26]. En effet, la classification permet « d'ordonner un univers donné en classes qui sont mutuellement exclusives et collectivement exhaustives »[27]. Une fois ce travail accompli et « le sac à dos rempli d'objets construits comme comparables »[28] nous pouvons passer à l'exercice de validation du test des hypothèses puisque,

> like all scientific knowledge, social research analyses the structure of subjective actions and orientations in an effort to place it into a framework of objective understanding of social phenomena.[29]

Dans notre cas, la comparaison des dispositifs institutionnels s'appuie sur une comparaison par ressemblance (*most similar*) et par contrastes dramatiques (*most different*)[30]. La première permet de découvrir les corrélations entre la variable dépendante et la variable indépendante en maintenant cette dernière constante.

Enfin, nous avons été attentif à la mise en garde formulée par Arend Lijphart qui constate que nombre de travaux comparatifs doivent veiller à surmonter les difficultés induites par l'étude de quelques cas (*small-n*) sur la base de trop nombreuses variables. Le franchissement de cet obstacle s'est déroulé en deux temps. Tout d'abord, nous avons dépassé le cadre national, en procédant à une étude diachronique de l'institutionnalisation dans les différents pays. Ceci nous amène à comparer

---

Essays on Trends and Applications, University of California Press, 1971, pp. 141-202.

24 Frognier, A.-P., « Logique(s ?) de l'explication comparative », *RIPC*, 1994, vol. 1, n° 1, p. 63.

25 Sur ce point, C. Osgood cherche à savoir « Quand le même est-il réellement le même ? » et inversement, « Quand ce qui est différent est-il vraiment différent ? ». Osgood, C., « On Strategy of Cross-national Research into Subjective Culture », *Social Science Information*, 1967, vol. 6, n° 1, p. 7.

26 Sartori, G., « Bien comparer, mal comparer », *RIPC*, 1994, vol. 1, n° 1, p. 22.

27 Sartori, G., *op. cit.*, p. 23.

28 Hassenteufel, P., *op. cit.*, p. 10.

29 Gerhardt, U., « The Use of Weberian Ideal-type Methodology in Qualitative Data Interpretation: An Outline for Ideal-type Analysis », *Bulletin de méthodologie sociologique*, 1994, n° 45, p. 75.

30 Saurugger, S., « L'expertise : un mode de participation des groupes d'intérêt au processus décisionnel communautaire », *RFSP*, 2002, vol. 52, n° 4, p. 376.

différents dispositifs institutionnels au sein d'un même pays. Ensuite, nous nous sommes concentré sur quelques variables clés afin d'éviter

> the danger of being overwhelmed by large numbers of variables and as, a result, losing the possibility of discovering controlled relationships, and it must therefore judiciously restrict itself to the really key variables, omitting those of only marginal importance.[31]

Conscient de ce danger, nous avons formulé une série d'hypothèses réparties en trois grandes catégories tenant compte de la nature du paysage politico-administratif et des éléments conjoncturels susceptibles d'influencer les constructions institutionnelles.

En résumé, l'analyse comparative est stimulante et enrichissante même si elle impose une attention particulière sur les questions de méthodes et une prudence manifeste lors de l'élaboration du cadre théorique et conceptuel. Si l'on

> s'attache essentiellement à comprendre la diversité, de manière générale, rien n'est vraiment perçu comme allant de soi et finalement la ressemblance est aussi problématique que la différence ; une des vertus exemplaires de la comparaison est de nous éclairer sur l'identité de chaque système.[32]

Diverses motivations légitiment notre sélection de la Belgique, de la France, des Pays-Bas et de la Suisse. La comparabilité est l'élément central qui a guidé notre choix puisque plusieurs traits communs caractérisent les cas retenus. À ce premier élément, il convient d'en ajouter deux autres. *Primo*, tous les pays sont situés dans un espace géographique rapproché où la Belgique, la France et les Pays-Bas sont des voisins géographiques quasi « naturels ». À l'évidence, des relations particulières existent de longue date entre les communautés linguistiques francophone et flamande de Belgique et leur voisin respectif. Ceci se traduit, par exemple, au travers des contacts répétés que nouent certains membres de la Société wallonne d'évaluation et de prospective (SWEP) avec leurs homologues français (Société française d'évaluation) ou à des échanges transfrontaliers au sein du milieu académique. Sans verser dans une vision étroite et naïve d'import-export institutionnel[33], il apparaît réaliste de penser que les « modèles » français et hollandais peuvent percoler vers la Belgique. *Secundo*, la Suisse ressemble sous plusieurs aspects à la Belgique et aux Pays-Bas, à défaut d'être un de leurs voisins directs.

---

31 Lijphart, A., « Comparative Politics and the Comparative Method », *APSR*, 1971, vol. 65, n° 3, p. 690.

32 Duran, P., *op. cit.*, p. 31.

33 Dolowitz, D., Greenwood, C. et D. Marsh, « Policy Transfer: Something Old, Something New, Something Borrowed, but Why Red, White and Blue? », *Parliamentary Affairs*, vol. 52, n° 4, pp. 719-730.

Ces trois pays sont considérés comme de petits pays bâtis sur des clivages religieux et/ou linguistiques où prévaut le fédéralisme ou qui sont considérés comme des états unitaires décentralisés. D'ailleurs, traditionnellement, ces pays sont présentés comme des exemples types de démocraties consociatives[34], c'est-à-dire profondément divisés en diverses sous-cultures même si un mouvement de dépilarisation est à l'œuvre depuis quelques années. Cette caractéristique induit une tendance corporatiste avancée où l'État coopère de façon étroite avec un nombre limité et déterminé de groupes d'intérêts cohérents, bien organisés qui sont non seulement reconnus par l'État mais auxquels l'État a délégué certaines responsabilités publiques.

2.2. ... centrée autour des institutions

Au cours des années 1970, le courant « Politiques publiques comparées » offre de nouvelles perspectives d'analyses comparatives à la science politique. En s'inspirant des travaux d'analystes américains de politiques publiques (T. Lowi[35], D. Campbell[36], G. Pressman et A. Wildavsky[37], E. Bardach[38]), ce courant étudie, à l'aide d'un cadre analytique et d'indicateurs communs à tous les pays, les similitudes et les différences quant à l'impact des politiques publiques. Pour ces auteurs, les explications peuvent être fournies par

> les variations des systèmes politico-administratifs (lors de la formation et de la mise en œuvre de ces politiques), par la position et l'arrangement des acteurs impliqués et le poids plus ou moins dominant de chaque partie prenante.[39]

---

[34] Lijphart, A., *Patterns of Democracy. Government Forms and Performance in Thirty-six Countries*, New Haven, Yale University Press, 1999. Seiler, D.-L., « Un système consociatif exemplaire : la Belgique », *RIPC*, 1997, vol. 4, n° 3, pp. 601-623. Seiler, D.-L., « Un État entre importation et implosion : consociativité, partitocratie et lotissement dans la sphère publique en Belgique » dans Delwit, P., De Waele, J.-M. et P. Magnette (dir.), *Gouverner la Belgique. Clivages et compromis dans une société complexe*, Paris, PUF, 1999, pp. 15-51.

[35] Lowi, T., « Four Systems of Policy, Politics and Choice », *Public Administration Review*, 1972, n° 32, pp. 298-310.

[36] Campbell, D., « Reforms as Experiments », *American Psychologist*, 1969, n° 24, pp. 409-429.

[37] Pressman, G. et A. Wildavsky, *Implementation*, Berkeley, University of California Press, 1973.

[38] Bardach, E., *The Implementation Game: What Happens after a Bill Becomes Law?*, Cambridge, MIT Press, 1977.

[39] Knoepfel, P. et C. Larrue, « Les politiques publiques comparées : tourisme intelligent ou vrai progrès ? Le cas des politiques comparées de l'environnement », *PMP*, 1984, vol. 2, n° 3, p. 46.

En mettant l'accent sur les stratégies politico-administratives, ce courant opère une rupture avec l'approche traditionnelle qui compare essentiellement des institutions et des systèmes politiques. Pour les tenants de l'analyse de politiques comparées, l'unité d'analyse est la politique publique – le plus souvent isolée des autres politiques publiques – étudiée de manière concrète[40].

Comme nous venons de le préciser, le point de départ de notre démarche comparée réside dans la question formulée par Arnold Heidenheimer : « Comment, pourquoi et avec quelles conséquences agissent ou n'agissent pas plusieurs gouvernements ? »[41]. Pour y répondre, plusieurs approches et méthodes sont envisageables (par exemples : socio-économique, néo-corporatiste ou par les partis). D'un point de vue théorique, nous avons privilégié l'approche institutionnelle qui met l'accent sur le rôle de l'État et des institutions dans la définition des politiques publiques[42] et l'approche organisationnelle qui se concentre sur l'action des organisations et individus pour comprendre le fonctionnement bureaucratique. En ce qui concerne les méthodes, nous nous situons entre l'étude de cas d'une politique au sein d'un pays et l'étude statistique de plusieurs politiques dans différents pays puisque nous étudions un instrument de modernisation de la gestion publique dans un nombre limité de pays comparables.

Le point de vue que nous adoptons pour étudier l'institutionnalisation de l'évaluation est celui de l'analyste des politiques, c'est-à-dire un angle d'approche qui cherche à rendre compte des modes d'actions publiques en confrontant les textes réglementaires aux priorités et stratégies des acteurs en présence. En résumé, l'axe de notre problématique s'inscrit au cœur du travail gouvernemental et cherche à comprendre « la production, la transformation ou le dépérissement d'institutions »[43]. Pour cela, Andy Smith considère qu'il est nécessaire de désagréger les institutions de chaque système politique, d'identifier les interactions et interdépendances qui structurent les coopérations et les conflits et d'appréhender le contexte social et économique[44]. Selon Jean-Claude

---

[40] Feick, J., « L'analyse comparative des politiques publiques », *L'année sociologique*, 1990, vol. 40, pp. 179-225.

[41] Heidenheimer, A., Heclo, H. et C. Adams, *op. cit.*, p. 3.

[42] Weaver, R. et B. Rockman (eds.), *Do Institutions Matter? Government Capabilities in the United States and Abroad*, Washington, Brookings Institution, 1993.

[43] Quermonne, J.-L., « Les politiques institutionnelles : essai d'interprétation et de typologie » dans Grawitz, M. et J. Leca (dir.), *Traité de science politique*, t. 4, Paris, PUF, 1985, p. 62.

[44] Smith, A., « L'analyse comparée des politiques publiques : une démarche pour dépasser le tourisme intelligent ? », *RIPC*, 2000, vol. 7, n° 1, pp. 8-9.

Thoenig, cette approche, en privilégiant l'étude de la prise de décision, de la mise en œuvre et de l'évaluation, porte en elle le postulat de l'étatocentrisme puisqu'elle

> induit une représentation particulière du monde et des phénomènes politiques. Tout se passe comme si les autorités politiques et administratives légitimes occupaient une position sinon monopolistique, du moins hégémonique, dans le traitement des problèmes publiques.[45]

Cette remarque apparaît pertinente du point de vue de l'analyse d'une politique sectorielle (environnement, santé, culture, etc.). Toutefois, il nous semble que l'étude d'une politique institutionnelle s'accommode difficilement de cette critique. Nous choisissons d'étudier une phase particulière du cycle[46] d'une politique publique où l'administration et les décideurs sont, par essence, les principaux intéressés des effets de leurs actions. En conséquence, nous ne pouvons qu'assumer consciemment le point de vue étatocentré[47] en veillant notamment à le tempérer puisque le point de départ de notre analyse est circonscrit par les institutions publiques existantes au niveau central mais que, très vite, nous avons cherché à identifier les réseaux d'acteurs publics ou non qui contribuent au développement de la pratique évaluative.

Cet ouvrage étudie l'évaluation sous l'angle de son institutionnalisation c'est-à-dire de la place réservée à cet instrument au sein des structures administratives. Selon Robert Goodin, trois raisons expliquent l'émergence d'institutions. La première est l'accident, qui peut se résumer par la formule « what happens just happens », c'est-à-dire que l'on ne distingue ni mécanisme causal ni nécessité sociale. Dans le second cas, l'émergence résulte d'un processus évolutionniste qui emprunte à la biologie l'idée de mécanisme de sélection naturelle pour assurer la survie et l'adaptation à l'environnement. Enfin, Robert Goodin considère qu'il s'agit d'une intervention intentionnelle qui s'inscrit dans un contexte où les individus, qu'ils soient isolés ou regroupés, poursuivent un but précis.

---

45 Thoenig, J.-C., « Politiques publiques et action publique », *RIPC*, 1998, vol. 5, n° 2, p. 298.

46 Une grille d'analyse classique distingue cinq étapes : la mise sur agenda, l'élaboration des solutions, la mise en œuvre, l'évaluation et les terminaisons. Jones, C., *An Introduction to the Study of Public Policy*, Belmont, Duxbury Press, 1970.

47 D'une manière générale, cette remarque s'applique aux travaux de science politique puisque, comme le constate Theodore Lowi, « political science is itself a political phenomenon and, as such, is a product of the state ». Lowi, T., « The State in Political Science: How We Become What We Study? », *APSR*, 1992, vol. 86, n° 1, p. 1.

Les changements ultérieurs peuvent, dans certains cas, résulter d'adaptations que les fondateurs de l'institution veulent y apporter[48]. De plus, le changement institutionnel est évolutif et séquentiel,

> l'introduction de nouvelles règles collectives modifie le contexte institutionnel dans lequel évoluent les agents individuels. Ce nouveau contexte permet aux individus d'envisager de nouveaux comportements.[49]

Le moteur du changement est triple. D'une part, il est déterminé par les grands hommes rompant la routine et le *statu quo*. D'autre part, il est une conséquence de comportements créateurs établis par les nouvelles règles collectives. Enfin, il repose sur un processus cumulatif de résolution des conflits qui,

> aboutit à un nouveau contexte institutionnel. Ce nouveau contexte permet l'émergence de nouvelles pratiques individuelles, sources de nouveaux types de conflits auxquels il convient de trouver de nouvelles solutions.[50]

De ce qui précède, il est donc utile de retenir les multiples mouvements que représente l'institutionnalisation. Certains assimilent l'institutionnalisation d'un fait ou d'une pratique à sa « reconnaissance officielle »[51]. Dans certains cas, il arrive que l'institutionnalisation s'apparente à un processus de bureaucratisation qui passe par la création d'instituts de recherche ou d'administrations spécialisés et de corps de représentants qualifiés.

Au cours des dernières années, l'analyse institutionnelle montre que les efforts d'institutionnalisation tendent à s'autonomiser. L'État ne dispose pas d'un monopole en la matière et les institutions, sous l'influence de nombreux acteurs aux motivations multiples, se développent dans de nombreux secteurs y compris ceux dans lesquels il bénéficiait d'une rente de situation (cf. les instituts d'experts indépendants). Ce mouvement tend à réduire l'importance du travail parlementaire, débordé par la prolifération d'organisations « para-politiques » selon le mot de David Easton. Dans le même ordre d'idée, l'institutionnalisation désigne selon François Dubet,

---

48 Goodin, R., « Institutions and Their Design » dans Goodin, R. (ed.), *The Theory of Institutional Design*, Cambridge, University Press, 1996, pp. 24-25.

49 Van Griethuysen, P., « La contribution de l'économie évolutive dans la problématique du développement durable », Thèse inédite de doctorat, Université de Genève, 2002, p. 226.

50 Van Griethuysen, P., *op. cit.*, pp. 231-232.

51 Lenoir, R., « L'invention de la démographie et la formation de l'État », *ARSS*, 1995, n° 108, p. 44.

la reconnaissance légale, constitutionnelle ou réglementaire, des acteurs sociaux invités à participer à la table des négociations, des groupes et des individus entrant dans les divers dispositifs formels de constitution d'un débat public et d'une scène politique. Conçue de cette façon, l'institutionnalisation est indissociable du développement de l'espace démocratique, qui n'a cessé d'intégrer de nouveaux acteurs et de nouveaux problèmes dans le jeu de ces institutions.[52]

3. Les sources basées sur des études de cas qualitatives

Au chemin de la « méthodologie d'abord », nous avons donc préféré la méthode de « l'école buissonnière » c'est-à-dire la découverte grâce à l'action en éclaireur[53]. Bien souvent, il apparaît que la « démarche d'analyse institutionnelle s'apparente à un "bricolage" fait de théories et de leçons d'expériences personnelles »[54]. Ainsi, dans un premier, temps nous avons été amené à observer les situations existantes dans les différents pays. Ensuite, parce que « la recherche comparative ne consiste pas à comparer mais à expliquer »[55], nous avons décrit ces situations avant de chercher, dans un dernier temps, à les interpréter et à en comprendre l'origine sous un angle causal. Pour cela nous avons dû accepter le principe selon lequel « toute science simplifie »[56]. Cette étape représente, sans doute, la phase la plus ardue d'une recherche. En effet, lorsque le chercheur parvient au stade où il maîtrise toute la singularité et la complexité de ses cas, il est amené à les simplifier non pas pour les travestir mais pour tendre vers la généralisation[57], la régularité[58] et la

---

52 Dubet, F., *Le déclin de l'institution*, Paris, Seuil, 2002, p. 23.

53 Blondel, J., « Plaidoyer pour une conception œcuménique de l'analyse politique comparée », *RIPC*, 1994, vol. 1, n° 1, p. 9.

54 Chaty, L., « Éléments de pratique pour l'analyse des institutions » dans CURAPP, *op. cit.*, p. 254.

55 Przeworski, A., « Methods of Cross-national Research, 1970-1983: An Overview » dans Dierkes, M. *et al.* (ed.), *op. cit.*, p. 35.

56 Blondel, J., *op. cit.*, p. 12.

57 Sur ce point, Sidney Verba considère que les généralisations flétrissent lorsqu'elles sont soumises aux cas particuliers et que le risque est d'établir une explication dessinée sur mesure pour chaque cas. Verba, S., « Some Dilemmas in Comparative Research », *World Politics*, 1967, n° 20, p. 113.

58 La recherche des *statements of regularity* constitue pour Harry Eckstein le but essentiel de la théorisation. Eckstein, H., « Case Study and Theory in Political Science » dans Greenstein, F. et N. Polsby, *Handbook of Political Science*, Reading, Addison-Wesley, 1975, vol. 7, p. 88.

reproductibilité. C'est par cela que nous parvenons à produire une représentation scientifique de la réalité sociale que nous avons observée[59].

Dans une large mesure, les descriptions que nous élaborons sur la base d'études de cas[60] sont de nature qualitative. Nous ne considérons pas pour autant le quantitatif comme « quelque chose d'inférieur, de subalterne, de mécanique, et par conséquent de moins mécanique »[61] puisque, sur la base des éléments recueillis, nous esquissons une réflexion quant à l'élaboration d'indices de mesure de l'institutionnalisation de l'évaluation des politiques publiques.

Les informations sur lesquelles nous nous basons pour décrire les récits nationaux sont issues d'une cinquantaine d'entretiens semi-directifs[62] que nous avons réalisés dans chacun des pays concernés mais également de la lecture de l'abondante littérature en matière d'évaluation que nous avons confrontée aux récits qu'en donnent les acteurs concernés. Plus précisément, pour chaque pays, nous avons procédé à une recherche d'informations dans les revues internationales consacrées à l'évaluation des politiques publiques, nous avons consulté les revues nationales, les journaux officiels contenant les textes légaux et réglementaires, les actes des colloques des sociétés d'évaluation et nous avons également recueilli auprès des différentes personnes rencontrées la littérature grise composée de manuels méthodologiques, de rapports d'évaluation ou d'appel d'offres, etc.

Telles que nous les mobilisons, ces études de cas nous permettent de nous concentrer en détail sur la configuration et l'évolution des dispositifs institutionnels. Parmi les diverses possibilités que fournissent les

[59] Bourdieu, P., « La cause de la science. Comment l'histoire sociale des sciences sociales peut servir le progrès de ces sciences », *ARSS*, 1995, n° 106-107, p. 4.

[60] Dans cet ouvrage, les études de cas sont utilisées comme un mode de récolte de matériaux et non comme une méthode à part entière. Nous renvoyons le lecteur intéressé à cet aspect des choses à Yin, R., *Applications of Case Study Research*, Newbury Park & London, Sage, 1993. Ragin, C. et H. Becker (eds.), *What Is a Case?*, Cambridge, Cambridge University Press, 1992. Hamel, J., « Pour la méthode de cas : considérations méthodologiques et perspectives générales », *Anthropologie et sociétés*, 1989, vol. 13, n° 3, pp. 59-72. Les recherches en sciences administratives mobilisent très souvent des études de cas. Sur ce point voir Timney-Bailey, M., « Do Physicists Use Case Studies? Thoughts on Public Administration Research » dans White, J. et G. Adams, *Research in Public Administration. Reflections on Theory and Practice*, Thousand Oaks-London, Sage, 1994, pp. 183-196.

[61] Blondel, J., *op. cit.*, p. 17.

[62] Bachir, M. et V. Bussat, « L'entretien en actes » dans CURAPP, *op. cit.*, pp. 31-58. Montané, M.-A., « Paroles de leaders : l'entretien semi-directif de recherche est-il adaptable à de nouvelles situations d'enquête ? », *Cahiers politiques*, 2003, pp. 19-36.

études de cas[63], nous avons privilégié celle qui génère des hypothèses c'est-à-dire qui « start out with a more or less vague notion of possible hypotheses, and attempt to formulate definite hypotheses to be tested subsequently among a larger number of case »[64].

[63] Arend Lijphart distingue six types d'étude de cas : athéorique, interprétative, génératrice d'hypothèses, validant une théorie, infirmant une théorie et déviante.

[64] Lijphart, A., *op. cit.*, p. 691.

CHAPITRE II

Construction et changement

Les théories explicatives

La prise en compte des institutions dans l'étude de l'évaluation des politiques publiques est relativement originale puisque les nombreuses recherches concernant l'évaluation portent principalement sur des questions de méthode[1] ou relatent l'évolution historique de cette pratique dans un pays. Toutefois, la conception et le choix du dispositif nous semblent aussi importants que le choix des méthodes adoptées.

Comme nous l'avons mentionné dans le chapitre précédent, le cadre théorique de cette analyse mobilise des concepts empruntés à la sociologie des organisations et aux approches institutionnalistes. Concernant ces dernières, à la suite de Daniel Diermeier et Keith Krehbiel, nous considérons que l'institutionnalisme apparaît comme « particularly well suited for comparative research, whether the institutional comparisons are cross-sectional or inter-temporal or whether they are between committees or constitutions »[2], même si au cours des trente dernières années, le rôle et la place des institutions ont évolué. Ceci pour différentes raisons, et notamment parce qu'elles véhiculent une image de lourdeur et d'inertie en apparaissant comme « des bureaucraties rigides, des mondes fermés, des témoignages d'un passé dominé par l'État centralisateur »[3]. L'évolution du rôle de l'État et sa crise, où sont dénoncées les réglementations excessives, tendent à une remise en cause du « quasi-

---

[1] Conan, M., *L'évaluation constructive : théorie, principes et éléments de méthode*, La Tour d'Aigues, De l'Aube, 1998. Warin, P., *Les usagers dans l'évaluation des politiques publiques : étude des relations de service*, Paris, L'Harmattan, 1993. Bussmann, W., *Accompagner et mettre à profit avec succès les évaluations des mesures étatiques, guide de réflexion*, Genève, Georg, 1995. Lascoumes, P. et M. Setbon, *L'évaluation pluraliste des politiques publiques : enjeux, pratiques, produits*, Paris, GAPP-CNRS-Commissariat général du Plan, 1995. Spenlehauer, V., *L'évaluation de politique, usages sociaux. Trois études de cas d'évaluation*, Paris, L'Harmattan, 1995. Rangeon, F. *et al.*, *L'évaluation dans l'administration*, Paris, PUF, 1993.

[2] Diermeier, D. et K. Krehbiel, « Institutionalism As a Methodology », *Journal of Theoretical Politics*, 2003, vol. 15, n° 2, p. 124.

[3] Dubet, F., *op. cit.*, p. 52.

monopole que l'État s'est arrogé dans l'exercice du pouvoir d'institutionnaliser »[4].

La principale particularité de l'approche institutionnelle est de concentrer son attention sur le rôle que jouent l'État et les institutions dans la définition de politiques. Ce que nous mettons en évidence dans ce travail, ce sont des éléments qui ont été sensiblement moins étudiés, à savoir l'analyse des méthodes et des stratégies des « fondateurs » d'institutions[5]. C'est sur la base de ce raisonnement que nous estimons nécessaire de tenir compte d'un cadre actoriel étendu. Celui-ci englobe les instances et organismes officiels mais également d'autres acteurs non « institutionnalisés ». Dans cet esprit, les approches par les réseaux s'avèrent particulièrement enrichissantes et plus particulièrement la conception des communautés épistémiques développée par Peter Haas.

Ce chapitre présente diverses approches néo-institutionnelles (sociologique, historique et économique) et organisationnelles (écologie des populations, théorie de la contingence, analyse stratégique et l'approche par réseau). Il s'attache à présenter leur complémentarité sans cependant entrer dans toutes leurs spécificités. Une présentation exhaustive nous éloignerait considérablement de notre objet d'étude. Nous nous concentrons donc sur les concepts qui nous semblent les plus pertinents pour expliquer la nature et le processus du changement institutionnel.

1. Le poids des institutions

Les politiques institutionnelles sont celles qui, traditionnellement, font l'objet d'une grande attention de la part des juristes, des historiens et des politologues. En science politique, le terme institution renvoie régulièrement aux organes du pouvoir ou au régime politique (institution démocratique, institution totalitaire). L'institution prise dans une acception très large, très englobante et qui contient un certain flou derrière lequel il peut être commode de se réfugier permet de qualifier, rapidement, l'appareil d'État.

Ces dernières années, l'institutionnalisme fait l'objet de discussions voire de polémiques qui alimentent de nombreuses études. Actuellement, plusieurs courants revendiquent l'appellation « néo-institutionnelle », ce qui engendre une confusion quant à l'utilisation du concept[6]. Selon Peter Hall, le néo-institutionnalisme est le fruit de la rencontre entre l'histoire et la sociologie des organisations dans l'étude des institu-

4 Quermonne, J.-L., *op. cit.*, p. 85.

5 Meny, Y. et J.-C. Thoenig, *Politiques publiques*, Paris, PUF, 1989, p. 367.

6 Aranson, P., « The New Institutional Analysis of Politics », *Journal of Institutional and Theoretical Economics*, 1998, vol. 154, n° 4, pp. 744-753.

tions qui ne sont plus considérées exclusivement dans leur dimension formelle[7]. Il est vrai que le néo-institutionnalisme se caractérise par le fait qu'il met l'accent sur les principes généraux qui structurent les règles du jeu et influencent les comportements plutôt que sur la description des procédures et des structures[8]. La prise en compte des arrangements formels, et non plus uniquement des organisations, représente un point central de ces nouvelles approches.

Pour les trois écoles (sociologique, historique et économique) qui composent cette « approche », les institutions sont des règles, des normes ou des procédures formelles qui encadrent et guident les actions individuelles. En fonction des spécificités propres à chaque école, la création et le changement institutionnels ne s'expliquent pas de la même manière. Selon Frédéric Varone, ces différences peuvent se résumer de la façon suivante[9] :

Tableau 1 : Aperçu synthétique des néo-institutionnalismes

Écoles	**Sociologique (approche culturaliste)**	**Historique (approche structuraliste)**	**Économique (approche calculatrice)**
Auteurs majeurs	J. G. March et J. P. Olsen, W. Powel et P. DiMaggio	P.B. Evans, S. Steinmo	E. Ostrom, D. North
Institutions	Normes, règles, culture	Règles formelles et informelles, organisation	Règles et procédures
Niveau	Macro Institutions → Individus	Meso Individus ↔ Institutions	Micro Individus → Institutions
Création	Immanente : institutions (re)produites par individus, groupes et organisations	Contingente : institutions se développant parmi les institutions existantes	Fonctionnelle : institutions créées pour servir les intérêts de ses membres
Institutionnalisation	C'est un processus de reproduction qui détermine fortement le comportement des individus	Il s'agit avant tout d'un processus de consolidation voire de fossilisation	C'est un processus de répartition des « gains »

7 Hall, P., *Governing the Economy: the Politics of State Intervention in Britain and France*, Cambridge, Cambridge Polity Press, 1986, pp. 19-20.

8 Lowndes, V., « Varieties of New Institutionalism: A Critical Appraisal », *Public Administration*, 1996, vol. 74, p. 183.

9 Varone, F., « Approches (néo)institutionnalistes : la contribution de R.E. Germann » dans Knoepfel, P. et W. Linder (dir.), *Administration, gouvernement et constitution en transformation. Hommage en mémoire de Raimund E. Germann*, Bâle, Helbing et Lichtenhahn, 2000, p. 307.

Change-ment	Institutions influencent la vision du monde des acteurs qui, lors du changement institutionnel, adoptent un nouveau cadre de référence parmi plusieurs possibles	Institutions ont avant tout un effet stabilisateur bien que certaines constellations institutionnelles offrent, à un moment donné, des opportunités de changement	Changement institutionnel vise à rétablir l'équilibre si les préférences des acteurs se modifient et à réduire les effets pervers induits par les institutions antérieures

Le qualificatif le plus récurent parmi les présentations du rôle des institutions est « la stabilité ». D'ailleurs, comme l'explique Vivien Lowndes, le changement et la stabilité sont des étapes qui se succèdent au cours du cycle de vie institutionnel. L'institutionnalisme sociologique recourt davantage à cette notion de stabilité en mettant l'accent sur le caractère stabilisateur des institutions qui doit permettre aux acteurs d'adapter leur comportement et, de cette manière, renforcer la « contagion de la légitimité »[10].

D'après les tenants de l'approche calculatrice (*rational choice*), la stabilité institutionnelle s'explique par un équilibre entre les bénéfices retirés par les individus par rapport à une autre situation. Ceci s'apparente au fonctionnalisme voire à du darwinisme institutionnel. Cependant ce dernier point laisse à penser que seules les institutions les plus abouties ou les plus parfaites se maintiennent. Plutôt que du fonctionnalisme ou de l'utilitarisme, il nous semble, qu'à partir d'un certain moment, ce soient la routine ou l'engagement dans un sentier qui assurent la pérennité institutionnelle. Ainsi, ce serait une variable temporelle qui prévaudrait sur les intérêts. Pour James March et Johan Olsen, les modifications institutionnelles résultent d'un processus d'apprentissage induisant des changements incrémentaux[11].

En résumé, ces théories, qui semblent mettre l'accent sur le caractère dynamique des institutions alors qu'il se focalise sur son « inertie »[12], nous fournissent peu d'explications sur le changement mais nous éclairent sur la stabilité. C'est le paradoxe institutionnaliste qui constitue le point de départ de travaux récents qui élaborent un nouveau cadre théorique où les institutions informelles apparaissent comme le vecteur du changement[13]. Ainsi, pour répondre à la question « Do institutions

---

[10] Lowndes, V., *op. cit.*, p. 193.

[11] March, J. et J. Olsen, *Rediscovering Institutions. The Organizational Basis of Politics*, New York, Free Press, 1989, pp. 168-170.

[12] Clemens, E. et J. Cook, « Politics and Institutionalism. Explaining Durability and Change », *Annual Review of Sociology*, 1999, vol. 25, pp. 441-466.

[13] Farrell, H. et A. Heritier, « Formal and Informal Institutions under Codecision: Continuous Constitution-building in Europe », *Governance*, 2003, vol. 16, n° 4, pp. 577-600.

matter ? », Jan-Erik Lane et Svante Ersson apportent un début de réponse en affirmant que « institutions matter when behaviour is oriented in terms of certain institutions i.e. the institutions are obeyed. Institutions also matter when behaviour takes the rules into account but intentionally neglects or breaks the rules »[14] tandis que de son côté, Fiona Ross estime de manière plus radicale que « the most obvious it is that "institutions matter", but the more difficult it is to say anything about the ways in which they matter »[15].

2. Les organisations et le jeu des acteurs

Le recours aux approches organisationnelles se justifie pour deux raisons. La première est la volonté de dépasser les limites des théories institutionnalistes que nous venons d'énoncer. Pour ce faire, il nous semble nécessaire de mettre l'accent sur d'autres éléments (contextuels ou actanciels[16]) pour tenter de comprendre les processus de changements institutionnels. La seconde est propre à l'analyse des politiques publiques qui, à certains moments, oublie la dimension organisationnelle des politiques publiques qu'elle étudie. Or, il nous semble que les organisations peuvent être étudiées en tant que conséquences d'un changement de politique. Par exemple, en allouant différemment certaines ressources, une politique publique peut induire des modifications dans la structuration du secteur sur lequel elle intervient. Par ailleurs, les organisations peuvent également être analysées comme vecteur du changement de politiques. Dans ce cas, les politiques publiques doivent évoluer pour s'adapter à la restructuration du secteur qui s'est produit en l'absence de son intervention.

C'est donc pour ces raisons que cette section élargit le cadre théorique à des théories explicatives du changement institutionnel qui ne sont pas centrées sur les institutions à proprement parler mais sur les organisations publiques et privées. Nous empruntons ces théories tant à la sociologie[17] qu'à la politologie. Nous distinguons les approches mettant

---

14 Lane, J.-E. et S. Ersson, *The New Institutional Politics. Performance and Outcomes*, London-New York, Routledge, 2000, p. 292.

15 Ross, F., « Forty Years of 'Muddling Through': Some Lessons for the New Institutionalism », *RSSP*, 2000, vol. 6, n° 3, p. 33.

16 Pour une présentation du schème actanciel, voir Berthelot, J.-M., *L'intelligence du social*, Paris, PUF, 1990, pp. 76-81.

17 Les théories des organisations foisonnent et se sont considérablement développées depuis l'énonciation des premiers modèles issus de la découverte de la rationalité dans les organisations. En conséquence, les théories modernes récentes sont très nombreuses. Alain Desreumaux dénombre plus de quarante dénominations utilisées

l'accent sur l'environnement de celles qui concentrent leur attention sur le comportement des acteurs comme facteur explicatif du changement organisationnel. Celles-ci ne constituent pas la panacée car elles peuvent également être ultra-déterministes (écologie des populations) ou se focaliser sur une seule variable exogène, généralement l'environnement, comme vecteur du changement (contingence). Alors que nous nous intéressons aux approches organisationnelles pour aller à la rencontre des acteurs, ceux-ci sont parfois très faiblement mobilisés dans ces théories.

Le rendez-vous souhaité avec les acteurs se produit grâce à l'analyse stratégique, développée par Michel Crozier, qui offre de nouvelles perspectives à l'explication du changement administratif. Toutefois, comme nous le verrons dans la partie empirique, la construction et/ou l'adaptation des dispositifs institutionnels ne s'effectue pas en vase clos où il serait possible d'identifier un seul acteur influent. Le plus souvent, c'est la conjonction d'une série de facteurs avec la rencontre de différents acteurs soucieux d'influer sur le cours des choses qui est déterminante. D'un point de vue méthodologique, cette approche impose certaines contraintes qui peuvent s'avérer particulièrement lourdes lorsqu'elle s'inscrit dans une démarche comparative. En effet, l'observation de l'action concrète et la réalisation d'un grand nombre d'entretiens limitent le nombre de cas observables.

Maintenant que nous sommes parvenu, grâce à l'analyse stratégique, à identifier la cellule de base (l'acteur) de notre analyse, il nous semble opportun d'envisager la combinaison et la mise en relation de ce dernier avec d'autres acteurs appartenant ou non à la même organisation. Cette dernière étape est rendue possible en mobilisant la notion de réseau qui, selon Bruno Latour, est « un bon candidat pour prendre la relais de catégories antérieures comme celles de sphère d'activité, d'institution, d'organisation »[18]. Dans notre esprit, il est plutôt question de complémentarité[19] que de substitution des notions les unes par rapport aux

---

pour désigner la nouvelle forme organisationnelle des entreprises. Desreumaux, A., *Théorie des Organisations*, Paris, Éditions Management et Société, 1998.

[18] Latour, B., *Ces réseaux que la raison ignore*, Paris, L'Harmattan, 1992, p. 55.

[19] L'alimentation des différents courants n'est pas totalement hermétique entre les théories institutionnalistes et les approches organisationnelles. Par exemple, DiMaggio et Powell estiment que la notion d'isomorphisme institutionnel représente un facteur explicatif du changement organisationnel. D'un autre côté, la sociologie des organisations influence l'école française d'analyse des politiques publiques. DiMaggio, P., et W. Powell, « The Iron Cage Revisited: Institutional Isomorphism and Collective Rationality in Organizational Fields » dans Powell, W., et P. DiMaggio (eds.), *The New Institutionalism in Organizational Analysis*, Chicago, University of Chicago Press, 1991, p. 65.

autres. En effet, le réseau favorise la mise en relation, le chaînage, de l'ensemble des entités qui participent du problème sans découper la question en tranches dont nous n'aborderions qu'une partie très limitée du problème[20]. De plus, afin de compléter le panorama que nous avons brossé précédemment, les modèles mobilisant les réseaux nous permettent d'inclure les acteurs non politico-administratifs à notre analyse[21].

Le tableau ci-dessous présente les principales caractéristiques des écoles retenues de l'approche organisationnelle.

Tableau 2 : Aperçu synthétique des approches organisationnelles

Écoles	**Écologie des populations**	**Théorie de la contingence**	**Analyse stratégique**	**Réseau / Communauté épistémique**
Auteurs majeurs	H. E. Aldrich, M. T. Hannan, J. H. Freeman	H. Mintzberg	M. Crozier, E. Friedberg	R. Rhodes, D. Marsh, G. Stoker, P. Haas
Organisations	Les organisations sont des structures pratiquement inertes	Les organisations sont flexibles et s'adaptent aux circonstances	L'organisation est un construit où le pouvoir de l'acteur est primordial	L'organisation est conçue dans une acception plus légère. Il s'agit de groupes formels ou informels.
Niveau	Macro Environnement → Organisation	Meso Environnement ↔ Organisation	Micro Individu → Organisation	Meso Individu → Groupe
Création	Une organisation émerge lorsqu'un changement significatif se produit dans l'environnement (par exemple : nouvelle technologie)	La création d'une organisation combine les influences environnementales avec les ambitions de ses dirigeants	L'organisation résulte de la volonté des acteurs	La création résulte de l'association volontaire d'individus autour d'un enjeu particulier
Changement	Les organisations sont incapables de s'adapter elles-mêmes, c'est l'environnement qui détermine le changement qui entraîne parfois la disparition d'organisations	Les organisations s'adaptent à l'environnement dans lequel elles évoluent	Les individus stratèges profitent de zones d'incertitude pour satisfaire leurs « intérêts » et bousculer l'inertie ambiante	Des modifications se produisent sous la pression de facteurs environnementaux, technologiques, idéologiques ou de l'action d'autres réseaux

[20] Amblard, H. et P. Bernoux, *et al.*, *Les nouvelles approches sociologiques des organisations*, Paris, Seuil, 1996, p. 135.

[21] Stone, D., « Non-governmental Policy Transfer: The Strategy of Independent Policy Institutes », *Governance*, 2000, vol. 13, n° 1, p. 47.

3. La complémentarité des approches

Le changement institutionnel est au centre de notre analyse tant en ce qui concerne ses conséquences que ses fondements. Sur ce point, Peter Holm estime que

> institutional change means that organizational fields are restructured and the new relationships between the different levels of action are established.[22]

Les réponses théoriques à l'explication de l'institutionnalisation, prise dans une dimension dynamique de changement, ne sont pas évidentes et une seule approche théorique n'est pas suffisante. C'est pour cette raison que nous recourons à des éléments provenant de plusieurs théories, susceptibles d'éclairer des aspects particuliers d'un faisceau de conditions complexes. Comme le précise Donald Searing,

> the best way to understand political institutions is to understand the interaction between such rules and reasons – between the constraints of institutional frameworks and the preferences of individual members.[23]

Pour parvenir à cet idéal, nous combinons les enseignements théoriques. En effet, en nous limitant aux approches néo-institutionnelles, les explications que nous pourrions développer au sujet de la construction de nouvelles institutions seraient à chercher essentiellement dans des variables exogènes voire systémiques telles que les idées ou des changements socio-économiques généraux[24]. Si cet aspect des choses ne doit pas être négligé, il nous semble qu'il n'est pas suffisant pour prendre en compte la complexité et la singularité du processus de construction et d'adaptation institutionnelles. En effet, le néo-institutionnalisme tend, en partie, à considérer que les institutions s'imposent aux individus[25] et concourent à la stabilisation de leurs comportements. Ces théories sont utiles mais insuffisantes pour nous permettre d'appréhender l'institutionnalisation en tant que processus, c'est-à-dire dans une dimension dynamique.

Nous cherchons à comprendre comment les institutions naissent, évoluent et se transforment sous l'influence du comportement des acteurs et non l'inverse, comme c'est souvent le cas dans les théories néo-institutionnalistes. Outre la genèse, la question de la disparition des institu-

---

[22] Holm, P., « The Dynamics of Institutionalization: Transformation Processes in Norwegian Fisheries », *Administrative Science Quarterly*, 1995, vol. 40, n° 3, p. 401.

[23] Searing, D., « Roles, Rules and Rationality in the New Institutionalism », *APSR*, 1991, vol. 85, n° 4, p. 1243.

[24] Gorges, M., « New Institutionalist Explanations for Institutional Change: A Note of Caution », *Politics*, 2001, vol. 21, n° 2, p. 141.

[25] Dubet, F., *op. cit.*, p. 22.

tions est à prendre en compte. Les institutions bien que relativement stables ne sont ni éternelles ni immuables. Or, selon Herbert Kaufman, les organisations gouvernementales sont virtuellement immortelles[26]. Pour d'autres, les institutions sont stables jusqu'à ce que survienne un changement brutal[27]. Notre approche permet d'opérer une synthèse qui tienne compte des relations unissant les individus, les organisations et les autres sous-systèmes segmentant le champ social. En s'intéressant au point de vue des acteurs et à l'architecture des structures, l'analyse institutionnelle réconcilie théoriquement des niveaux (individus, organisations et société) traditionnellement présentés de manière isolée. Toutefois, en raison des limites que nous avons présentées, il nous semble nécessaire d'élargir le cadre théorique à d'autres approches plus particulièrement organisationnelles. Le néo-institutionnalisme s'intéresse plus aux effets produits par des dispositifs institutionnels qu'aux différentes institutions politiques, puisque malgré des déclarations relatives au poids des acteurs, telles que :

> Strategic action plays an important role in driving institutional change, whilst norm-driven behaviour is a key force in sustaining institutional rules over time,[28]

les analyses dépassent rarement ce constat. En effet, à la lecture des très nombreuses contributions néo-institutionnalistes, nous sommes régulièrement confronté à des présentations desquelles sont absentes les acteurs en tant qu'individus et non en tant que sujets des contraintes institutionnelles. Ce courant limite l'appréhension que nous avons des dispositifs et surtout de l'institutionnalisation. Pour dépasser ce que certains qualifient de « crypto-déterminisme »[29], il nous semble donc nécessaire de trouver une autre voie mettant plus en avant les organisations et les acteurs.

A priori, les approches organisationnelles semblent répondre à ce besoin. Cependant, à la lecture du tableau précédent, centré autour de quelques théories qui prennent en compte le point de vue et l'action des organisations et des acteurs et plus seulement celui des institutions, nous devons relativiser cette conception. En effet, les théories organisationnelles ne constituent pas la panacée. Elles permettent de prendre en compte l'influence de l'environnement et des acteurs dans l'évolution

---

26 Kaufman, H., *Are Government Organizations Immortal?*, Washington, Brookings institution, 1976.

27 Clemens E. et J. Cook, *op. cit.*, p. 447.

28 Lowndes, V., *op. cit.*, p. 195.

29 Mayntz, R. et F. Scharpf, « L'institutionnalisme centré sur les acteurs », *Politix*, 2001, vol. 14, n° 55, p. 101.

institutionnelle. Toutefois, le déterminisme y est également présent, principalement dans l'écologie des populations et dans une moindre mesure dans la théorie de la contingence. C'est pour cette raison que, dans l'élaboration de notre cadre théorique, nous sommes allé jusqu'au niveau de base qui est composé des acteurs. Le principal apport de l'analyse stratégique est de chercher à identifier les zones d'incertitude et les sources de conflit afin de suggérer des modes de correction adaptés[30]. Ainsi, le niveau micro est composé des acteurs et/ou des réseaux d'acteurs, il permet de s'attarder sur la « dilution des frontières entre État et société civile »[31]. Comme le précise Bruno Jobert qui met en avant les acteurs et leurs intérêts,

> toute institution est une ressource ou un point d'appui pour des élites qui ont aussi un intérêt direct à leur pérennisation ; d'autre part elle est souvent un compromis toujours difficile à renégocier ; enfin, elle garantit une certaine prévisibilité à l'action dans la mesure où elle s'appuie sur des recettes éprouvées.[32]

Toutefois, prises isolément, les théories organisationnelles seraient, pour différentes raisons, également trop partielles à notre analyse. Tout d'abord, elles accordent peu d'attention aux politiques publiques considérant qu'elles « passent tandis que les organisations demeurent ». Ensuite, à l'exception de l'analyse stratégique, elles mettent trop l'accent sur le consensus ; or il semble utile de tenir compte de notions telles que la contrainte, la domination, la représentation et le sens de l'action pour appréhender le changement et le comportement des acteurs dans leur globalité.

D'autres approches (par exemple : les approches par les idées dont l'approche définitionnelle[33] ou l'institutionnalisme centré sur les acteurs[34]) auraient pu éclairer notre objet sous un angle particulier. Toute-

---

[30] Crozier, M., *Le phénomène bureaucratique*, Paris, Seuil, 1963, pp. 257-261.

[31] Muller, P. et Y. Surel, *op. cit.*, p. 92.

[32] Jobert, B., « La régulation politique : le point de vue d'un politiste » dans Commaille, J. et B. Jobert, *Les métamorphoses de la régulation politique*, Paris, LGDJ, 1998, p. 139.

[33] Cette approche définitionnelle étudie le processus de définition/redéfinition des problèmes pour en mesurer la continuité ou le changement dans les politiques publiques. Vlassopoulou, C., « "Ideas matter too" : éléments d'une analyse post-positiviste de la lutte contre la pollution de l'air en France et en Grèce », *RIPC*, 2000, vol. 7, n° 1, p. 115.

[34] Pour dépasser le caractère trop déterministe des néo-institutionnalismes que nous avons décrits précédemment, Fritz Scharpf et Renate Mayntz développent un institutionnalisme centré sur les acteurs car ils estiment qu'il est nécessaire de « treat actor orientations (i.e., their preferences and perceptions) as a theoretically distinct category – influenced, but not determined by the institutional framework within which inte-

fois, nous ne les utilisons pas dans cette étude car nous souhaitons recourir à un cadre théorique maîtrisable, ce qui impose une parcimonie pragmatique.

Le schéma suivant représente la combinaison des différents courants théoriques que nous mobilisons dans notre analyse.

Figure 1 : Les courants théoriques

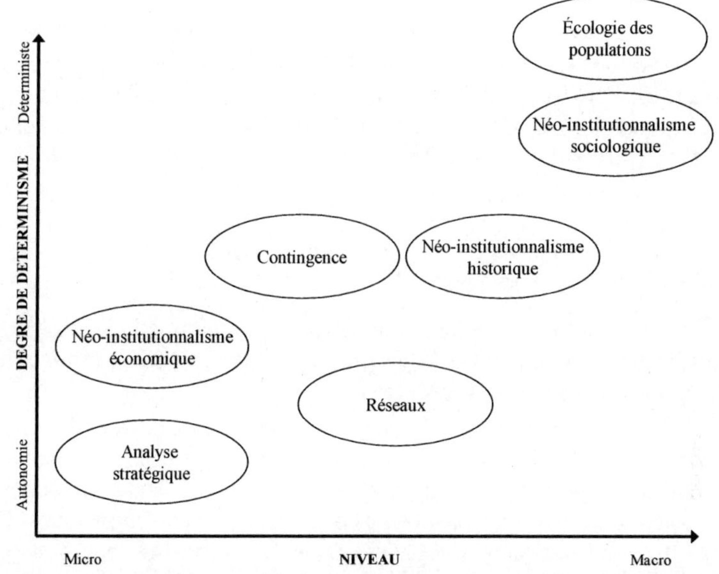

La répartition de ces derniers tient compte du niveau d'analyse qu'ils cherchent à expliquer ainsi que le degré de déterminisme qu'ils retiennent dans leurs explications. Nous mentionnons ci-dessous les éléments prédominants à notre analyse. En effet, l'extrême complexité des facteurs explicatifs nous conduit à nous focaliser sur un certain nombre d'entre eux. Du néo-institutionnalisme, nous retenons les éléments qui nous permettent de comprendre la forme que peuvent revêtir les dispositifs institutionnels et plus particulièrement les notions de dépendance au sentier (*path dependency*) et d'isomorphisme. Sur ce point, il est communément admis que le

> success in establishing a new agency or department may be illusory. It is likely to be composed of several old agencies with well-defined programs and constituencies ; it begins with a broad and imprecise mandate ; there are

---

ractions occur ». Scharpf, F., « Institutions in Comparative Policy Research », *MPifG Working Paper*, 2000, n° 3, p. 8.

> conflicting views about the nature of the agency ; and its structure has to be worked out.[35]

En ce qui concerne l'approche organisationnelle, la prise en compte des facteurs de contingence à l'environnement, des crises, des conflits ainsi que la spécialisation nous permet d'appréhender l'élaboration de nouveaux cadres d'action. Sur ce point, nous serons particulièrement attentif aux modes de transfert entre les acteurs, c'est-à-dire au rôle joué par des « intermédiaires » et notamment les communautés épistémiques.

Les concepts que nous retenons et qui proviennent de différents cadres théoriques ne sont pas totalement hermétiques les uns par rapport aux autres. Par exemple, Bruno Jobert estime que le poids de la dépendance au sentier est fonction de la nature du système institutionnel dans lequel il intervient, c'est-à-dire de son environnement. Ainsi, selon lui,

> plus un système institutionnel est englobant, exclusif et régulé centralement, plus le *path dependency* sera fort. Inversement, plus le système est partiel, concurrencé par d'autres institutions et/ou régulé de façon polycentrique, plus la dépendance sera faible.[36]

En conséquence, selon cet auteur, plus le système de verrouillage sera fort et plus il y a de probabilité que le changement institutionnel ne se produise qu'à l'occasion d'une crise.

C'est à la lumière de ces éléments théoriques que nous chercherons à identifier les facteurs explicatifs de l'institutionnalisation de l'évaluation des politiques publiques. Pour comprendre ce processus de changement institutionnel, nous nous basons sur des études de cas empiriques. C'est sur la base des réussites et des échecs de ces dispositifs que nous cherchons à isoler les éléments explicatifs discriminants. De la sorte, nous prenons quelques distances avec certains courants de l'analyse institutionnelle[37] ou organisationnelle qui se focalisent exclusivement sur les échecs pour appréhender le phénomène qu'ils étudient parce qu'ils estiment que :

> studying a system's failures provides more crucial information about how the system operates an its capabilities than studying a system's success.[38]

---

[35] March, J. et J. Olson, « Organizing Political Life: What Administrative Reorganization Tells Us About Government », *APSR*, 1983, vol. 77, n° 2, p. 288.

[36] Jobert, B., *op. cit.*, p. 139.

[37] Wang, S., « Defective Institutions and Their Consequences: Lesson from China, 1980-1993 », *Communist and Post-communist Studies*, 2002, n° 35, pp. 133-154.

[38] Meier, K. J. et J. Bohte, « Not with a Bang, but a Whimper. Explaining Organizational Failures », *Administration and Society*, 2003, vol. 35, n° 1, pp. 104-105.

Le *failure paradigm*[39] sur lequel s'appuient ces auteurs semble représenter la manière la plus évidente d'appréhender une situation. Toutefois, cette vision nous apparaît comme trop réductrice dans l'approche de notre objet d'étude dont nous retraçons les évolutions pour lesquelles les causes ne sont pas à chercher, exclusivement, dans les échecs.

En guise de conclusion, et en paraphrasant Pierre Lascoumes[40], la présentation que nous venons d'esquisser de la construction institutionnelle sur la base des théories néo-institutionnalistes et organisationnelles soulève une question à laquelle nous allons essayer d'apporter une réponse dans la suite de ce travail : « Où est passé l'architecte et quels sont ses outils ? ». Avant d'apporter des éléments explicatifs à ce sujet, nous présentons ci-dessous l'historique, le fonctionnement et une typologie des dispositifs dans les quatre pays (Belgique, France, Pays-Bas et Suisse) que nous retenons pour notre comparaison.

En gardant ces différentes théories à l'esprit, nous chercherons à comprendre l'articulation des relations entre les acteurs qui influencent les configurations institutionnelles. Dans cette optique, l'institutionnalisation doit être comprise comme le processus par lequel les institutions sont créées et modifiées. Nous mettrons l'accent tant sur les organisations formelles que sur les règles procédurales formelles ou informelles.

---

39 Vining, A. et D. Weimer, « Inefficiency in Public Organizations », *International Public Management Journal*, 1999, vol. 2, n° 1, p. 2.

40 Lascoumes, P. et P. Poncela, *Réformer le code pénal, où est passé l'architecte ?*, Paris, PUF, 1998.

CHAPITRE III

Le développement et la structuration de l'évaluation des politiques publiques

Ce chapitre décrit les processus et les dispositifs d'institutionnalisation de l'évaluation des politiques publiques en Belgique, en France, en Suisse et aux Pays-Bas. Comme nous allons le voir, chaque pays emprunte une voie qui lui est propre pour construire son dispositif national d'évaluation. Dans cette présentation, nous mettons l'accent sur les différences mais aussi les similitudes observées, de sorte que le lecteur ou la lectrice puisse avoir une vue d'ensemble des éléments sur lesquels nous nous attardons dans les chapitres suivants.

Deux étapes structurent ce chapitre. La première assimile l'institutionnalisation de l'évaluation des politiques publiques, abordée sous l'angle des processus, à une initiative récente et fluctuante, motivée par des instigateurs aux objectifs multiples. La seconde, centrée sur les organisations, dresse un panorama des dispositifs institutionnels français, suisses, belges et hollandais.

Nous constatons que l'adoption de normes et de procédures concourt au développement de la pratique qui, bien souvent, se pérennise, ensuite, sous une forme organisationnelle. Notre attention se focalise essentiellement sur les instances au niveau central même si nous tenons compte des autres niveaux de pouvoir et catégories d'acteurs pour expliquer la place qu'elles occupent dans les différents dispositifs nationaux. Dans chaque pays, l'institutionnalisation aboutit à la mise en place de dispositifs plus ou moins sophistiqués. C'est sur leur origine, leur rouage ainsi que leur fonctionnement que nous mettons l'accent dans notre description.

1. Les processus d'institutionnalisation

1.1. Une initiative récente...

Le mouvement d'institutionnalisation de l'évaluation des politiques publiques ne s'amorce pas dans tous les pays au même moment. Sur ce point, Hans-Ulrich Derlien, qui compare la situation aux États-Unis et en Europe, identifie deux vagues d'institutionnalisation de l'évaluation[1]. Selon lui, les États-Unis, la Suède, le Canada et l'Allemagne forment la première vague. En raison de leur longue expérience en matière d'évaluation, ils ont atteint un niveau élevé de professionnalisme et ont encouragé le développement international de la pratique. La deuxième vague rassemble des pays appartenant à la première vague, c'est-à-dire qui ont initié très tôt l'évaluation mais qui ont connu des difficultés quant à son institutionnalisation (Canada et Grande-Bretagne) et des pays dans lesquels l'évaluation s'est développée plus récemment (Norvège, Danemark, Pays-Bas, France, Suisse, Espagne).

Cette distinction sur une base chronologique est intéressante mais ne devrait pas, selon nous, accorder une telle importance au succès ou à l'échec des premières expériences puisque l'institutionnalisation est un processus incrémental qui se nourrit des expériences passées. Dans les pays que nous étudions, la pratique évaluative est une tradition plus ou moins longue. Elle est récente en France et en Suisse, où elle apparaît à la fin des années 1980, en comparaison avec la situation hollandaise, où l'évaluation est plus ancienne puisqu'elle remonte à la fin des années 1970. Par contre, en Belgique, elle connaît quelques balbutiements depuis le milieu des années 1990.

La *Belgique* accuse un certain retard malgré quelques entreprises récentes telles que la création d'une Société wallonne de l'évaluation et de la prospective (SWEP)[2] et le rôle joué par la Cour des comptes dans le secrétariat de la Société européenne d'évaluation (SEE). Des réflexions scientifiques ont également lieu lors de colloques ou journées d'études permettant de rendre compte de pratiques et recherches[3] qui se développent[4]. En fait, une dynamique fédéraliste est à l'œuvre dans le processus d'institutionnalisation. La Région wallonne, suivie par le niveau fédéral, est la plus active des entités fédérées en la matière. Par contre, tant en Flandre qu'en Région de Bruxelles-Capitale, les éva-

---

1 Derlien, H.-U., « Le développement des évaluations dans un contexte international » dans Bussmann, W. *et al.* (dir.), *op. cit.*, pp. 5-12.

2 Destatte, P. (dir.), *Évaluation, prospective et développement régional*, Charleroi, Institut Jules Destrée, 2001.

3 Van Aeken, K., « Proeven van wetsevaluatie. Een empirisch geïllustreerde studie naar het wat, hoe en waarom van wetsevaluatie », Thèse de doctorat de sciences politiques et sociales, Universitaire Instelling Antwerpen (dir. J. Van Houtte), 2002.

4 de Visscher, C. et F. Varone (dir.), *Évaluer les politiques publiques : regards croisés sur la Belgique*, Louvain-la-Neuve, Academia Bruylant, 2001.

luations sont commanditées de manière peu systématique et en dehors de tout dispositif institutionnel encadrant cette pratique[5].

Malgré ces quelques initiatives isolées, l'évaluation des politiques publiques « reste rare et surtout peu méthodique et dispersée, sans doute en raison d'une insuffisante prise de conscience de son utilité »[6]. En 1999, lors de la formation du Gouvernement « arc-en-ciel », l'efficacité de l'administration est considérée comme une priorité. Sur ce point, la déclaration gouvernementale précise que

> le Gouvernement, avec le Parlement et en collaboration avec le bureau de coordination du Conseil d'État, procédera à une évaluation de la législation. Celle-ci est un moyen d'améliorer l'efficience, l'adhésion citoyenne et la qualité juridique de la législation. Cette évaluation de la législation permettra de juger leur fonctionnement et leur efficacité, de sorte qu'elles puissent être revues et, au besoin, abrogées.[7]

Toutefois, l'institutionnalisation de l'évaluation des politiques publiques n'a pas été mise à l'agenda politique par le Gouvernement Verhofstadt I (1999-2003).

En *France*, l'évaluation est une pratique qui tend à s'institutionnaliser au niveau central même si elle

> a choisi la création institutionnelle en matière de promotion de l'évaluation selon un type d'intervention qui lui est propre et qui ne manque pas d'étonner [ses] voisins.[8]

Par la suite, de nombreuses initiatives se sont aussi développées au niveau des collectivités locales.

Suite à l'échec de l'opération « Rationalisation des Choix Budgétaires » (RCB), qui est l'adaptation française de l'instrument d'arbitrage budgétaire américain, le *Planning Programming Budgeting System* (PPBS), la Direction de la prévision entend transformer le réseau RCB en un réseau d'évaluation des politiques publiques[9]. C'est pour cette raison qu'en décembre 1983, un colloque, organisé conjointement par le

---

[5] Van Aeken, K., Jacob, S. et F. Varone, « Beleidsevaluatie : een sturingsinstrument voor het overheidshandelen », *Vlaams Tijdschrift voor Overheidsmanagement*, 2003, n° 4, 29-37.

[6] « Introduction », *Pyramides : Revue du Centre d'études et de recherches en administration publique*, 2000, n° 1, p. 15.

[7] *La voie vers le XXIe siècle. Déclaration gouvernementale prononcée devant le Parlement le 14 juillet 1999*, Bruxelles, SFI, 1999, p. 22.

[8] Duran, P. et É. Monnier, *op. cit.*, p. 247.

[9] Spenlehauer, V., « Une approche historique de la notion de "politiques publiques". Les difficultés d'une mise en pratique d'un concept », *Informations sociales*, 2003, n° 110, p. 43.

ministère de l'Économie, des Finances et du Budget et l'École des Hautes Études Commerciales, se penche sur l'évaluation avec comme ambition de sensibiliser les élites à la question. À partir de ce moment, l'évaluation fera l'objet de réflexions malgré des réactions institutionnelles peu enthousiastes. Le Commissariat général du Plan

> n'exprime qu'une tiède bienveillance. Plus incisive, la direction du Budget fait savoir à la DP [Direction de la prévision] qu'elle n'est pas favorable à une relance du dispositif RCB, même sur une base évaluative. Pour elle, l'échec de la RCB montre que les politiques publiques se gèrent à coup de rapports de force où la raison intervient peu.[10]

Suite à ce colloque, le thème de l'évaluation est repris par deux ministres (Jacques Delors – Économie et finances et Michel Rocard – Plan) qui commandent à Michel Deleau un rapport sur la nécessité d'une institutionnalisation de cette pratique[11]. Le rapport est remis en mai 1986, quelques semaines avant la première cohabitation et l'arrivée au ministère des Finances d'Édouard Balladur qui s'abstiendra d'y donner suite. Ce rapport privilégie l'approche gestionnaire visant l'optimisation des moyens budgétaires et l'accroissement de l'efficacité de l'action publique. Il encourage un développement multi-scénique de l'évaluation en favorisant la concurrence entre le Parlement, le Gouvernement et les autorités administratives indépendantes, les collectivités locales et des organismes d'audit et de contrôle[12].

En 1988, Michel Rocard, Premier ministre, entend lier la modernisation du service public à l'évaluation car elle constitue « la contrepartie indispensable de l'autonomie »[13]. À cette fin, il commande à Patrick Viveret un rapport sur *L'évaluation des politiques publiques et des actions publiques*[14] qui sert de base à la circulaire du 23 février 1989 relative au renouveau du service public. À la différence du rapport rédigé par Michel Deleau, en 1986, celui de Patrick Viveret privilégie

---

[10] Spenlehauer, V., *op. cit.*, pp. 43-44.

[11] Un groupe de travail composé de R. Poinsard, P. Penz et J.-P Nioche participa à la réflexion qui aboutit à la publication du rapport final. Deleau, M., *Évaluer les politiques publiques : méthodes, déontologie, organisation : rapport*, Paris, La Documentation française, 1986.

[12] Nioche, J.-P., « L'évaluation des politiques publiques en France : « *fast food* », recettes du terroir ou cuisine internationale ? », *RFAP*, 1993, n° 66, p. 212.

[13] Rocard, M., *Le cœur à l'ouvrage*, Paris, Seuil, 1987, p. 251.

[14] Viveret, P., *L'évaluation des politiques et des actions publiques ; suivi de, Propositions en vue de l'évaluation du revenu minimum d'insertion : rapports*, Paris, La Documentation française, 1989.

l'approche du contrôle démocratique[15] et non plus une simple gestion de l'efficience des services publics.

Le développement de l'évaluation des politiques publiques en *Suisse* s'explique en grande partie par des projets de recherche initiés à la fin des années 1980. Ceci semble confirmer les propos de Dominique Joye et Vincent Kaufmann qui estiment que

> l'évaluation dans un pays donné dépend, premièrement, de la manière dont les réseaux scientifiques se sont constitués ; deuxièmement, de la manière dont l'expertise est intégrée dans le système politique et les conditions du débat public.[16]

Pour ces auteurs, la constitution d'un réseau scientifique compétent est une condition nécessaire au développement de l'évaluation des politiques publiques. Les prémices de la constitution d'un tel réseau datent de la fin des années 1980, lors de l'organisation par la Communauté d'étude pour l'aménagement du territoire (CEAT), durant six jours, sous l'égide de la Conférence universitaire romande, d'un séminaire sur l'évaluation des politiques publiques en Suisse qui « a mis en évidence la nécessité d'une collaboration entre les politiciens, les administrateurs, les chercheurs et le public »[17].

À la même époque, deux projets de recherche permettent de mener une réflexion en profondeur sur le sujet. Un groupe de travail interministériel sur l'évaluation (*Arbeitsgruppe Gesetzesevaluation* - AGEVAL) est mandaté pour démontrer l'(in)utilité de l'évaluation législative en Suisse. Pour cela, il commande plusieurs études (y compris des évaluations ou des méta-évaluations qui analysent des évaluations réalisées) qui sont publiées avant d'être synthétisées dans le rapport final intitulé *Mieux connaître les effets de l'action étatique*[18]. Il présente différentes formes d'institutionnalisation et conclut à la nécessité de créer une Conférence fédérale de l'évaluation, administrativement rattachée au Département fédéral de la justice et de la police, mais autonome dans l'exercice de ses fonctions.

---

[15] Sur cette approche voir Boual, J.-C. et P. Brachet, *L'évaluation démocratique : outil de citoyenneté active*, Paris, L'Harmattan, 2000.

[16] Joye, D., « Entre science et politique : l'expert » dans Bassand, M., Galland, B. et D. Joye (dir.), *Transformations techniques et sociétés*, Berne, Peter Lang, 1992, p. 1.

[17] Horber-Papazian, K., *Évaluation des politiques publiques en Suisse : Pourquoi ? Pour qui ? Comment ?*, Lausanne, Presses polytechniques et universitaires romandes, 1990, p. 2.

[18] Groupe de travail « Évaluation législative », *Mieux connaître les effets de l'action étatique : problèmes, possibilités, propositions. Rapport final au Département fédéral de justice et police*, Berne, Département fédéral de justice et police, 1991.

Peu de suites sont données aux recommandations contenues dans ce rapport, même si les deux chambres du Parlement votent, à l'initiative de leurs Commissions de gestion, une motion demandant au Gouvernement de prendre les mesures institutionnelles préconisées par l'AGEVAL pour renforcer l'évaluation. En mars 1992, le Gouvernement prend connaissance, sans grand enthousiasme, de ce document et charge le Département fédéral de justice et police de revoir les conclusions proposées afin de « mieux tenir compte des responsabilités des ministères »[19].

L'autre initiative qui contribue au développement de l'évaluation des politiques publiques en Suisse est le programme national de recherche 27 (PNR 27) intitulé « Effets des mesures étatiques », financé par le Fonds national de la recherche scientifique, qui associe de nouvelles personnes à celles qui sont actives dans l'AGEVAL. Ce groupe est mandaté pour tester empiriquement l'instrument « évaluation » à l'aide de méta-évaluations, d'évaluations ou *Kurzevaluationen*. Cette focalisation sur l'évaluation au concret fait dire à certains que le PNR lance les évaluateurs plus que l'évaluation[20] étant donné que l'effet formatif est important et que le programme offre une publicité au secteur de l'évaluation.

Aux *Pays-Bas*, il est possible de faire remonter l'idée même d'évaluation à deux périodes éloignées durant lesquelles deux mondes complémentaires coexistent sans qu'un quelconque lien ne soit tissé entre eux. Depuis les années 1920, s'est développé au sein de la communauté scientifique un mouvement de recherche sur les politiques sociales (*social beleidsonderzoek*) (par exemple : compréhension de l'évolution des régions rurales des Pays-Bas, de l'extension urbaine, etc.). Durant les années 1950 et 1960, certains chercheurs de ce champ s'intéressent aux programmes publics. Cette expérience est un élément crucial pour comprendre pourquoi l'évaluation va subitement prendre un essor considérable dans les décennies suivantes. En effet, la plupart de ces recherches sont commanditées par le Gouvernement (elles sont d'ailleurs surnommées *soft money researches*) mais n'ont aucun lien avec des notions d'audit, de contrôle ou d'analyse comptable utilisées dans la gestion courante des départements. Ainsi, durant les années 1950, 1960 et 1970, les mondes scientifiques et administratifs restent fortement cloisonnés malgré le développement de quelques programmes de recherche qui ne permettent pas l'émergence de nouvelles synergies. Schéma-

---

[19] Mader, L., « L'évaluation législative en Suisse » dans Delcamp, A., Begel, J.-L. et A. Dupas (dir.), *Contrôle parlementaire et évaluation*, Paris, La Documentation française, 1995, p. 157. Actuellement, Luzius Mader est directeur de l'Office fédéral de la Justice et professeur à l'IDEHAP (Lausanne).

[20] Groupe de travail « Évaluation législative », *op. cit.*, p. 58.

tiquement, nous pouvons résumer la situation à cette époque de la façon suivante : le personnel gouvernemental développe des techniques de contrôle et d'audit tandis que les scientifiques rédigent des rapports à l'attention de fonctionnaires qui souhaitent disposer de réponses aux questions qu'ils se posent (par exemple : quelles sont les causes de la solitude dans les grandes villes ? comment y remédier ?) sans aucune perspective transversale et avec un faible taux d'utilisation des travaux scientifiques.

Au début des années 1970, le ministre des Finances charge un Comité interdépartemental pour le développement de l'analyse des politiques (*Commissie voor de Ontwikkeling van Beleidsanalyse* – COBA) de promouvoir l'analyse et l'évaluation des politiques publiques[21]. Ce comité, au sein duquel sont représentés tous les départements (ainsi que le Bureau du Plan et le Bureau central de statistique), est assisté par une petite équipe au sein du ministère des Finances et publie une revue trimestrielle d'analyse des politiques (*Beleidsanalyse*), contenant des articles présentant la situation aux Pays-Bas et à l'étranger[22].

Cette initiative s'inscrit dans le courant du mouvement de Planification Programmation Budgétisation (*Planing Programming Budgeting System*) et d'une gestion par objectifs (*Management by objectives*). Elle vise à fournir une base institutionnelle à l'utilisation de l'analyse et de l'évaluation des politiques publiques lors du processus budgétaire. Dans cette optique, la présentation budgétaire est centrée sur les moyens, les instruments, les objectifs et les effets des politiques. Cette ambition qui concourt à une meilleure mesure de la performance bénéficie de ressources financières importantes. En 1979, le comité dresse un bilan de ses activités où il pointe la résistance politique et administrative à l'égard de son travail, les difficultés liées au système multipartite qui complexifie la définition d'objectifs clairs, le faible engagement des fonctionnaires vis-à-vis d'un processus réflexif sur leur propre travail (ils sont peu enclins à mettre en avant l'(in)efficience et l'(in)efficacité de leur travail) et les problèmes méthodologiques[23]. Ne parvenant pas à surmonter ces difficultés, l'expérience COBA est interrompue en 1983. Toutefois, elle se prolonge au sein du ministère des Finances qui met en

---

[21] Bemelmans-Videc, M.-L., Elte, R. et E. Koolhaas, « Policy Evaluation in the Netherlands: Context and State of Affairs » dans Rist, R. (ed.), *Program Evaluation and the Management of Government: Patterns and Prospects Across Eight Nations*, New Brunswick, Transaction Publisher, 1998, p. 106.

[22] Kickert, W. et F. van Vucht, « The Study of Public Policy and Administration: Context and History » dans Kickert, W. et F. van Vucht, *Public Policy and Administration Sciences in the Netherlands*, Hertfordshire, Prentice Hall, 1995, pp. 20-21.

[23] Bemelmans-Videc, M.-L., Elte, R. et E. Koolhaas, *op. cit.*, p. 111.

place un Département d'analyse des politiques (*Afdeling Beleidsanalyse*). Ainsi, même si cette expérience constitue un échec, elle permet l'inscription des questions d'analyse et d'évaluation des politiques publiques à l'agenda.

Au début des années 1980, les réflexions sur l'institutionnalisation de l'évaluation des politiques publiques se multiplient. Ainsi, un rapport publié par la Commission parlementaire des affaires publiques (*Commissie Hoofdstructuur Rijksdienst*) préconise le recours à des législations expérimentales afin de permettre le développement de la pratique évaluative[24]. Cette commission organise une enquête auprès de cinquante-sept ministres, hauts-fonctionnaires et parlementaires afin de dresser un état des lieux de l'évaluation. De cette enquête, il ressort que trop peu d'évaluations sont réalisées (selon 90 % des répondants), que leur qualité est insuffisante (23 %) et que les résultats ne sont pas suffisamment exploités (21 %). Enfin, 81 % des répondants déclarent qu'il est nécessaire d'institutionnaliser l'évaluation des politiques publiques pour réduire les problèmes mentionnés[25].

En conclusion, en mobilisant uniquement les éléments « tangibles » du développement de l'évaluation, il est possible de construire des indices théoriques de ce processus. Le tableau suivant résume les principaux éléments qui permettent de mesurer la maturité et l'institutionnalisation de la pratique évaluative[26]. En comparant ces informations avec des indices d'institutionnalisation et de maturité, il apparaît que l'ancienneté de la pratique est une condition nécessaire mais pas suffisante pour atteindre un degré élevé d'institutionnalisation et/ou de maturité.

---

[24] Commissie Hoofdstructuur Rijksdienst, *Elk kent de laan die derwaart gaat*, Den Haag, 1980, p. 221.

[25] Hoogewerf, A., « Policy Evaluation and Government in the Netherlands: Meta Evaluation Research as One of the Solutions » dans Mayne, J. *et al.* (eds.), *Advancing Public Policy Evaluation: Learning from International Experiences*, Amsterdam, Elsevier, 1992, p. 218.

[26] Pour une présentation détaillée de ces indices, voir Varone, F. et S. Jacob, « Institutionnalisation de l'évaluation et Nouvelle Gestion Publique : un état des lieux comparatif », *RIPC*, vol. 11, n° 2, 2004, pp. 280-284.

Tableau 3 : Composantes des indices théoriques des degrés de maturité et d'institutionnalisation de l'évaluation

	Institutionnalisation selon Jacob et Varone (indice de 0 à 9)	Maturité de la pratique selon Furubo et Sandahl (indice de 0 à 18)
Instances d'évaluation		L'évaluation est répandue dans de nombreux secteurs de politiques publiques (de 0 à 2)
	Instances d'évaluation auprès de l'Exécutif (de 0 à 2)	Degré d'institutionnalisation – Gouvernement (de 0 à 2)
	Instances d'évaluation auprès du Parlement (de 0 à 2)	Degré d'institutionnalisation – Parlement (de 0 à 2)
	Pratique de l'évaluation au sein de la Cour des comptes (de 0 à 2)	Pratique de l'évaluation au sein de la Cour des comptes (de 0 à 2)
Règles – Forum – Pratiques		Soutien d'évaluateurs (nationaux) pluridisciplinaires (de 0 à 2)
	Société nationale d'évaluation (de 0 à 1)	Organisation professionnelle (de 0 à 2)
	Revue scientifique (de 0 à 1)	Discours national concernant l'évaluation (de 0 à 2)
	Standards de qualité (de 0 à 1)	Pluralisme des évaluations ou des évaluateurs au sein d'un secteur de politiques publiques (de 0 à 2)
		Prise en compte par l'évaluation des effets et de la mise en œuvre des politiques publiques (de 0 à 2)

Ces deux indices visent à permettre une comparaison internationale en fonction soit du degré d'institutionnalisation, soit de la maturité de la pratique c'est-à-dire la culture évaluative. Le tableau suivant reprend les résultats des quatre pays sur lesquels nous nous concentrons :

Tableau 4 : Le degré de maturité et d'institutionnalisation de l'évaluation[27]

	Tradition	Institutionnalisation (sur 9)	Maturité (sur 18)
Belgique	Faible	2	5
France	Moyenne	6	11
Suisse	Moyenne	7	8
Pays-Bas	Longue	5	15

À la lecture de ce tableau, il ressort que l'ancienneté de la pratique influence davantage le degré de maturité que le degré d'institutionnalisation. Une amorce d'explication réside probablement dans le fait que les premières expériences évaluatives sont déterminantes pour la suite. Ainsi, en France et en Suisse, les débuts sont marqués par des

[27] Varone, F. et S. Jacob, *op. cit.*, p. 282.

réflexions tant sur les méthodes et les compétences que sur les instances chargées de commanditer ou de réaliser les évaluations. À l'inverse, aux Pays-Bas, les origines de l'évaluation se caractérisent par une obligation de résultats (la production d'évaluations et la réduction des dépenses publiques) sans que ne soient débattus les moyens permettant d'atteindre cet objectif. Nous ne souhaitons pas trancher ici ce débat sur le sens de la causalité qui sera enrichi, dans la partie suivante, de l'analyse de l'évolution entre les dispositifs d'un même pays.

1.2. … et fluctuante …

Le deuxième constat que nous pouvons tirer de la comparaison des dispositifs institutionnels d'évaluation des politiques publiques est leur nature évolutive. Sur une période plus ou moins longue, les initiatives concourant à la pérennisation de la pratique évaluative se multiplient. Il semble donc que la création de dispositifs institutionnels suscite un processus d'apprentissage en la matière et/ou nécessite des aménagements pour diverses raisons (à titre d'exemple nous pouvons mentionner une redistribution d'intérêts qui auraient originellement été écartés ou oubliés, une amélioration du fonctionnement, etc.). La figure suivante présente l'évolution des dispositifs au sein d'un même pays.

Figure 2 : Aperçu chronologique des dispositifs institutionnels

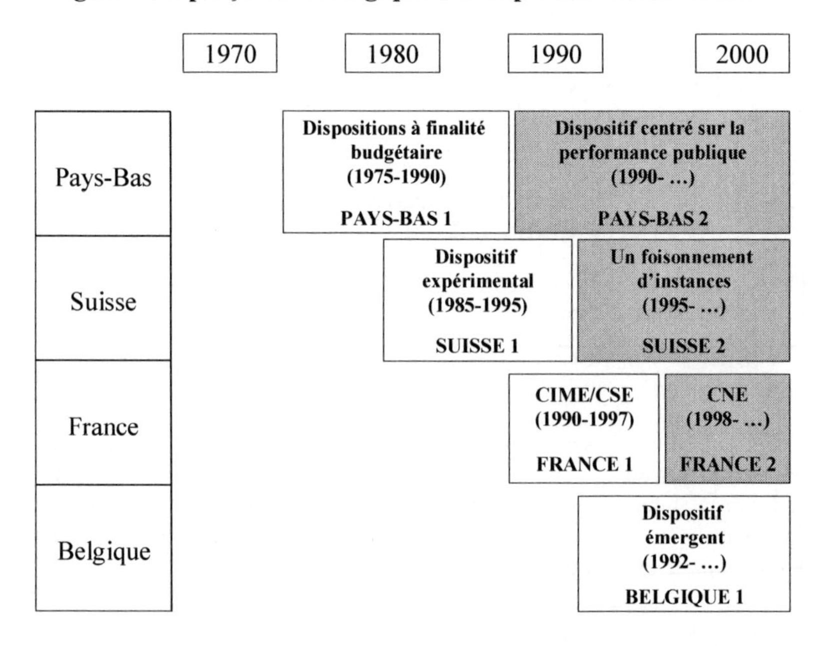

Par la suite, nous reviendrons en détail sur ces évolutions et chercherons à en identifier les conséquences et à en comprendre les raisons.

1.3. ... avec des processus multiples

1.3.1. La constitution de réseaux

Une partie de la littérature relative à l'analyse des politiques publiques met l'accent sur l'importance de certains acteurs dans la définition de problèmes publics et leur inscription sur l'agenda politique[28]. De ce point de vue, le développement de l'évaluation des politiques publiques peut également s'expliquer par la nature et le rôle joué par certains porteurs de projets (individuels et/ou collectifs). C'est sur ces derniers que nous nous attardons ici.

L'évaluation des politiques associe des acteurs provenant d'horizons très différents issus du monde politique (Parlement, Gouvernement), administratif et privé (académiques et consultants). Cependant, ces différents acteurs ne se mobilisent pas avec la même intensité durant toutes les phases du processus d'institutionnalisation. Ceux qui s'impliquent plus intensément que les autres peuvent être qualifiés de « transcodeurs » au sens où l'entend Pierre Lascoumes. En étudiant les politiques environnementales, cet auteur constate que les acteurs qu'il identifie ne forment pas un réseau homogène mais que certains, les transcodeurs, sont plus actifs que les autres. Le transcodage est un ensemble d'activités de collecte et de traduction des informations et des pratiques dans un langage qui en facilite la diffusion auprès, et même au-delà, du groupe d'acteurs. Les transcodeurs sont ceux qui veillent à rendre visible un problème[29]. Dans le cas qui nous occupe, les transcodeurs sont identifiables au sein de l'administration et du monde académique. Les consultants privés se mobilisent moins à ce stade de constitution d'un marché embryonnaire. Cette « hybridation d'acteurs » issus de milieux différents est intrinsèque à l'évaluation prise dans sa dimension pratique, c'est-à-dire qui « n'est pas seulement orientée vers l'action [...] [mais qui] est aussi orientée vers le partage des connaissances »[30].

Avant d'aller plus loin dans l'identification des porteurs de projet, il nous semble nécessaire de formuler une mise en garde. De manière laco-

---

[28] Cobb, R. et C. Elder, *Participation in American Politics: The Dynamics of Agenda Building*, Baltimore, Johns Hopkins University Press, 1972. Garraud, P., « Politiques nationales : élaboration de l'agenda », *Année sociologique*, 1997, vol. 40, pp. 17-41.

[29] Lascoumes, P., *L'éco-pouvoir : environnements et politiques*, Paris, La Découverte, 1994, p. 272.

[30] Leca, J., « Sur le rôle de la connaissance de la modernisation de l'État et le statut de l'évaluation », *RFAP*, 1993, n° 66, p. 192.

nique, nous pourrions dire qu'il faut distinguer les « promoteurs » des « profiteurs ». En effet, les porteurs de projets ne deviennent pas nécessairement les « bénéficiaires » du dispositif mis en place. Il arrive que les porteurs de projets initiaux amorcent la réflexion sur le besoin d'évaluation sans être ensuite associés à sa mise en œuvre. C'est par exemple le cas des tenants de l'approche managériale de l'évaluation en France qui, au milieu des années 1980, plaident en faveur du développement de la pratique. Toutefois, dès ses origines, l'évaluation française va « marginaliser » ces premiers promoteurs en lui préférant la voie de l'évaluation démocratique. Dans ce cas, d'autres acteurs, issus du monde académique et administratif, doivent se faire les relais des initiateurs afin d'en pérenniser la pratique.

Nous reviendrons en détails sur les motivations qui poussent au développement de l'évaluation des politiques publiques et l'influence de celles-ci sur la configuration des dispositifs institutionnels. À ce stade, mentionnons que les motivations initiales des acteurs impliqués dans la production de l'évaluation sont variées.

En Suisse, ce sont les recommandations d'un programme de recherche sur le processus de décision (PNR 6)[31] qui interpellent certains fonctionnaires sensibilisés aux questions relatives à l'amélioration de la gestion publique. Ceux-ci se mobilisent et impulsent, au sein de l'AGEVAL, une réflexion sur les questions relatives à la conduite et à l'institutionnalisation de l'évaluation.

D'un point de vue plus général, l'évaluation représente un instrument auquel recourent les gouvernements qui entament des réformes de modernisation du service public ou de réduction des dépenses publiques. C'est le cas en France où l'évaluation dans une perspective pluraliste et démocratique est associée à la réforme *Renouveau du service public* initiée par Michel Rocard (1989). Dans le même ordre d'idée, lorsque les Pays-Bas sont confrontés à une situation économique difficile (rapport sur l'industrie) et que l'action publique s'adapte à un contexte d'austérité budgétaire, l'évaluation, dans une dimension « diagnosticielle », doit permettre l'identification des dépenses « inutiles et superflues ».

La situation en Belgique est moins évidente puisqu'il est difficile d'identifier un porteur de projet fort. Dans un premier temps, l'évaluation est, de manière assez surprenante, employée lors de la recherche d'un consensus au sujet de problèmes politiques particuliers. Le cas emblématique est le débat relatif à l'interruption volontaire de grossesse

---

[31] Linder, W., *La décision politique en Suisse : genèse et mise en œuvre de la législation*, Lausanne, Réalités sociales, 1987.

(1991) pour lequel l'évaluation revêt une dimension « assurancielle » et est considérée par les opposants de la réforme comme une garantie. En opérant des contrôles sur la mise en œuvre de la loi, l'évaluation est censée éviter les dérives et permettre, si des abus sont constatés, la réouverture du débat.

De cette énumération, il ressort que les acteurs qui initient le débat sur l'évaluation des politiques ne sont pas les mêmes dans les différents pays. Nous pouvons identifier deux groupes de porteurs de projets. Le premier est composé de chercheurs et de fonctionnaires (Suisse et Pays-Bas) tandis que le deuxième est plus politique (France et Belgique). Il apparaît donc que l'évaluation peut se développer en l'absence d'une volonté politique initiale même si, par la suite, il est nécessaire d'élargir le noyau de base à d'autres acteurs pour en accroître la visibilité et/ou l'utilité et donc en pérenniser la pratique.

1.3.2. Un savoir académique mobilisé

Même s'il n'est pas toujours à l'origine de l'initiative qui se concrétise par la mise en place d'un dispositif institutionnel, le milieu académique est, dans la plupart des cas, associé à la structuration du débat relatif à l'évaluation. Les degrés d'implication varient selon les pays et peuvent être répartis en trois catégories.

Aux Pays-Bas, nous sommes confronté à une implication minimaliste malgré le fait qu'il existe une longue tradition de recherches sociales avec des avancées méthodologiques importantes qui constituent un terreau fertile au moment où le besoin d'évaluation se fait sentir. Cependant, en termes d'institutionnalisation, les scientifiques accompagnent la démarche sans la susciter.

L'implication est la même en Belgique, où le développement de l'évaluation est le fait d'initiatives politiques ou d'entreprises propres à certaines administrations qui tendent à la monopoliser. Dans ce contexte, il y a peu d'implication du monde académique même si ce dernier est sollicité pour la réalisation d'évaluations sur des questions particulières. Ceci explique sans doute l'absence d'une communauté épistémique qui fédérerait les évaluateurs provenant des secteurs académique, administratif et privé.

En France, l'implication est médiane. Le Gouvernement, sensibilisé par les arguments de chercheurs et de fonctionnaires promoteurs de la démarche évaluative, reste fidèle à une tradition bien ancrée dans ce pays en commandant la rédaction de rapports sur le sujet avant de s'engager plus avant. Ainsi, la France est le seul pays où des visions différentes de l'évaluation s'affrontent en théorie mais non en pratique. Ce n'est pas à la lumière d'exercices concrets de mise en œuvre ou d'expérimentations de l'évaluation dans un secteur particulier qu'est privilégiée une approche par rapport à une autre. Pour des raisons d'alternances politiques (arrivée de la droite au pouvoir lors de la cohabitation de 1986), le premier mouvement qui plaide pour une évaluation à finalité plutôt gestionnaire ne se matérialisera pas dans un dispositif institutionnel. C'est donc le second courant porteur d'une vision démocratique et pluraliste de l'évaluation qui l'emporte sans qu'il y ait de « lutte » entre les deux démarches mais plutôt une volonté politique plus forte à la fin des années 1980 qu'au milieu de celles-ci.

Le monde académique s'est mobilisé dans la diffusion de la pratique évaluative à travers des journées d'études présentant les possibilités offertes par cet instrument. Par la suite, l'administration internalise cette pratique en recourant rarement à l'expertise académique, lui préférant certains consultants spécialisés dans le domaine. Toutefois, le premier dispositif institutionnel mis en place au début des années 1990 privilégie le monde scientifique puisqu'il érige un Conseil scientifique de l'évaluation en expert des questions méthodologiques.

La France est le seul pays où le débat sur l'existence et la configuration d'un dispositif domine avec une telle acuité la controverse sur le développement de la pratique. C'est d'ailleurs une situation que dénonçait un participant aux troisièmes journées de l'évaluation (2001) organisées par la Société française d'évaluation, lorsqu'il déclarait :

> Le débat et les polémiques autour du Comité interministériel de l'évaluation puis du Conseil national de l'évaluation monopolisent les énergies et les éloignent d'autres préoccupations telle que la réflexion méthodologique. La France est le seul pays où le développement de l'évaluation ne s'accompagne pas d'une réflexion de ce type. Les choses avaient pourtant bien commencé mais l'échec, ou plutôt ce qui est présenté comme tel, du Conseil scientifique de l'évaluation bloque toute initiative en ce sens. Il ne faut pas perdre de vue que le Conseil scientifique de l'évaluation a élaboré une doctrine de l'évaluation qui reste d'actualité.

Enfin, c'est en Suisse que nous trouvons un investissement maximal du monde académique dans le développement de l'évaluation. L'institutionnalisation de l'évaluation est favorisée par l'investissement personnel de certains acteurs et par le transfert de connaissances entre les organisations lorsque des personnes jouent un rôle charnière en passant du monde académique au monde politico-administratif. C'est, essentiellement, au moyen de la recherche-action, financée par des fonds publics à laquelle est associée, de manière étroite, l'administration, que se constitue un réservoir de compétences en évaluation. Suite à ces programmes, la Suisse est face à la situation presque parfaite dans laquelle des commanditaires conscients des potentialités et limites de l'évaluation s'adressent à des évaluateurs compétents dans la réalisation du mandat qui leur est confié. Ainsi, le dispositif d'évaluation tel qu'il existe en Suisse favorise l'émergence et le développement d'un marché de l'évaluation constitué de centres universitaires ou de bureaux de consultants privés qui répondent aux nombreux appels d'offres qui sont formulés par tous les niveaux de pouvoir.

2. Aperçu comparé des dispositifs institutionnels

L'institutionnalisation de l'évaluation des politiques publiques peut se matérialiser sous différentes formes. Hans-Ulrich Derlien distingue cinq modalités d'institutionnalisation qui se focalisent essentiellement sur les instances auxquelles sont confiées des missions en matière d'évaluation. Ainsi, selon cet auteur,

> l'institutionnalisation spécifique à des programmes est de loin la plus répandue. Souvent, et plus particulièrement quand il s'agit d'une politique publique expérimentale, on fixe lors de l'adoption du programme (législatif) une obligation d'évaluer ce dernier. Dès lors, l'auteur de l'évaluation est, en règle générale, une section administrative auprès d'un ministère.
>
> Des unités d'évaluation internes à un domaine politique se constituent généralement dès que plusieurs sections doivent réaliser des évaluations spécifiques à différents programmes. [...].
>
> La centralisation de l'évaluation au sein de l'exécutif est relativement rare. Si l'évaluation se concentre dans les organes du chef du gouvernement, alors des domaines politiques entiers plutôt que des programmes individuels sont généralement questionnés ou évalués. Le service juridique ou celui compétent pour la planification budgétaire peuvent également entrer en matière à titre d'autorité centrale.
>
> L'évaluation parlementaire est, comme expliqué, typique du système présidentiel américain avec une séparation des pouvoirs claire, mais peut aussi se développer ailleurs (comme en Suisse).
>
> L'évaluation par les Cours des comptes se trouve à plusieurs endroits, mais particulièrement là où les Cours des comptes constituent un organe de soutien du législatif.[32]

Cette présentation permet de distinguer les différents modèles d'institutionnalisation qui sont envisageables sur la base de l'acteur dominant du dispositif, mais non de caractériser des dispositifs institutionnels. Les distinctions que propose Hans-Ulrich Derlien constituent un point de départ essentiel à ceux qui cherchent à identifier les acteurs potentielle-

---

[32] Derlien, H.-U., *op. cit.*, p. 12.

ment impliqués dans le développement, la mise en œuvre et l'utilisation de l'évaluation.

2.1. Une institutionnalisation polymorphe

2.1.1. Les clauses évaluatives ou l'initiation procédurale

Dans tous les pays, la procéduralisation joue un rôle dans le processus d'institutionnalisation. Les règlements, plus ou moins contraignants, représentent un bon moyen pour ancrer un réflexe évaluatif et dépasser les inhibitions de certains acteurs (par exemple : de l'administration qui, dans certains cas, craint les conclusions d'une évaluation qui pourraient être la source d'une sanction).

Les premières évaluations sont réalisées afin de satisfaire aux exigences d'une clause évaluative. Nous pouvons définir une clause évaluative comme une disposition contenue dans une loi adoptée par le Parlement et qui impose la réalisation d'une évaluation dans un certain délai et selon certaines conditions (comme les finalités, les méthodes, les parties prenantes, etc.). Les clauses d'évaluation rentrent rarement dans le détail et se situent à un niveau de généralité qui offre, au moment de sa mise en œuvre, de multiples perspectives (par exemple : le choix de l'évaluateur ou le contenu du cahier des charges, ...).

Le recours à des clauses évaluatives varie selon les pays. En Belgique, l'adoption d'une clause évaluative s'inscrit dans le débat politique et l'exécution des prescrits légaux et réglementaires passe, dans la plupart des cas, par la création d'une structure permanente (commission nationale, bureau d'évaluation) auprès de l'administration responsable de la mise en œuvre de la politique évaluée. En comparaison avec d'autres pays, la Belgique implique, très rarement, des évaluateurs externes (par exemple : un autre organisme public) et privés dans la conduite d'une évaluation initiée par une clause réglementaire. L'explication de cette situation est à chercher dans les origines mêmes des clauses évaluatives. En effet, ce sont les questions politiquement sensibles qui sont soumises à évaluation et les parlementaires n'entendent pas laisser n'importe qui s'emparer de la question au risque d'aboutir à des conclusions éventuellement gênantes.

Le cas le plus représentatif de cette situation est la loi du 13 août 1990 visant à créer une Commission d'évaluation suite à la dépénalisation de l'interruption volontaire de grossesse[33]. Il en est de même avec la

[33] Commission nationale d'évaluation de la loi du 3 avril 1990, *Rapport intérimaire (1er octobre 1992 – 31 décembre 1992)*, Documents parlementaires n° 1171/1 – 92/93 (Chambre), 847-1 (1992-1993) (Sénat), septembre 1993, p. 11.

Commission fédérale de contrôle et d'évaluation de la loi dépénalisant sous condition l'euthanasie (2002) qui reproduit le même dispositif que celui institué pour l'interruption de grossesse. Ce choix est surprenant étant donné que la Commission d'évaluation de la loi du 3 avril 1990 a été mise sur la sellette par plusieurs parlementaires (Philippe Destexhe – MR et Georges Dallemagne – CDH) qui critiquent l'absence d'études qualitatives et le peu de pertinence et d'utilité des évaluations réalisées depuis plus de dix ans[34].

Dans un autre domaine, la loi relative à la coopération internationale belge[35] contient une clause d'évaluation qui prévoit que le ministre transmet annuellement à la Chambre des représentants et au Sénat un rapport d'évaluation. Cette évaluation vise à déterminer l'efficience, l'efficacité, la durabilité et l'impact des aides octroyées conformément aux objectifs de la coopération internationale belge et aux critères de pertinence en vue d'un développement durable. Pour répondre à cette exigence, un service spécialement chargé des questions d'évaluation est institué au sein de la Direction générale de la coopération internationale (DGCI). Le législateur souhaitant que ce service bénéficie d'une indépendance d'action suggère la nomination d'un directeur pour un mandat temporaire. Concrètement, ce service est chargé de centraliser les demandes internes et de veiller au suivi des évaluations commandées en externe.

En France, la réalisation d'évaluations est moins souvent qu'ailleurs le fruit d'une obligation législative. Cependant, dans ce pays, l'institutionnalisation s'est produite en recourant à une clause évaluative doublement expérimentale puisqu'elle accompagne une mesure innovante en matière sociale (le revenu minimum d'insertion – RMI) et qu'elle inaugure la pratique évaluative française. En décembre 1988, le Parlement adopte la loi sur le RMI. Ce texte contient une disposition qui subordonne, au terme d'une période de trois ans, la reconduction de la loi à une évaluation du dispositif mis en place. Ainsi, lorsque Michel Rocard, Premier ministre, charge Patrick Viveret de la rédaction d'un rapport sur l'évaluation des politiques publiques, il lui demande également de formuler des propositions en vue de l'évaluation du RMI. Au terme de la période initiale, la loi est reconduite en abandonnant l'exigence d'évaluation. En agissant de la sorte, le législateur accrédite l'idée de l'évaluation contrôle voire sanction étant donné que, dans ce cas, le

---

[34] « Relancer l'information sur la contraception efficace », *La Libre Belgique*, 15 octobre 2002.

[35] Loi du 25 mai 1999 relative à la coopération internationale belge, *Moniteur belge*, 1er juillet 1999.

rapport d'évaluation rendu en 1992 a pour principale finalité d'orienter rationnellement le choix du maintien ou non du dispositif.

Par la suite, peu de textes contiennent des clauses évaluatives à portée générale ou particulière. Ceci ne semble pas être un frein à une institutionnalisation organisationnelle importante. Ainsi, les travaux réalisés par les instances des dispositifs interministériels ou parlementaires ne répondent pas à une obligation légale ou réglementaire mais résultent d'un intérêt de la part de certaines personnes sensibilisées à l'utilité de l'évaluation.

Parmi les pays que nous étudions, la Suisse est celui au sein duquel est adopté le plus grand nombre de clauses évaluatives. L'Office fédéral de la justice répertorie sur son site internet[36] les quarante-six clauses d'évaluation que l'on retrouve tant dans la Constitution que dans les lois et ordonnances fédérales. À une exception[37] près, il s'agit de clauses d'évaluation rétrospective.

De plus, en adoptant, en 1999[38], un article relatif à l'évaluation des politiques publiques (art. 170) dans sa nouvelle Constitution, la Suisse devient le seul pays au monde à accorder formellement une telle importance à cette pratique. Cet article stipule que « l'Assemblée fédérale veille à ce que l'efficacité des mesures prises par la Confédération fasse l'objet d'une évaluation ». Les lectures et interprétations de cet article sont multiples[39]. L'application de l'article 170 doit également prendre en

---

[36] http://www.ofj.admin.ch/f/index.html [consulté le 3 décembre 2002].

[37] La loi sur les rapports entre les conseils (RS 171.11) contient une clause d'évaluation prospective en son article 43 : « Pour chaque projet qu'il soumet à l'Assemblée fédérale, le Conseil fédéral expliquera la relation existant avec les Grandes lignes de la politique gouvernementale et le plan financier. Il renseignera sur les principaux points de vue exprimés et sur les solutions de rechange rejetées au stade préliminaire de la procédure législative ».

[38] La nouvelle Constitution est le fruit d'un toilettage de la précédente qui a été, maintes fois, modifiée suite à de nombreuses consultations populaires. Lors de la procédure de révision de la Constitution, cette disposition ne figure pas dans les projets élaborés par le Conseil fédéral (ni en 1995 ni en 1996). La Comission des institutions politiques (CIP) des Chambres fédérales qui prépare la révision souhaite que l'évaluation de l'efficacité permette au Parlement d'asseoir son contrôle vis-à-vis du travail de l'exécutif. Elle confie, en 1995, un mandat de recherche aux Professeurs H.-J. Muller (Berne) et P. Moor (Lausanne) qui proposent, en vain, la création d'une autorité indépendante d'évaluation des politiques publiques, élue par l'Assemblée fédérale. L'idée étant rejetée, les concepteurs de la révision de la Constitution renoncent à l'idée de centraliser l'évaluation auprès d'une seule instance, sans toutefois abandonner l'idée de développer l'évaluation des politiques publiques.

[39] Certains considèrent même qu'il s'agit d'une divergence dans la traduction entre l'allemand et le français. La version allemande de cet article est la suivante : « Überprüfung der Wirksamkeit : Die Bundesversammlung sorgt dafür, dass die Massnahmen des Bundes auf ihre Wirksamkeit überprüft werden ».

compte la loi sur le Parlement (modifiée le 13 décembre 2002). À cet égard, l'article 44 de cette loi prévoit que,

> dans les limites des compétences qui leur sont conférées par la loi ou les règlements des conseils, les commissions [...] soumettent des propositions à la Conférence des collèges présidentiels des commissions et délégations de surveillance ou donnent au Conseil fédéral des mandats visant à faire effectuer des évaluations de l'efficacité et participent à la définition des priorités ; tiennent compte des résultats des évaluations de l'efficacité.[40]

Ce texte confie l'évaluation aux vingt-quatre commissions permanentes du Parlement sans étendre les compétences des instances existantes, ni créer une nouvelle instance d'évaluation qui centraliserait cette pratique. Les Commissions de gestion et les Commissions des finances sont chargées de coordonner les travaux confiés aux organes parlementaires d'évaluation (Organe parlementaire de contrôle de l'administration, CDF).

De son côté, le Gouvernement n'est pas en reste. Afin de réfléchir à la question, la conférence des secrétaires généraux des départements décide d'installer un groupe de travail chargé d'analyser les implications de cette disposition vis-à-vis de l'évaluation administrative. Ce groupe de travail, co-dirigé par Mme Claudia Kaufmann (Secrétaire Générale du Département fédéral de l'intérieur) et le Professeur Luzius Mader, est chargé de dresser un bilan et de faire des propositions sur l'application de l'article 170 par l'administration[41]. En mars 2001, deux journées de réflexion ont lieu sur ce sujet afin de débattre des modèles d'institutionnalisation au sein de l'administration. Les résistances administratives à une superstructure de l'évaluation sont très grandes. Les offices s'opposent à ce qui s'apparente à une volonté de centralisation de l'évaluation même s'ils reconnaissent la nécessité de renforcer la coordination. En mai 2002, le groupe de travail est mandaté pour formuler des recommandations concrètes sur la mise en œuvre de l'article 170. Il existe une volonté de donner un mandat à un nouveau groupe de travail en vue d'institutionnaliser l'évaluation au sein de l'exécutif. Les départements privilégient le *statu quo* ; toutefois, si le Parlement est décidé à avancer, ils ne souhaiteront pas être marginalisés.

Nous voyons donc qu'il existe une compétition entre le Parlement et l'exécutif sur la question de la responsabilité par rapport aux évalua-

---

[40] http://www.parlament.ch/f/do-parlamentsgesetz-schlussabstimmungstext [consulté le 31 décembre 2003].

[41] Les organes parlementaires sont représentés dans ce groupe de travail et les représentants des pouvoirs exécutif et législatif ont une attitude très coopérative concernant la mise en œuvre de l'article 170.

tions. Des réflexions associant les acteurs concernés ont également eu lieu au sein du groupe de travail (IDEKOWI – *Interdepartementale Kontaktgruppe "Wirkungsprüfungen"*).

Tout comme la Suisse, les Pays-Bas tendent à développer un réflexe évaluatif selon lequel chaque politique doit, du moins théoriquement, être soumise à une évaluation. La différence entre ces deux pays réside dans la finalité assignée, à l'origine, à l'évaluation. C'est dans une perspective de modernisation de l'appareil administratif et d'une prise en considération des effets des politiques que le recours à l'évaluation se répand en Suisse. Aux Pays-Bas, la contrainte d'évaluation émerge dans un cadre économique moins prospère où l'évaluation doit permettre la mise en œuvre d'un programme d'austérité budgétaire. Ainsi, au début des années 1980, le recours à l'évaluation des politiques vise à fournir une information utile à la prise de décision. La procédure de « reconsidération » (1982) s'intéresse aux effets des politiques mais ambitionne surtout d'opérer des réductions budgétaires. Elle intervient à un moment où il est nécessaire de procéder à des coupes dans le budget dont le déficit s'est accru au fil du temps. Le Gouvernement entame une procédure de reconsidération qui ambitionne d'économiser des fonds publics[42]. Dans les faits, il s'agit d'une évaluation, même si peu acceptent à l'époque de la qualifier comme telle. Il faut s'intéresser aux impacts des politiques et proposer des pistes permettant de réaliser des économies, de dépenser moins ou, du moins, de prévoir les conséquences d'une réduction des budgets d'un programme. Cette procédure stimule une forte demande d'évaluations, étant donné que 280 études de reconsidération sont réalisées par des comités qui bénéficient d'une indépendance d'action et de jugement garantie par un accord conclu entre les membres du Gouvernement qui prévoit qu'aucun ministre n'interfèrera dans leur travail[43]. Dans une perspective comparative, les exemples étrangers (et principalement l'Angleterre avec le *National Audit Office* et les USA avec le *General Accounting Office*) sont observés.

La procédure de reconsidération permet, à nouveau, de jeter un pont entre le monde scientifique (*policy research*) et l'administration qui se familiarise avec les notions de *financial management* et d'audit. Cette fois, les contacts se nouent avec les membres de la haute fonction publique et ne se limitent plus aux unités opérationnelles au sein des ministères.

---

[42] Bemelmans-Videc, M.-L., « Dutch Experience in the Utilization of Evaluation Research: The Procedure of Reconsideration », *Knowledge in Society*, 1989, n° 2, pp. 31-49.

[43] Andeweg, R. et G. Irwin, *Dutch Government and Politics*, London, Macmillan, 1993, p. 199.

Par la suite, d'autres lois édicteront un principe général d'évaluation. Il s'agit de la loi sur le Gouvernement (1990) et de la procédure « Du budget à la responsabilité politique » (*Van beleidsbegroting tot beleidsverantwoording*) (1998) qui vise à présenter le budget d'une manière plus orientée vers la performance. Les questions centrales auxquelles il est nécessaire de prêter une attention lors de la rédaction du budget sont : quels sont les objectifs envisagés ?, comment allons-nous procéder pour y parvenir ?, quels sont les coûts ?, avons-nous obtenu ce que nous cherchions ? Chaque ministère doit fournir, annuellement (le troisième mercredi du mois de mai), un rapport décrivant les objectifs et les buts atteints. Il s'agit donc d'un processus d'apprentissage qui se focalise sur la mesure de la performance publique[44].

Ainsi, le dispositif institutionnel hollandais se construit progressivement et résulte d'un processus d'accumulation d'expertise au sein des ministères qui conduit, dans une période plus récente (2002), à l'adoption de clauses d'évaluation à portée générale (Réglementation d'analyse de la performance et de l'évaluation *Regeling Prestatiegegevens en Evaluatieonderzoek*). En plus d'initier un réflexe évaluatif, la mise en œuvre de ces clauses aboutit, au niveau central, à une application uniforme/standardisée de la pratique évaluative dans tous les ministères.

Pour conclure cette présentation relative aux clauses évaluatives, nous devons mentionner le cas particulier des fonds et programmes européens. L'octroi de ceux-ci (FEDER, LEADER, URBAN, etc.) est conditionné par la réalisation d'une évaluation du programme mis en œuvre. Ces évaluations sont conduites au niveau régional subventionné et instaurent un réflexe évaluatif qui peut influencer l'institutionnalisation de l'évaluation au niveau central. Toutefois, en raison des processus de décentralisation, plus ou moins importants selon les cas, ce phénomène est peu observé dans les pays sur lesquels nous focalisons notre attention. Au contraire, cela induit des distorsions plus ou moins importantes entre, d'une part, les entités régionales elles-mêmes et, d'autre part, entre les entités régionales et le niveau central. L'exemple belge est symptomatique à cet égard. En comparant le niveau fédéral avec ses entités fédérées, il apparaît que la Wallonie est la région où l'évaluation est la plus fortement institutionnalisée.

---

[44] van der Burg, C., Korte, H. et R. van Oosteroom, « Van Beleidsbegroting tot Beleidsverantwoording », *Openbare Uitgaven*, 1999, n° 5, pp. 226-233.

2.1.2. Une pérennisation organisationnelle

La description des dispositifs d'évaluation dans les pays étudiés démontre le poids des instances organisationnelles dans l'architecture institutionnelle. Au fil du temps, les organisations se multiplient soit pour assurer la mise en œuvre d'une clause évaluative soit pour des raisons propres que nous chercherons à expliquer plus loin.

Avant toute chose, il apparaît que le recours à l'organisation permet de rendre visibles les efforts entrepris en matière d'évaluation. En effet, dans la plupart des cas, les nouvelles missions sont exercées par de nouveaux organes au nom plus ou moins évocateur (mission d'évaluation et de contrôle, Organe parlementaire de contrôle de l'administration, centre de compétences en évaluation), même s'il arrive qu'une organisation déjà existante soit dotée de nouvelles prérogatives. C'est par exemple le cas en Belgique où le Bureau fédéral du Plan est, depuis 1994[45], chargé d'analyser et de prévoir l'évolution socio-économique ainsi que les facteurs qui déterminent cette évolution, et d'évaluer les conséquences des choix de politiques économiques et sociales en vue d'en améliorer la rationalité, l'efficacité et la transparence. Placé sous l'autorité du Premier ministre et du ministre de l'Économie, il reçoit du Conseil des ministres les directives orientant ses activités. Cet organisme procède également à des analyses structurelles à moyen et à long termes, principalement dans les domaines économiques, sociaux et environnementaux[46].

Ainsi, l'institutionnalisation de l'évaluation des politiques publiques se matérialise sous de multiples formes (procédurales ou organisationnelles) qui s'incarnent dans une hétérogénéité d'organisations, d'instances ou de groupes plus ou moins complexes, spécialisés, autarciques, etc. La section suivante synthétise les enseignements issus de l'observation des dispositifs institutionnels et leur évolution d'un point de vue organisationnel.

---

45 Loi du 21 décembre 1994 portant des dispositions sociales et diverses, *Moniteur belge*, 23 décembre 1994. Cette loi redéfinit les compétences du Bureau du Plan créé par la loi du 15 juillet 1970 portant organisation de la planification et de la décentralisation économique.

46 « À la demande des Chambres législatives, du Conseil central de l'économie ou du Conseil national du travail, il peut procéder à toute autre forme d'évaluation des politiques économiques, sociales et écologiques arrêtées par l'autorité fédérale ». Loi du 21 décembre 1994 portant des dispositions sociales et diverses, *Moniteur belge*, 23 décembre 1994.

2.2. Une multiplicité d'instances

Ces dernières années, un certain nombre de pays sont témoins de l'émergence (et parfois de la disparition) d'instances aux niveaux tant central que régional. Ce mouvement touche, à divers degrés, l'ensemble des systèmes politico-administratifs. Le développement de l'évaluation ainsi que son institutionnalisation induisent le positionnement des instances les unes par rapport aux autres. L'évaluation semble être considérée comme une ressource dont personne ne souhaite abandonner le monopole à quelqu'un d'autre.

Dans la plupart des cas, l'institutionnalisation de l'évaluation confronte des expériences multiples qui sont rarement mises en perspective les unes par rapport aux autres à l'aide de mesures de coordination. Ainsi, nous assistons à une compétition, plus ou moins revendiquée comme telle, entre les représentants des organes de contrôle et des pouvoirs exécutif et législatif.

2.2.1. Au niveau central

2.2.1.1. Un engagement parlementaire inégal

Le degré d'implication des parlements à l'égard de l'évaluation des politiques publiques est variable. Celui-ci va de l'adoption d'une clause évaluative dans une loi à la créationd'une instance interne en passant par une utilisation des conclusions et recommandations d'évaluations réalisées à leur demande ou non. Nous observons très clairement cette variation au niveau des engagements parlementaires.

Les Parlements belge et hollandais sont ceux qui s'investissent le moins dans la démarche évaluative. Ils édictent des clauses évaluatives à portée générale (Pays-Bas) ou particulière (Belgique) mais ne constituent pas d'instance interne *ad hoc* dans lesquelles siègeraient des parlementaires chargés de l'évaluation de certaines politiques. L'utilisation des rapports d'évaluation est influencée par la nature des attentes originelles. Elle est plus grande aux Pays-Bas, où l'évaluation s'inscrit dans un contexte économique difficile, qu'en Belgique où le recours à l'évaluation apparaît comme un instrument « d'apaisement » au cours de débats éthiques. Dès lors que la situation politique ou économique évolue et que les enjeux se déplacent, le Parlement prête moins d'attention aux évaluations y compris celles qu'il a sollicitées. Ceci explique sans doute la faible utilité politique et le désintérêt des parlementaires à l'égard des conclusions de certaines évaluations. Comme nous l'a expliqué un parlementaire belge : « Il est préférable de faire de bonnes lois dès le départ plutôt que de commander des rapports supplémentaires que nous n'avons pas le temps de lire ». Cette déclaration illustre le décalage existant entre le temps court du politique et celui plus long de l'évaluation.

À l'inverse, il s'avère que le Parlement hollandais utilise plus régulièrement les enseignements que lui transmet la Cour des comptes même s'il n'est guère actif dans le développement de l'évaluation. Son implication en la matière remonte au début des années 1980, lorsqu'il conduit une enquête sur la politique industrielle. Les conclusions auxquelles il aboutit sont très critiques et mettent en lumière de grands dysfonctionnements au sein de l'administration. Il apparaît donc que les budgets colossaux consacrés à cette politique n'ont pas permis de remplir les objectifs qui lui étaient assignés. Certains parlementaires se demandent alors si cette situation aurait pu être évitée ou s'il existait des signes avant-coureurs. D'autres s'interrogent sur le rôle joué par les auditeurs, les comptables et la Cour des comptes, en matière de suivi de cette politique. Cette « crise » ouvre une fenêtre d'opportunité qui n'est pas saisie par le Parlement : celui-ci ne prend pas l'initiative de se doter d'une instance interne de contrôle et d'évaluation des politiques publiques. Cette absence de réaction de la part des parlementaires s'explique par le fait que, depuis longtemps, les relations entre le Parlement et l'Exécutif reposent sur la notion de responsabilité de l'exécutif qui accomplit lui-même l'évaluation de ses activités ainsi que par la totale indépendance de la Cour des comptes à l'égard du Parlement et de l'Exécutif. Ensuite, en 1986, le président de la Commission des dépenses publiques du Parlement se rend compte qu'aucun travail ou réflexion n'a été mené sur les budgets adoptés depuis 1971. Afin de combler cette lacune, la Cour des comptes entame des audits gouvernementaux (*Government wide audits*)[47] sur la préparation du budget, la mise en œuvre des politiques, l'utilisation des subsides alloués. La finalité de ces audits est de mettre en évidence les connaissances dont disposent les départements au sujet de leur efficacité, efficience, effectivité, etc. La conclusion générale qu'ils tirent est leur ignorance sur ces aspects. C'est donc à ce moment que le pouvoir législatif se rend compte de la nécessité d'évaluer et qu'il existe un grand nombre d'instituts et de centres de recherche qui disposent des compétences nécessaires afin de réaliser ce type d'études.

La situation est différente en France et en Suisse où les Parlements institutionnalisent, avec plus ou moins de succès, l'évaluation en leur sein.

---

[47] Leeuw, F., « Government-wide Audits in the Netherlands: Evaluating Central Governments Subsidies » dans Mayne, J. *et al.* (eds.), *op. cit.*, pp. 131-139.

Le Parlement français, dans un premier temps, met en place une instance commune à l'Assemblée nationale et au Sénat. La proposition de loi déposée en juillet 1995 relative à la création d'un Office parlementaire d'évaluation des politiques publiques (OPEPP) assignait à cette instance une double mission d'évaluation. *Primo*, l'Office informe, rétrospectivement, le Parlement sur l'adéquation entre les moyens juridiques, administratifs ou financiers consacrés à une politique publique et les résultats observés. *Secundo*, de manière prospective, l'OPEPP fournit au Parlement des informations sur les moyens juridiques, administratifs ou financiers qui seront nécessaires pour atteindre les objectifs désignés par une politique publique. Ces volontés ont été reprises dans la loi du 14 juin 1996 tendant à élargir les pouvoirs d'information du Parlement et à créer un Office parlementaire d'évaluation des politiques publiques. Le même jour est adoptée la loi tendant à créer un Office parlementaire d'évaluation de la législation[48]. Toutefois, ce texte avait réduit les ambitions initiales qui offraient la possibilité à l'Office de se saisir lui-même d'une question, octroyaient un budget propre et prévoyaient de recourir à l'assistance d'un conseil scientifique composé de personnalités choisies en raison de leurs compétences. La notion d'évaluation n'est pas définie dans ce texte[49] qui précise uniquement la composition et le fonctionnement de l'office. Cet Office est composé de deux délégations, l'une provenant de l'Assemblée nationale, la seconde issue du Sénat, regroupant chacune le président et le rapporteur général de la Commission des finances ainsi qu'un membre de chacune des commissions permanentes auxquels il convient d'ajouter huit membres désignés par les groupes politiques de manière à assurer leur représentation proportionnelle[50]. Il est présidé, alternativement, pour un an par le président de la Commission des finances de l'Assemblée nationale ou du Sénat.

Toutefois, certains estiment que l'OPEPP faisait double emploi avec les commissions parlementaires et que l'expertise y était isolée de la décision[51].

---

[48] Loi n° 96-516 du 14 juin 1996 tendant à créer un Office parlementaire d'évaluation de la législation, *Journal officiel*, 15 juin 1996, p. 8911.

[49] Loi n° 96-517 du 14 juin 1996 tendant à élargir les pouvoirs d'information du Parlement et à créer un Office parlementaire d'évaluation des politiques publiques, *Journal officiel*, 15 juin 1996, p. 8911.

[50] Loi n° 96-516 du 14 juin 1996, *op. cit.*, p. 8911.

[51] Migaud, D., *Rapport d'information déposé en application de l'article 145 du Règlement par la Commission des finances, de l'économie générale et du Plan en conclusion des travaux d'une mission d'évaluation et de contrôle constituée le 3 février 1999*, Paris, Assemblée nationale, 1999, pp. 11-12.

À l'origine, cet Office voulait traduire l'ambition du Parlement de se doter de moyens d'expertise autonomes vis-à-vis du Gouvernement et d'entreprendre ses propres travaux d'évaluation. Mais, en réalité, force est de constater, que l'Office n'a que très peu rempli la mission ayant présidé à sa création.[52]

Ce constat était prémonitoire puisque l'Office a été supprimé en 2001. Suite à l'échec de cette première expérience, chaque assemblée se dote d'un nouvel organe interne.

Le Sénat qui souhaite poursuivre les travaux de l'OPEPP institue un Comité d'évaluation des politiques publiques qui tient sa réunion constitutive le 15 juin 2000. Dans un premier temps, il se compose des seize membres du Sénat ayant participé aux travaux de l'OPEPP. Actuellement, il est rattaché à la Commission des finances et rassemble les membres de celle-ci. Les évaluations sont réalisées avec le concours d'experts extérieurs et donnent lieu à l'audition des responsables administratifs concernés.

L'Assemblée nationale opte pour un mécanisme original. La Mission d'évaluation et de contrôle (MEC) est créée à la suite du rapport d'un groupe de travail sur l'efficacité de la dépense publique et le contrôle parlementaire[53]. Elle a pour but « de mieux exercer les prérogatives reconnues au Parlement en matière de contrôle de l'utilisation des crédits votés en loi des finances »[54]. Afin de ne pas retarder la création (3 février 1999) de cette mission, il est décidé de ne pas lui donner la forme d'une commission permanente qui suppose une modification de la Constitution (article 43), mais d'instaurer[55], au premier semestre de chaque année, au sein de la Commission des finances, une nouvelle mission. Ce processus original et pragmatique est intéressant en ce qu'il conduit les parlementaires à (ré-)affirmer tous les ans leur volonté de poursuivre le travail entamé. Par cet outil, le Parlement entend se réap-

---

52 Chauvet, N., « Évaluation des dépenses de l'État et gouvernance en France » dans Baslé, M. et C. Guignard-Hamon (dir.), *Évaluation et gouvernance. Actes du colloque de Rennes des 15 et 16 juin 2000*, SFE, p. 44.

53 Hochedez, D., « La Mission d'évaluation et de contrôle (MEC). Une volonté de retour aux sources du Parlement : la défense du citoyen contribuable », *Revue française de finances publiques*, 1999, n° 68, pp 261-276.

54 http://www.assemblee-nationale.fr/contrôle/evaluation.asp [consulté le 8 août 2001].

55 Sur la base de l'article 145 du Règlement de l'Assemblée nationale, « [...] les commissions permanentes assurent l'information de l'Assemblée pour lui permettre d'exercer son contrôle sur la politique du Gouvernement. À cette fin, elles peuvent confier à un ou plusieurs de leurs membres une mission d'information temporaire portant, notamment, sur les conditions d'application d'une législation. Ces missions d'information peuvent être communes à plusieurs commissions [...] ». Migaud, D., *op. cit.*, p. 16.

proprier le pouvoir de contrôle budgétaire. Comme le souligne son rapporteur général :

> Les premiers pas de cette mission d'information, créée au sein de la Commission des finances, traduisent bien l'effort de rénovation du contrôle parlementaire souhaité. En revanche, la démarche évaluative devra être approfondie afin que les travaux de la MEC puissent devenir un véritable outil au service des parlementaires dans le débat budgétaire. Parmi les aspects positifs de la MEC, j'en soulignerai deux : le co-pilotage entre la majorité et l'opposition et un recours accru à l'expertise de la Cour des comptes. [...] [Toutefois, contrairement à ce que laisse présager son appellation, cette mission n'est pas en] mesure d'exercer une véritable démarche d'évaluation car il faudrait pour cela que des objectifs *ex ante* et des indicateurs de mesures de résultats soient intégrés systématiquement aux lois et aux règlements adoptés en vue de l'application d'une politique. La MEC pourrait cependant avoir recours à des organismes extérieurs spécialisés dans l'évaluation d'une politique publique particulière.[56]

Ainsi, d'un point de vue conceptuel, la MEC oscille entre l'évaluation et le contrôle. Le contrôle « doit être entendu au sens large, renvoyant, d'une part, à un contrôle de l'effectivité et de la régularité de la dépense publique et, d'autre part, à une évaluation de celle-ci »[57] tandis que l'évaluation de la dépense publique « relève, en revanche, d'une démarche distincte : il s'agit de déterminer si une politique publique atteint les objectifs qui lui sont assignés et, dans l'affirmative, s'il est possible d'attendre des résultats identiques à un moindre coût »[58]. Toutefois, la MEC

> s'est défendue de porter un jugement sur les choix opérés dans le passé ou de prôner une redéfinition complète des politiques menées. Sa mission a consisté, au contraire, à étudier dans quelle mesure des réorientations budgétaires, dans le cadre des enveloppes définies, étaient envisageables, voire s'il était possible de supprimer des dispositifs inutiles.[59]

---

[56] Migaud, D., « Le contrôle de la dépense publique en France » dans Baslé, M. et C. Guignard-Hamon (dir.), *op. cit.*, p. 37-38.

[57] Migaud, D., *Rapport d'information déposé en application de l'article 145 du Règlement par la Commission des finances, de l'économie générale et du Plan en conclusion des travaux d'une mission d'évaluation et de contrôle constituée le 3 février 1999*, Paris, Assemblée nationale, 1999, p. 8.

[58] Migaud, D., *op. cit.*, p. 15.

[59] Migaud, D., *op. cit.*, p. 22.

Sa mission consiste donc à mener des investigations approfondies[60] sur un nombre déterminé de politiques publiques en mettant l'accent sur la recherche de l'efficience mais « à terme, l'ensemble des politiques publiques pourra faire l'objet d'une évaluation, aussi objective que possible »[61]. Au sujet de ces rapports, plusieurs personnes que nous avons interrogées, indépendamment de leur appartenance professionnelle, considèrent la MEC comme l'alibi parlementaire de l'évaluation. Certains affirmant même qu'« elle ne fait que reprendre des passages entiers d'autres évaluations en se contentant d'en modifier certains éléments ». Sur ce point, la MEC ne cache pas le fait qu'elle utilise les études élaborées par d'autres (évaluateurs professionnels ou cabinets d'audit) lorsqu'elles coïncident avec ses centres d'intérêt et qu'elles nourrissent la réflexion sur un sujet. En ce qui concerne les investigations de la Cour des comptes, la MEC entend servir de relais politique à ses travaux afin que les rapports ne restent pas lettre morte[62]. Il semble donc que la MEC apporte une réponse originale à l'absence de réaction qui caractérise la plupart des évaluations. En reprenant les rapports déjà publiés, elle joue un rôle de caisse de résonance. Toutefois, les suites accordées aux travaux de la MEC sont très limitées et il arrive même que le Gouvernement prenne le contre-pied des suggestions qu'elle formule[63].

Ces différentes instances sont composées de parlementaires qui, à de rares exceptions, font appel à une expertise externe pour les assister dans leur travail. Dans ce cas, c'est la Cour des comptes qui demeure l'interlocuteur privilégié.

Le Parlement suisse opte également pour une institutionnalisation interne de l'évaluation des politiques publiques. À la différence de la situation française où les parlementaires sont les évaluateurs, des organes assistent les parlementaires suisses dans leur travail. Les Commissions de gestion (CdG) examinent si le Conseil fédéral, l'administration et la justice s'acquittent des tâches que leur confient la Constitution et les lois. Elles sont des organes politiques qui peuvent engager des experts pour les assister dans leur mission. En 1988, le contrôle de

---

60 Comme l'y autorise l'article 5 *ter* de l'ordonnance n° 58-1100 du 17 novembre 1958 relative au fonctionnement des assemblées parlementaires, elle dispose de la faculté de se transformer en une commission d'enquête.

61 Migaud, D., *op. cit.*, p. 19

62 Migaud, D., *op. cit.*, pp. 28-32.

63 Chevilley-Hiver, C., « La mission d'évaluation et de contrôle de l'Assemblée nationale », *Revue du droit public*, 2000, n° 6, p. 1697.

l'efficacité avait été érigé en tâche prioritaire par la CdG du Conseil des États[64].

Au début des années 1990, les CdG prennent leur bâton de pèlerin pour sensibiliser les parlementaires et démontrer que l'évaluation est un moyen adéquat leur permettant de remplir leur mission. L'initiative des CdG des deux chambres permet d'envisager la constitution d'un organe commun au Parlement et au Conseil fédéral. Toutefois, ce dernier estime, dans l'avis qu'il rend sur l'initiative parlementaire, que la distinction des fonctions exécutives et législatives s'oppose à la création d'un organe commun. C'est donc dans cet esprit qu'est créé l'Organe parlementaire de contrôle de l'administration (OPCA) qui, comme nous allons le voir, est étroitement lié aux CdG et à son secrétariat.

L'organe parlementaire de contrôle de l'administration (OPCA) a été créé par la loi fédérale du 22 juin 1990[65]. La base légale instituant cet organe est l'article 47 *sexies* qui prévoit que :

> Les Commissions de gestion disposent d'un organe parlementaire de contrôle de l'administration.
>
> L'organe de contrôle de l'administration examine, sur mandat particulier[66] des commissions de gestion, les tâches de l'administration, leur accomplissement et les effets découlant de l'activité des autorités et de l'administration. Ce contrôle s'exerce selon les critères de la légalité, de l'opportunité, du rendement et de l'efficacité.
>
> L'organe de contrôle de l'administration jouit à l'égard des services de l'administration des mêmes droits que les commissions de gestion en ce qui concerne l'obtention de renseignements et de dossiers. Il traite directement avec tous les services de l'administration et, avec l'approbation des commissions de gestion, peut recourir à l'aide d'experts, auxquels il peut conférer les mêmes droits.
>
> Les commissions de gestion coordonnent le travail de leur organe de contrôle de l'administration avec l'activité des autres commissions de haute surveillance et avec celle des organes de contrôle du Conseil fédéral.

---

[64] « L'objet du contrôle parlementaire de l'administration est ainsi avant tout la pratique de l'administration et de ses effets généraux sur la société, en second lieu la conduite de l'activité administrative avec les ressources que sont l'organisation, les procédures administratives, les finances, le personnel et la gestion ». Mastronardi, P., « La place de l'évaluation dans les instruments parlementaires du contrôle politique » dans Horber-Papazian, K. (dir.), *op. cit.*, p. 73.

[65] Entrée en vigueur le 1er octobre 1990 (RS 171.11).

[66] Cette notion de mandat particulier exclut les autorisations trop générales de procéder à des évaluations.

À l'origine, l'OPCA se considère comme un organe scientifique et indépendant du secrétariat des CdG. Il réalise des études très pointues qui s'étendent parfois sur deux ans et dont les résultats sont publiés dans un langage que certains parlementaires considèrent comme trop académique. Cette situation engendre des tensions et l'OPCA se trouve en porte-à-faux vis-à-vis du secrétariat des CdG. Le principal problème est que l'OPCA ne veut pas rendre de compte au secrétariat des CdG. Des modifications organisationnelles et structurelles ont lieu en 1996. La principale d'entre elles est la subordination[67] de l'OPCA au secrétariat des CdG. Actuellement, l'OPCA développe une attitude pragmatique en évitant la science pure, tout en maintenant les standards de qualité, et veille à réaliser des études plus courtes afin de garantir l'utilité des résultats. En ce qui concerne le suivi et l'utilisation des conclusions des rapports, le chef de l'OPCA, Daniel Janett, a réalisé une série d'entretiens desquels il ressort que 80 à 85 % des recommandations formulées par les CdG sont suivies par le Conseil fédéral et l'administration. La nature de ces recommandations ne bouleverse pas radicalement la politique évaluée, mais affecte les structures de mise en œuvre ou des aspects secondaires. Ceci peut se matérialiser sous forme d'ordonnances gouvernementales ou d'instructions départementales[68].

En conclusion, il ressort de cette présentation que les parlements français et suisse n'entendent pas abandonner le monopole de l'évaluation au pouvoir exécutif. Pour cela, ils se dotent d'organes plus ou moins formalisés. Ceci n'est pas le cas en Belgique et aux Pays-Bas où les parlements privilégient le recours à des clauses évaluatives pour obtenir des évaluations dans des domaines particuliers.

2.2.1.2. Une forte implication de l'exécutif

Nous constatons que les exécutifs (et avec encore plus d'intensité, l'administration) de tous les pays se mobilisent autour de l'évaluation. Ceci diffère de la situation parlementaire que nous venons de décrire.

L'administration, dans tous les pays, s'implique, à des degrés divers, dans une démarche évaluative même si des différences au niveau des secteurs politiques ou en termes de qualité sont observables. Il est possible d'opérer une distinction entre les cas étudiés en se basant sur l'existence ou non d'une instance à prétention interdépartementale. Sur

[67] Il s'agit uniquement d'une subordination sur un plan administratif. Dans son travail scientifique, l'OPCA est toujours indépendant du secrétariat des CdG.

[68] Janett, D., « Parliamentary Evaluation in Switzerland and Its Effects on Legislative and Administrative Action », Communication présentée à la Conférence de la Société européenne d'évaluation, Lausanne, 12-14 octobre 2000, pp. 5-7.

cette base, nous pouvons regrouper la France, la Suisse et les Pays-Bas d'une part et la Belgique d'autre part.

La confusion est sans doute ce qui caractérise le mieux l'institutionnalisation de l'évaluation des politiques publiques en France. Un observateur peu attentif ou se limitant à l'étude des dispositifs interministériels successifs aurait une vision erronée de la situation française. Le premier dispositif interministériel est mis en place à l'initiative de la circulaire « Renouveau du service public » de Michel Rocard (1989). Il se compose de quatre instances (Commissariat général du Plan, Fonds national du développement de l'évaluation, Comité interministériel de l'évaluation et le Conseil scientifique de l'évaluation) aux rôles et missions plus ou moins clairement définis. Les évaluations réalisées dans le cadre de ce dispositif sont nombreuses. Toutefois, malgré la diversité des sujets traités, la majorité de ces évaluations n'eurent pas de suite. De plus, très vite, de nombreuses critiques s'élèvent contre ce dispositif jugé trop rigide par certains hauts fonctionnaires ou chercheurs : « quand on pose l'évaluation des politiques publiques dans le sacré, ce n'est pas étonnant qu'on n'en fasse pas [...], à vouloir jouer la solennité, on demeure facilement dans le symbolique »[69]. Le dispositif a même été qualifié d'OVNI dans le paysage administratif français[70]. Pierre Moscovici, chargé de mission auprès du CGP considère qu'en

> faisant le choix d'évaluer les effets des politiques publiques, c'est-à-dire après décision et application, et d'annoncer l'existence de retombées sur les politiques publiques, le Gouvernement s'est engagé dans une démarche périlleuse. Elle est certes moins ambitieuse que celle de la rationalisation des choix budgétaires en ce qui concerne l'élaboration des choix publics, mais elle est beaucoup plus contraignante pour l'analyse du réel, la formation d'un jugement et sa prise en compte par les autorités gouvernementales. [...] La procédure mise en place pour faire fonctionner le dispositif interministériel d'évaluation, tout en respectant les contraintes, est un jeu difficile entre la tentation d'un verrouillage par l'exécutif et la recherche idéale, ou démocratique d'une extériorité.[71]

Dans les faits, le désintérêt des décideurs se manifeste par l'absence de convocation du Comité interministériel de l'évaluation (CIME)

---

[69] Audebrand, É., « L'évaluation en réforme : la relance du dispositif national d'évaluation des politiques publiques », Mémoire de DEA inédit (septembre 1999) de l'École normale supérieure de Cachan dirigé par Jean-Claude Thoenig, p. 14.

[70] Corcuff, P., « Un OVNI dans le paysage français ? Éléments de réflexion sur l'évaluation des politiques publiques en France », *Politix*, 1993, n° 24, p. 91.

[71] Moscovici, P., *Premier bilan du dispositif interministériel d'évaluation des politiques publiques – Pour une évaluation ouverte*, Rapport au Commissaire au Plan (document interne), 1994.

depuis le 17 mars 1993[72], la non-alimentation du dispositif en nouveaux projets et le non-renouvellement des membres du CSE qui arrivent en fin de mandat[73]. Ce sont d'ailleurs deux membres du CSE, Bernard Perret et Sylvie Trosa, respectivement rapporteur général et rapporteur général adjoint qui, dès 1993, dressent un premier bilan de l'expérience dans lequel ils considèrent que

> si l'on cherche à résumer les caractéristiques essentielles du dispositif mis en place en 1990, on pourrait dire en simplifiant : une abondante solennité mais un minimum d'apprentissage ; une procédure complexe sans mécanisme ou incitation à ce qu'elle débouche sur des résultats ; une régulation scientifique, introduite non sans peine dans le décret, que l'administration ne sait que partiellement utiliser.[74]

Faut-il d'ores et déjà en conclure que l'environnement le plus propice au développement de l'évaluation ne peut s'accommoder d'un formalisme voire d'une institutionnalisation ? C'est l'avis d'un agent de la Direction générale de l'administration et de la fonction publique (DGAFP) pour lequel « l'évaluation des politiques publiques c'est un truc de centralisateurs qui n'ont jamais mis les pieds dans un service opérationnel de l'administration déconcentrée de l'État. De toute façon il ne fallait pas institutionnaliser de procédure nationale d'évaluation »[75]. Mais paradoxalement, les collectivités territoriales qui entendaient institutionnaliser l'évaluation dans leur région se sont référées à ce dispositif soit pour le copier soit pour s'en écarter.

Certains considéraient, que devant le blocage de la situation et en raison du fait « qu'une démocratie renouvelée passe par un État qui évalue ses propres pratiques »[76], il était nécessaire de lancer un appel à donner un second souffle à l'évaluation. Émile Zuccarelli considère que l'évaluation des politiques publiques est la première étape d'un vaste chantier de modernisation de l'administration. Cette adaptation fait suite

---

[72] Le CIME s'est réuni à trois reprises les 26 juillet 1990, 21 mars 1991 et 17 mars 1993. Les participants à ces réunions témoignent du « désintérêt croissant du gouvernement et de l'administration. En effet, le premier CIME est le seul à avoir réuni sous la présidence du Premier ministre les ministres prévus par le décret de 1990. Le deuxième, bien que toujours sous la présidence du Premier ministre, « a mobilisé plus de directeurs de cabinets que de ministres ». Le dernier CIME (1993) est placé sous la direction du Secrétaire d'État chargé du Plan et n'a réuni que des représentants des cabinets ministériels ». Audebrand, É., *op. cit.*, p. 17.

[73] Audebrand, É., *op. cit.*, p. 16.

[74] Cité par Audebrand, É., *op. cit.*, p. 15.

[75] Spenlehauer, V., *op. cit.*, p. 541.

[76] Leca, J. et J.-C. Thoenig, « Évaluer pour gouverner autrement », *Le Monde*, 9 décembre 1997.

à une circulaire du Premier ministre qui encourage chaque ministère à renforcer la capacité des administrations à évaluer les politiques publiques. Il souhaite le lancement d'» évaluations visant à répondre à des questions claires, permettant d'aboutir dans des délais brefs à des réponses précises susceptibles de conduire à des décisions opérationnelles »[77]. Cette focalisation sur les délais et le calendrier accrédite l'idée selon laquelle « l'évaluation est utile quand elle répond vite au désir d'un décideur dans l'urgence et lui indique une solution, soit quand il est aux abois et cherche une issue acceptable (« évaluation de premier secours »), soit quand il a déjà une solution et cherche à la faire passer (« évaluation-appoint »), soit enfin, et à la rigueur, quand elle contribue à socialiser des acteurs et protagonistes incertains, usés ou mécontents et à prévenir une crise (« évaluation-apprentissage » ou « aide au moral des troupes ») »[78]. L'évaluation doit poursuivre des objectifs politiques à court terme. Par ailleurs, le Premier ministre encourage les ministres à désigner un haut fonctionnaire en charge de l'évaluation au sein de chaque département.

Les éléments majeurs qui différencient ce dispositif de celui mis en place précédemment sont contenus dans l'article 2 du décret du 18 novembre 1998 : « le Conseil national de l'évaluation et le commissariat général du Plan concourent à l'évaluation des politiques publiques conduites par l'État, les collectivités territoriales et leurs établissements publics respectifs »[79]. Alors que le dispositif précédent reposait sur quatre piliers, le nouveau, dont la volonté affichée est d'en simplifier la procédure, n'en contient que trois.

Toutefois, malgré les modifications apportées au dispositif interministériel, les critiques à son égard demeurent. Ainsi,

> ce modèle de production complexe dessert incontestablement le dispositif aux yeux des commanditaires, qui lui préfèreront bien souvent la facilité des missions confiées à des corps d'inspection ou à des personnalités identifiées, voire la sous-traitance directe auprès des prestataires privés, eu égard notamment à la question des délais.[80]

---

[77] Circulaire du 3 juin 1998 relative à la préparation des programmes pluriannuels de modernisation des administrations, *Journal officiel*, 9 juin 1998, p. 8703.

[78] Propos d'entretien.

[79] Décret n° 98-1048 du 18 novembre 1998 relatif à l'évaluation des politiques publiques, *Journal officiel*, 20 novembre 1998, p. 17531.

[80] Le Bouler, S., « L'évaluation de politique publique : récit d'une expérience », Communication présentée lors du 13e colloque international de la revue *PMP*, Strasbourg, 25-25 novembre 2003, p. 7.

Ces échecs successifs de l'institutionnalisation sous sa forme interministérielle ne doivent cependant pas occulter l'existence d'autres instances décentralisées au sein des ministères et même dans certaines régions. À titre d'exemple, le ministère de l'Éducation nationale s'est engagé dès 1987 sur la voie de l'évaluation en érigeant une Direction de l'évaluation et de la prospective (qui connaîtra certains réaménagements en termes de compétences et qui sera rebaptisée Direction de la programmation et du développement en 2001). Au début de l'année 2000, Jack Lang, ministre de l'Éducation nationale, inaugure le Haut Conseil pour l'évaluation de l'école dont la philosophie, très participative, n'est pas sans rappeler certains souvenirs liés aux conceptions pluralistes et démocratiques de l'ère Viveret. Ainsi, l'administration française dispose en son sein de ressources et de compétences lui permettant de réaliser des évaluations. Peu à peu, l'évaluation trouve sa place dans les organigrammes administratifs. Cette intégration dans les structures est un signe tangible de son institutionnalisation[81].

En Suisse, après avoir rejeté la suggestion de création[82] d'un organe commun avec le Parlement, le Conseil fédéral a adopté, le 11 décembre 1989[83], une ordonnance par laquelle il crée son propre service de contrôle. Celui-ci dépend formellement du Chancelier de la Confédération même s'il est matériellement autonome. Il agit sur mandat du Conseil fédéral, en fonction d'un programme annuel de travail. Très vite, cette unité a été dissoute en raison de la rivalité entretenue avec les départements et de la faiblesse de la Chancellerie dans l'architecture institutionnelle fédérale et plus particulièrement vis-à-vis du Contrôle fédéral des finances qui la considérait comme une concurrente. En effet, cette unité menait des évaluations pour tous les autres départements, ce qui a engendré, de leur part, quelques résistances qui, en raison de la faiblesse de la Chancellerie, ne pouvaient être surmontées. Lorsque survinrent des problèmes d'organisation interne, et notamment une démission d'un de ses responsables, l'organe fut attaqué et la Chancellerie, sans le défendre, redistribua ses ressources à d'autres services.

---

[81] Chanut, V., « L'évaluation : affaire d'État ou question d'organisation ? », *PMP*, 2002, vol. 20, n° 4, p. 7.

[82] Rapports remis par la Commission de gestion du Conseil des États qui portaient sur l'inspection des contrôles administratifs (1987) et sur l'amélioration du contrôle de l'administration fédérale (1989).

[83] RS 172.210.11. L'ordonnance de 1989 concernant le Service de contrôle administratif est abrogée par celle du 19 juin 1995 qui précise le fonctionnement du Service de contrôle administratif du Conseil fédéral. L'ordonnance du 19 juin 1995 (RS 172.210.11) qui concerne le Service de contrôle administratif du Conseil fédéral précise qu'il est chargé d'assister le Conseil fédéral dans sa tâche de surveillance de l'administration fédérale.

Enfin, il semble qu'un compromis politique fut trouvé lors de la suppression de ce service : « lors d'un réaménagement des procédures de contrôles avec le Département fédéral des finances, ce service a pu servir de monnaie d'échange »[84]. Ainsi, ce service dont la « création a été forcée, n'est pas un enfant qu'on aime bien mais qu'on a adopté avec réticences »[85].

En conclusion, cette suppression résulte donc de la position inconfortable dans laquelle était placé ce service de contrôle vis-à-vis du principe de collégialité propre au Conseil fédéral. En effet, en accomplissant son travail, le Service de contrôle administratif contrevenait à ce principe puisqu'il forçait le Conseil fédéral à se prononcer sur un département particulier.

Tout comme en France, l'expérience suisse d'évaluation interministérielle au sein du Service de contrôle de la Chancellerie aboutit à un échec. Devons-nous, d'ores et déjà, en conclure que l'institutionnalisation de l'évaluation dans une perspective interministérielle et/ou centralisée est vouée à l'échec ? C'est ce que semblent indiquer ces expériences même si d'autres éléments doivent être pris en compte avant de porter un jugement définitif en la matière. Nous reviendrons en détail sur les raisons explicatives de ces échecs dans la dernière partie. Toutefois, il est nécessaire de préciser la difficulté intrinsèque qui caractérise toute action interministérielle. En effet,

> la difficulté de concevoir et de mener à bien des évaluations interministérielles fait partie de la difficulté plus générale de mener une action interministérielle et d'en assumer la responsabilité. La décision interministérielle paraît osciller entre une confrontation entre secteurs ou groupes menant à des juxtapositions de mesures sans arbitrages clairs, et un arbitrage formel imposé par des règles et contraintes circonstancielles ou par l'urgence d'une question relayée par l'opinion. De même, le processus d'évaluation peut osciller entre des opérations qui, sous le nom d'évaluation, groupent des partenaires et intérêts divers défendant chacun leurs points de vue sans que ceux-ci soient clairement exposés et justifiés, et le contrôle direct d'un partenaire administratif ou politique sur l'ensemble du processus.[86]

La ressemblance entre les deux pays ne se limite pas à cet élément puisque l'échec de la tentative d'institutionnalisation gouvernementale n'est pas synonyme d'une carence évaluative au sein de l'administration suisse. L'Office fédéral de la santé publique (OFSP) est à cet égard illustratif du chemin significatif parcouru en une dizaine d'années. C'est

[84] Propos d'entretien.

[85] Propos d'entretien.

[86] Propos d'entretien.

dans la perspective d'obtenir des informations sur les campagnes de prévention du SIDA que l'Office va commanditer des évaluations (1987). Cet exercice met en lumière des carences internes en termes de commande, d'accompagnement et de coordination des évaluations. Le Centre de compétences en évaluation est créé en 1996 pour pallier ces lacunes. Celui-ci centralise les besoins en évaluation de l'OFSP, commandite les évaluations, rédige des *checks lists* et veille au suivi des évaluations réalisées.

Parmi les offices qui sont fortement impliqués dans le processus d'évaluation se trouve également l'Office fédéral de la justice qui, comme nous l'avons vu, a encouragé les premières réflexions sur l'évaluation et son institutionnalisation au cours des années 1980. En réalité, le développement de l'évaluation en Suisse est fortement sectorialisé. Plusieurs offices disposent de compétences en matière de commande et d'accompagnement d'évaluations qui sont entamées de propre initiative ou pour satisfaire aux exigences d'une clause évaluative. Le principal trait distinctif entre cette situation et celle observée en Belgique, en France et aux Pays-Bas est l'externalisation du travail évaluatif. Il existe, en Suisse, un véritable marché de l'évaluation des politiques publiques structuré autour de centres universitaires et de cabinets de consultants spécialisés en évaluation (par exemple : *Interface* à Lucerne, *Evaluanda* à Genève) qui obtiennent des mandats en répondant à des appels d'offres publics. À l'heure actuelle, il est même question de recourir à des procédures de certification des évaluateurs comparables à celles existant pour les experts comptables.

Aux Pays-Bas, c'est également suite à l'échec d'une tentative d'instauration d'une instance interdépartementale que l'administration alloue, pour chaque département, des ressources (budgétaires et humaines) leur permettant de satisfaire, en interne, les exigences des clauses évaluatives. Au début des années 1970, le ministère des Finances inaugure le Comité interdépartemental pour le développement de l'analyse des politiques publiques (COBA) qui réunit des représentants de chaque département ministériel ainsi que du Bureau du Plan et du Bureau central de statistiques. Cependant, la faible implication des administrations et le désintérêt politique à l'égard des travaux de ce comité aboutissent à sa dissolution, en 1979. À partir de ce moment, les administrations, devant satisfaire aux exigences des clauses évaluatives, prennent en charge la réalisation des évaluations. En règle générale, elles internalisent les compétences nécessaires à l'accomplissement de cette mission même si, dans certains secteurs (par exemple l'environnement), le recours à une expertise externe est plus fréquent. En 1983, le ministère des Finances, soucieux de bénéficier de l'expertise académique, met en place un comité scientifique chargé de l'assister. Dans les faits, ce comité ne fut que très rarement réuni et a donc été rapidement supprimé.

Actuellement, l'institutionnalisation de l'évaluation des politiques publiques aux Pays-Bas se matérialise moins à travers des créations architecturales complexes ou innovantes que par la recherche de solutions pragmatiques au sein des différents départements bénéficiant du soutien d'acteurs centraux qui supervisent la conduite de l'évaluation au niveau central. Le ministère des Finances stimule et coordonne le dispositif sans rédiger des directives ou des guides pratiques mais en instituant un réseau au sein duquel l'accent est mis sur le lien entre l'évaluation et la nouvelle présentation budgétaire orientée sur la gestion par programme. Le ministère des Finances n'entend pas prendre le contrôle de ce dispositif même s'il est chargé de l'encadrer et qu'il peut, en collaboration avec la Cour des comptes, planifier une méta-évaluation. Selon lui, l'évaluation doit rester la responsabilité de chaque département. Son rôle consiste donc en un mélange d'incitation, de contrôle et de « sanction » symbolique sous forme d'un rappel à l'ordre. La situation hollandaise se caractérise par une grande diversité des types et des formes d'évaluation (interne ou externe, obligatoire ou de propre initiative, *ex ante* ou *ex post*). Cependant, ce pluralisme et cet essaimage ne sont pas sans poser de problèmes à certains qui considèrent qu'il est nécessaire de procéder à une rationalisation de la situation pour éviter de galvauder le terme « évaluation » et de banaliser une pratique dont la finalité semble peu claire. En conclusion, selon eux, l'avenir de l'évaluation aux Pays-Bas, ne pourra plus faire l'économie d'un débat tant sur l'efficacité de la construction institutionnelle que sur la sensibilisation des acteurs décentralisés à l'utilité de cette pratique.

Comme nous l'avons mentionné, la Belgique est le seul pays dans lequel il n'y a pas eu de tentative d'institutionnalisation transversale au niveau de l'exécutif. L'implication des administrations belges est moindre en comparaison avec ce que nous observons dans les autres pays. Concrètement, lorsque le Gouvernement souhaite obtenir une évaluation dans un domaine précis, il s'adresse directement soit à un centre de recherche qui lui est familier (le plus souvent en recourant à un appel d'offres en procédure négociée) soit au Bureau fédéral du Plan dont la mission a été, en 1994, élargie aux questions évaluatives.

En 2001, l'Association universitaire de recherche sur l'action publique de l'Université catholique de Louvain établit un état des lieux de la pratique évaluative au niveau fédéral. Les principaux enseignements de cette recherche démontrent qu'une majorité d'administrations affirme recourir à l'évaluation comme outil de gestion et de pilotage. En général, ces évaluations sont réalisées d'initiative propre, exécutées et utilisées en interne. L'exemple le plus symptomatique de la tendance de l'administration belge à monopoliser voire, comme certains l'estiment, à « confisquer »[87] l'évaluation des politiques publiques qu'elle met en œuvre[88] est le cas de la politique de l'emploi commanditée annuellement (1995-2002) par le Secrétaire Général du ministère fédéral de l'Emploi et du Travail. Il s'agit d'une auto-évaluation où le responsable de l'administration charge son ministère d'évaluer la politique qu'il met en œuvre afin d'en tirer des leçons lui permettant, éventuellement, de réorienter la mise en œuvre des politiques dont il a la charge. Généralement, ni les décideurs politiques ni les bénéficiaires des politiques ne sont associés à cette démarche. Par ailleurs, cette enquête a mis en évidence l'existence d'une grande amplitude entre les secteurs politiques dans leur appréhension et leur utilisation de l'évaluation des politiques publiques.

2.2.1.3. Les Cours des comptes à la croisée des chemins

Malgré une volonté affichée d'apparaître concernées par les questions évaluatives, les Cours des comptes connaissent un degré d'implication très différent selon les pays. À l'instar d'autres organisations très anciennes, les Cours des comptes[89] voient leurs rôles et missions évoluer. Certaines s'engagent alors clairement dans une démarche où l'évaluation est au cœur de leur travail (Pays-Bas et Suisse) tandis que d'autres, soucieuses de préserver l'image de rigueur et de respectabilité que leur procurent les missions de contrôle (régularité, conformité, légalité) des deniers publics, tentent d'accommoder leur travail avec quelques aspects empruntés à l'évaluation des politiques publiques (France et Belgique).

Sur un *continuum* entre le contrôle classique et l'évaluation des politiques publiques, les quatre Cours des comptes étudiées sont réparties de manières très différentes. Les cours belge et française sont empreintes de timidité à l'égard de cette pratique, lui préférant le contrôle traditionnel. À l'inverse, en Suisse et aux Pays-Bas, les Cours des comptes sont plus « enthousiastes » à l'égard de l'évaluation.

---

[87] Jacob, S. et F. Varone, *Évaluer l'action publique : état des lieux et perspectives en Belgique*, Gand, Academia Press, 2003, p. 196.

[88] Jacob, S. et F. Varone, « L'évaluation des politiques publiques en Belgique : état des lieux au niveau fédéral », *Administration publique. Revue du droit public et des sciences administratives*, 2001, n° 2, pp. 119-129.

[89] La Suisse ne dispose pas, à proprement parler, d'une Cour des comptes. C'est sur son équivalent fonctionnel, le Contrôle fédéral des Finances, que nous nous sommes attardé dans cette partie.

La Cour des comptes *française* est celle dont l'attitude est la plus ambiguë puisqu'elle présente un discours d'ouverture à l'égard de l'évaluation alors que les faits observés et les propos recueillis s'éloignent de cet idéal affiché. Il semble que nous sommes confronté à une situation où la fonction de représentation vers l'extérieur est en décalage avec le comportement des membres de la Cour. Historiquement, la Cour des comptes joue un rôle de comptable public. Au fil du temps, officiellement ou tacitement, ses missions se sont étendues et ses méthodes adaptées. Selon un président de Chambre,

> la Cour fait concrètement et constamment de l'évaluation des institutions publiques mais plus rarement des politiques publiques [...]. Celle-ci n'est indispensable et efficace que si elle analyse très concrètement le fonctionnement réel des institutions en évitant les discours sociologisants qui compliquent l'interprétation.[90]

Selon Pierre Joxe, ancien premier président de la Cour des comptes, il apparaît qu'en matière de contrôle, « l'opposition ne peut pas et que la majorité n'ose pas »[91]. À l'inverse, la Cour des comptes s'empêche de contrôler l'opportunité des politiques publiques afin d'éviter de se substituer au législateur ou à l'exécutif, lui préférant un contrôle de cohérence des décisions de la mise en œuvre.

Dans les faits, la Cour des comptes collabore directement avec la Mission d'évaluation et de contrôle (MEC) de l'Assemblée nationale. À ce sujet, la Cour des comptes est « très désireuse de continuer à poursuivre sa participation à ces travaux et même de proposer une liste de sujets sur lesquels elle-même travaille »[92]. Ce qui va dans le sens d'un de ses présidents de Chambre estimant que « l'évaluation ne s'improvise pas et qu'elle ne peut être réalisée que par des organismes qui présentent des garanties de permanence et de continuité »[93]. Il en est de même en *Belgique* où la Cour des comptes est chargée du contrôle des administrations publiques. Au fil du temps, ses compétences et missions ont évolué[94]. La dernière réforme en la matière octroie à la Cour des

---

[90] Propos d'entretien.

[91] Migaud, D., *op. cit.*, p. 10.

[92] Communication de M. le Président Pierre Méhaignerie sur le rôle des rapporteurs spéciaux et sur les relations de la Commission avec la Cour des comptes. Réunion de la Commission des finances du 1er août 2002. http://www.assemblee-nationale.fr/12/budget/mec.asp [consulté le 2 août 2002]

[93] Propos d'entretien.

[94] En ce qui concerne le rôle joué par la Cour des comptes en matière de contrôle de gestion, voir Buyse, F., « L'évaluation des politiques publiques : approches théoriques et expérimentations par la Cour des comptes en Belgique », Mémoire de licence inédit sous la direction de Christian de Visscher, UCL, 1997.

comptes une nouvelle compétence en ce qui concerne l'étendue des contrôles. En effet, la loi du 10 mars 1998 confie à la Cour des comptes le contrôle du « bon emploi des deniers publics »[95]. Cependant, cette organisation hésite à s'engager de manière claire et déterminée dans la nouvelle voie qui lui est proposée. Elle tente d'adapter cet instrument de pilotage de l'action publique aux missions traditionnelles qu'elle exerce depuis des décennies. Les critères retenus par la Cour des comptes pour l'exécution de ces nouveaux « audits », comme elle les appelle, sont ceux de l'économie, de l'efficacité et de l'efficience. En n'incluant pas celui de l'opportunité politique, la loi limite la portée du travail de la Cour des comptes dont la mise en œuvre demeure embryonnaire et dont les rapports, empreints de timidité voire de frilosité, suscitent peu d'attention de la part du Parlement auxquels ils sont adressés (cf. les enseignements de notre méta-évaluation sur l'aide aux victimes d'actes intentionnels de violence).

À l'inverse de ces deux exemples, la Cour des comptes des *Pays-Bas* adopte une position très claire en matière d'évaluation et s'implique fortement dans l'accompagnement des exercices réalisés et l'encadrement du dispositif. Des quatre institutions supérieures de contrôle étudiées, elle est la seule à consacrer autant d'efforts (en termes de temps et de personnel) à l'évaluation des politiques publiques. Depuis 1991 et l'adoption du *Dutch Government Accounting Act* (articles 20 et 21), les missions de la Cour sont modifiées de sorte que celle-ci mette l'accent sur l'efficacité et l'efficience[96]. L'accent est porté sur la réalisation d'audits de performances. Ceux-ci se définissent comme une

> vérification visant à évaluer de quelle manière l'entité contrôlée affecte les ressources dont elle dispose pour mener à bien sa tâche, compte tenu des principes d'économie, d'efficience et d'efficacité.[97]

À cette lecture nous constatons que la description de la mission est identique à celle récemment octroyée à la Cour des comptes belge alors que les travaux accomplis ne sont pas semblables. La différence majeure réside dans la position d'indépendance à l'égard du Parlement assumée par les membres de la Cour des comptes des Pays-Bas. Par ailleurs, à la fin des années 1980, la Cour des comptes s'est investie, sans que cela ne

---

95 Dumazy, W. et A. Trosch, « La nouvelle compétence de la Cour des comptes en matière de bon usage des deniers publics », *Pyramides : Revue du Centre d'Études et de Recherches en Administration Publique*, 2000, n° 1, pp. 41-42.

96 Van den Broeck, F. et P. Rozendal, « The Value of Effectiveness Audits Performed by Supreme Audit Institutions », communication présentée lors de la Conférence de la Société européenne d'évaluation, Lausanne, 12-14 octobre 2000.

97 Lonsdale, J., « L'évolution des méthodes d'audit de l'optimisation des ressources – impacts et implications », *RISA*, 2000, vol. 66, n° 1, p. 85.

suscite ni débat ni opposition, d'une mission de contrôle de la qualité des évaluations produites par les départements ministériels qu'elle met en œuvre en procédant à des méta-évaluations. À cette époque, elle réalise une méta-évaluation permettant d'identifier la manière dont les évaluations sont réalisées au sein des administrations. Selon cette étude, les quatorze ministères initient environ trois cents évaluations par an pour un montant de 85 millions de florins (38.571.318 euros) soit 0,8 % des budgets globaux[98]. Considérant ces résultats comme insatisfaisants, le ministère des Finances rédige des directives afin d'améliorer la fonction évaluative au sein des ministères.

Parmi les solutions énoncées, figure une nouvelle législation sur le contrôle gouvernemental qui entre en vigueur au début des années 1990[99] (*Comptabiliteits Wet*) et prévoit que les ministères doivent évaluer leur politique une fois tous les cinq ans. Les ambitions du Gouvernement à l'égard de cette législation sont contenues dans un rapport publié en 1994[100]. À la même époque, il y a une évolution en termes de suivi des politiques qui se concentre sur l'*accountability* plutôt que sur le contrôle de la légalité budgétaire. L'importance accrue accordée à cette notion s'inscrit dans le courant du mouvement managérialiste de réforme de l'administration qui a dominé la décennie précédente[101]. Ceci implique une clarification des buts poursuivis par les politiques afin de pouvoir en mesurer le degré d'accomplissement[102]. Cette législation permet de développer et de généraliser la pratique de l'évaluation dans un grand nombre de ministères. Celle-ci se développe autour de standards et procédures qui doivent être respectés par les ministères lorsqu'ils réalisent des évaluations.

En ce qui concerne l'évaluation des politiques publiques, la Cour des comptes réalise essentiellement des méta-évaluations. La Cour poursuit une double ambition vis-à-vis des évaluations conduites par les départements. D'une part, elle vise à améliorer le système en aidant les administrations à mettre en place les structures qui leur permettent de réaliser

---

[98] Les ministères qui réalisent le plus d'évaluations sont ceux de l'éducation (67), de la santé (51) et de l'environnement (47). Algemene Rekenkamer, *Verslag 1990*, La Haye, 1991, p. 52.

[99] *Government accounting act*, 1991.

[100] *Evaluative studies in central government*, 1994.

[101] Les idées néo-libérales prévalent durant les années 1980 qui sont marquées par les gouvernements Lubbers de centre-droit (1982-1989). Kickert, W., « Beyond Public Management. Shiftting Frames of Reference in Administrative Reforms in the Netherlands », communication présentée lors du VIIe congrès de l'Association française de science politique, Lille 18-21 septembre 2002, p. 1.

[102] Van der Knaap, P., « Prestatiegegevens en Beleidsevaluatie bij de Rijksoverheid: Van Ontwikkeling naar Gebruik », *Openbare Uitgaven*, 1999, n° 5, pp. 234-245.

de bonnes évaluations. D'autre part, la Cour est consciente que toutes les administrations ne sont pas capables de conduire des évaluations. Dans ce cas, elle se substitue à l'administration et réalise un audit de performance afin de lui montrer l'exemple. Toutefois, ceci implique une mobilisation du budget et du personnel. C'est pour cette raison que la Cour préfère se situer dans la longue durée et qu'elle privilégie les méta-évaluations qui ont une portée plus générale qu'un seul travail mené sur une politique spécifique. En effet, la Cour estime que lorsqu'elle réalise une évaluation sur une politique particulière, les résultats ont très peu d'utilité pour les autres départements qui ne se sentent pas directement concernés. Lorsque la situation se présente, le choix du sujet opéré par la Cour tient compte de deux éléments. *Primo*, l'existence d'un certain nombre de mesures pour lesquelles elle vérifie s'il existe un risque pour une administration de ne pas atteindre les objectifs et/ou effets annoncés. Parmi ces mesures, l'on trouve : l'étendue du problème (entièreté du programme ou une partie), l'importance financière du programme et l'intérêt politique de la question. *Secundo*, les données doivent être disponibles. La qualité des informations disponibles est essentielle afin de réaliser de bonnes évaluations. Dans certains cas, il n'est pas possible d'aboutir à des conclusions probantes en raison de l'absence de données fiables permettant d'étayer le propos. Afin de minimiser ce risque, il est nécessaire de vérifier, au préalable, l'accessibilité et la qualité des informations. Dans plusieurs cas, il est préférable de ne pas poursuivre les travaux car la qualité des informations est insuffisante.

Avant d'entamer le travail, la Cour des comptes procède à une étude de faisabilité et présente, pour approbation, les grandes lignes du projet à la direction. Par ailleurs, chaque année, elle définit un programme d'actions afin de déterminer quels sont les travaux qui seront conduits durant l'année à venir.

Par exemple, afin de mesurer les progrès accomplis en terme de qualité, la Cour des comptes entame, en 1998, une méta-évaluation[103] (qui étudie une vingtaine d'évaluations sur plus ou moins quatre cents disponibles). Elle demande aux ministères de lui transmettre une ou deux de leurs évaluations et concentre son attention sur la qualité du produit final et non sur le respect de l'obligation d'évaluation une fois tous les cinq ans. Sur ce point, il semble qu'il existe, entre les départements, un déséquilibre quant au respect de cette obligation d'évaluer. Selon la Cour des comptes, cette vérification incombe au ministère des Finances. De plus, les évaluations transmises portent sur des politiques qui ne sont

[103] Les questions posées cherchent à savoir pourquoi, par qui (interne-externe) et comment sont réalisées les évaluations, quelles sont les utilisations ou quels sont les budgets des politiques évaluées.

pas comparables en termes d'ambition politique ou de budget alloué[104]. Cette situation est possible du fait qu'il n'existe pas de définition de ce qui doit être évalué tous les cinq ans. La législation ne contient pas de bonne définition de ce qu'est une politique ; ainsi, certains se contentent d'en évaluer une partie. Les résultats de cette analyse de la Cour des comptes démontrent qu'il existe une marge de progression en termes de qualité des évaluations qui se situent dans un entre-deux (ni catastrophiques ni exceptionnelles). Le rapport mettant l'accent sur des déficiences structurelles, le ministère des Finances décide de réorganiser le système en conservant les acquis de l'expérience antérieure. La Cour des comptes participe de manière informelle à ces travaux afin de faire partager ses idées et conceptions au sein du groupe de travail chargé de cette question.

La Cour des comptes ne développe donc pas une volonté de mainmise sur tout le dispositif d'évaluation même si elle joue un rôle central dans celui-ci. Elle privilégie une mission de support (*help desk*) aux administrations qui doivent construire leur propre service interne. Ceci s'explique en partie parce que la Cour considère que les fonctionnaires sectoriels sont des spécialistes de leurs propres politiques et qu'ils disposent d'un savoir-faire leur permettant de déterminer ce qui doit être évalué.

La valorisation des rapports par les hommes politiques est élevée même si certains ministres déclarent s'y soumettre « pour faire plaisir au ministère des Finances »[105]. La plupart des rapports donnent lieu à un débat entre le Parlement et le Gouvernement, durant lequel les parlementaires interrogent le ministre sur les problèmes mis en évidence par le travail de la Cour. De plus, après un an, la Cour des comptes demande au ministère de lui indiquer quelles ont été les suites apportées aux recommandations contenues dans le rapport. En règle générale, la plupart des recommandations qui portent sur des aspects organisationnels sont plus facilement reprises.

La *Suisse* ne dispose pas de Cour des comptes même si c'est le Contrôle fédéral des finances (CDF) qui, en matière de surveillance financière, est l'organe administratif supérieur de la Confédération. Il jouit d'une certaine indépendance[106] (autonomie d'initiative) et procède

---

[104] Certaines sont de très grosses politiques avec un budget conséquent tandis que d'autres portent sur un petit aspect d'une politique.

[105] Van der Knaap, P., « Performance Management and Policy Evaluation in the Netherlands », *Evaluation*, 2000, vol. 6, n° 3, p. 343.

[106] L'indépendance du CDF est assurée en raison du fait qu'il fixe son programme de révision de manière autonome. Ce programme n'est soumis à la Délégation des finances et au Conseil fédéral que pour information. Le CDF peut refuser les mandats

à la vérification des comptes publics dans l'intérêt du Gouvernement, en tant qu'organe de contrôle administratif. Il est au service du contrôle politique, en tant qu'organe auxiliaire des Commissions des finances et de la Délégation[107]. Il dépend donc du Conseil fédéral et du Parlement.

Le CDF s'occupe des questions relatives à la révision des finances et tente de développer le contrôle de l'efficacité. En 1994, le Conseil fédéral soumet au Parlement un projet de modification de la loi sur le contrôle fédéral des finances qui prévoit que le CDF doit examiner si les dépenses consenties produisent les effets escomptés. Le Parlement adopte ce projet le 7 octobre 1994[108]. Le contrôle porte sur les tâches, les activités et les moyens de l'administration ainsi que sur l'organisation, les méthodes de travail et les procédures de décision. Les missions de contrôle dont il s'acquitte associent les unités administratives concernées. Les « évaluations » réalisées ne sont jamais publiées et, selon certaines personnes rencontrées, le CDF qualifie d'évaluation une révision comptable traditionnelle.

Depuis l'adoption de l'article 170 de la Constitution fédérale, et sur la base de l'article 5 de la loi sur le contrôle des finances qui prévoit l'examen du rapport coût-utilité et des effets des dépenses consenties[109], il redevient actif sur la scène évaluative. En 2002, il se dote d'un centre de compétences « audit de rentabilité et évaluation » (CC-EVAL)[110], comprenant neuf personnes et bénéficiant du soutien de la direction du CDF.

Tant pour les contrôles classiques que pour l'évaluation, le CDF recrute des collaborateurs hautement qualifiés. Lorsque son personnel ne dispose pas de certaines connaissances très spécialisées, et nécessaires à la réalisation d'une évaluation spécifique, le CDF estime qu'il est

---

spéciaux du Parlement ou du Conseil fédéral si ceux-ci compromettent la réalisation de son programme de révision. La nomination et la promotion de l'ensemble du personnel du CDF relève de la compétence exclusive du directeur qui est nommé par le Conseil fédéral et cette nomination doit être approuvée par l'Assemblée fédérale. Sur le plan administratif, le CDF est rattaché au Département fédéral des finances mais ne lui est pas subordonné.

[107] Rey, J.-N., « La place de l'évaluation dans les instruments parlementaires du contrôle financier » dans Horber-Papazian, K. (dir.), *op. cit.*, p. 55.

[108] Mader, L., *op. cit.*, p. 156.

[109] RS 614.0.

[110] http://www.efk.admin.ch/franzoesisch/aktuell/wirtschaftlichkeits_pruefung.htm [consulté le 23 août 2003].

> plus rentable de faire appel à des experts externes que d'engager du personnel spécialisé [...] [ou] de confier des mandats de révision à des organisations et fondations semi-étatiques ou à des sociétés de révision privées.[111]

L'objectif principal du CC-EVAL est de réaliser cinq à six évaluations par an et, à terme, de procéder à des évaluations parallèles (*joint audits*) avec d'autres institutions supérieures de contrôle.

D'une manière générale, le CDF dispose d'une très grande indépendance dans le choix des sujets qu'il analyse et dans l'élaboration de son programme d'activités. Concrètement, le processus évaluatif se déroule en quatre phases (proposition d'un thème, esquisse du projet, étude de faisabilité et réalisation). Toutes les propositions d'évaluation doivent répondre à des critères de choix précis[112]. Sur cette base, « seules les politiques présentant des coûts ou des risques élevés ou procurant des revenus importants pour la Confédération font l'objet d'évaluations »[113]. La réalisation des évaluations respecte les standards de qualité définis par la Société suisse d'évaluation. Le processus se clôture par la publication d'un rapport de maximum soixante pages et de son résumé[114]. Il s'agit d'une différence majeure avec la période précédente où les rapports n'étaient pas toujours rendus publics.

2.2.1.4. L'institutionnalisation autour d'un acteur pivot

Les dispositifs français et hollandais se caractérisent par l'existence d'un acteur pivot (Commissariat général du Plan en France, Cour des comptes ou ministère des Finances aux Pays-Bas) qui supervise la conduite des évaluations et anime le dispositif au niveau central. L'absence d'un tel acteur en Suisse ou en Belgique ne se justifie pas de la même manière. En Belgique, c'est notamment le retard en termes

---

[111] CDF, *Aperçu de la position et de l'activité du Contrôle fédéral des finances (CDF)*, Berne, sd, p. 3.

[112] Treize critères de choix sont répartis en trois catégories : le type de politique (politique délimitée ou susceptible d'être délimitée, politique déployant des effets externes à l'administration, politique déployant des effets mesurables, marge de manœuvre de la Confédération suffisante et exemplarité du thème dans la mesure où les conclusions d'une analyse peuvent valoir au-delà du champ limité de l'objet en cause), l'agenda (politique ayant pu déployer ses effets depuis quelques années, pas de révision législative importante projetée à court terme et pas d'étude similaire publiée ces dernières années) et la mission du CDF (diversité des entités contrôlées, enjeu financier important, c'est-à-dire plus de cinq millions de francs suisses par an, type de politique permettant de développer un « *know-how* » pour le CDF, domaine politique peu ou pas évalué et avantages liés à la situation du CDF). Pour qu'un thème soit retenu, il doit satisfaire à plus de dix critères.

[113] Sangra, E., « Évaluation au Contrôle fédéral des finances », *Bulletin Seval*, mars 2003, n° 21, p. 3.

[114] Ces rapports sont disponibles en ligne à l'adresse http://www.efk.admin.ch.

d'institutionnalisation de l'évaluation des politiques publiques qui explique cette absence, contrairement à la Suisse où il existe une très grande diversité d'acteurs parmi lesquels aucun ne parvient et/ou ne souhaite assumer le contrôle du dispositif qui, de plus, n'est pas centralisé.

2.2.2. Au niveau régional

Tout comme pour le niveau central, l'institutionnalisation de l'évaluation au niveau régional connaît des fortunes diverses selon les pays. Toutefois, il n'existe pas de lien étroit entre les différents niveaux au sein d'un même pays. Un degré élevé d'institutionnalisation au niveau central ne garantit pas une forte institutionnalisation au sein des entités régionales. L'institutionnalisation de l'évaluation au niveau régional connaît donc un cheminement propre qui peut être influencé par les expériences mises en place au niveau central mais également ailleurs.

En règle générale, tous les pays se caractérisent par un développement de l'évaluation au niveau régional même si nous constatons parfois des inégalités entre les entités au sein d'un même pays. La situation au niveau des entités régionales apparaît dans la plupart des cas en décalage avec celle observée au niveau central.

En *France* et en *Belgique*, alors que l'institutionnalisation de l'évaluation est dans une phase émergente ou chaotique, le développement au niveau central engendre un foisonnement d'initiatives régionales. Plusieurs régions françaises ont adopté l'évaluation comme outil de pilotage de leur action publique. Il existe une grande variété de constructions institutionnelles. Certaines s'inspirent largement du modèle développé au niveau central tandis que d'autres veillent à se démarquer d'un modèle qu'elles considèrent comme élitiste, hiérarchique et mal adapté aux démarches locales[115]. Même s'il est difficile de parler d'isomorphisme institutionnel entre les différents niveaux de pouvoir, il faut reconnaître une convergence temporelle influencée par le volontarisme affiché au niveau central. Plusieurs dispositifs voient le jour au début des années 1990 (en Bretagne en 1991, en Rhône-Alpes et Midi-Pyrénées en 1992, dans le Pays-de-la-Loire en 1993 et en Lorraine en 1994). Comme le précise le CSE,

[115] Claustre, V., « La création d'une cellule d'évaluation des politiques publiques au sein d'un Conseil général : intérêts et limites d'un dispositif d'évaluation en interne », Communication présentée lors des Troisièmes journées françaises de l'évaluation (Colloque de la Société française d'évaluation), Issy-les-Moulineaux, 14 et 15 juin 2001, p. 1.

les pratiques d'évaluation se sont répandues dans l'administration française à l'initiative du Gouvernement plus que sous la pression directe d'autres institutions publiques ou à la demande des membres de la société.[116]

L'institutionnalisation de l'évaluation des politiques publiques au sein des collectivités territoriales emprunte des chemins différents,

> certains étant marqués volontairement (ou formellement) d'un caractère « institutionnel » dès l'origine, d'autres ayant acquis certaines de ces caractéristiques par la voie progressive.[117]

Si les dispositifs présentent une certaine variété, il n'en est pas de même au niveau des justifications qui motivent l'érection des dispositifs. En effet, il s'agit pour les autorités décentralisées qui s'affirment de plus en plus comme des productrices de politiques publiques autonomes par rapport à l'État « de se préoccuper avant tout de l'évaluation de leurs actions avant que l'État ne s'en charge de façon "illégitime" »[118] et d'empêcher que l'évaluation ne soit « un instrument de contrôle aux mains des jacobins »[119]. Dans ce cas, l'évaluation apparaît comme un outil au service d'un combat régionaliste où « un des intérêts de l'évaluation est de pouvoir être utilisée comme un moyen de définir et de délimiter un nouvel espace institutionnel et politique »[120].

Enfin, l'évaluation de certaines politiques publiques est imposée lorsqu'elles bénéficient d'un financement lié à un Contrat de plan État-Région[121]. La volonté d'évaluation de ce type d'intervention publique remonte à une circulaire du 31 mars 1992 rédigée par Édith Cresson, Premier ministre[122]. À ce sujet, la circulaire du Premier ministre, Lionel

---

[116] CSE, *L'évaluation en développement 1991 : rapport annuel sur l'évolution des pratiques d'évaluation des politiques publiques*, Paris, La Documentation française, 1992, p. 2.

[117] Game, F., « La mise en place de dispositifs institutionnels d'évaluation des politiques publiques au niveau local en France : les cas des Régions Rhône-Alpes et Bretagne, et du département de l'Hérault », Mémoire inédit de DEA, IEP de Paris, 1992, pp. 16-17.

[118] Game, F., *op. cit.*, p. 46.

[119] Fontaine, J., « Quels débats sur l'action publique ? Les usages de l'évaluation des politiques publiques territorialisées » dans Bastien, F. et É. Neveu (dir.), *Espaces publics mosaïques. Acteurs, arènes et rhétoriques des débats publics contemporains*, Rennes, Presses Universitaires de Rennes, 1999, p. 296.

[120] Fontaine, J., *op. cit.*, p. 286.

[121] Peyrefitte, M., « L'évaluation de processus d'une politique publique territoriale », *PMP*, 1998, vol. 16, n° 2, p. 72.

[122] Isaïa, H., « Comment passer de l'évaluation des politiques contractualisées à l'évaluation du contrat de plan État-Région ? », *Revue française de finances publiques*, 2000, n° 69, p. 180.

Jospin, du 25 août 2000 précise les modalités d'évaluation des politiques menées conjointement par l'État et les collectivités territoriales dans le cadre des contrats de plan. C'est essentiellement le CGP qui intervient dans l'évaluation de ces contrats en tant qu'appui méthodologique et organisateur du financement d'État de ces procédures.

En *Belgique*, la Région wallonne consacre beaucoup d'énergie à la construction d'un cadre méthodologique et institutionnel. L'obligation d'évaluation liée à l'octroi de fonds européens explique en grande partie cette situation. En effet, certaines sous-régions wallonnes, devant faire face à la reconversion d'un tissu économique déliquescent, bénéficient des fonds dits « Objectif 1 »[123]. C'est par ce biais que les autorités politico-administratives découvrent les avantages et inconvénients engendrés par l'évaluation des politiques[124]. L'exercice ne semble pas avoir été « traumatisant » puisque la Wallonie développe progressivement une culture de l'évaluation qui se matérialise à travers diverses initiatives telles que la création d'une Société wallonne de l'évaluation et de la prospective (SWEP, 1999)[125] et d'un Institut wallon de l'évaluation, de la prospective et de la statistique (IWEPS, 2002)[126]. De plus, en 2000, le Gouvernement régional définit le Contrat d'avenir pour la Wallonie (CAW) qui est un programme décennal de développement de la Wallonie. Il contient les priorités et les principes communs d'action parmi lesquels se trouve l'évaluation des politiques publiques[127]. Enfin, afin de progresser dans la voie sur laquelle elle s'est engagée, la Wallonie s'est doté, fin 2003, d'un Institut wallon de l'évaluation, de la prospective et de la statistique. Ce projet est la concrétisation d'une des initiatives reprises dans le CAW visant à internaliser l'évaluation dudit contrat qui jusqu'alors était confiée à un consultant privé. Comme le précise Jean-Claude Van Cauwenberghe, ministre-président, lors de la discussion du projet de décret devant le Parlement wallon :

---

[123] L'administration chargée de ces évaluations est la Direction de la politique économique du ministère de la Région wallonne qui coordonne les évaluations des fonds structurels européens (Objectifs 1, 2, Urban, Leader, etc.). Ceci a permis de développer des compétences académiques en matière d'évaluation (Henri Capron (DULBEA, ULB), Michel Quévit (RIDER, UCL), Alain Schoon (Fucam)).

[124] Agarkow, J.-M. et L. Vandendorpe, « L'évaluation des politiques publiques en Wallonie », dans Destatte, P. (dir.), *op. cit.*, pp. 83-95.

[125] www.prospeval.org.

[126] Il est intéressant de constater qu'en Région wallonne, la notion d'évaluation est intimement liée à celle de la prospective.

[127] Gouvernement wallon, *Contrat d'avenir pour la Wallonie*, Namur, 2000. Plusieurs négociateurs Écolo ont fait de l'évaluation l'un des chevaux de bataille de leur participation lors de la constitution du Gouvernement wallon lors de l'été 1999.

L'évaluation régionale ne peut vivre que d'audits. C'est à l'intérieur de la sphère publique que des compétences en matière d'évaluation doivent être développées. Dans cette perspective, on conviendra qu'il n'est pas sain que le service administratif qui évalue les politiques soit le même que celui qui les met en œuvre : le risque de biais est trop évident. L'évaluation suppose en effet un regard extérieur, que ce regard extérieur soit celui d'un consultant, d'une université ou d'un service administratif transversal non impliqué dans la gestion quotidienne des dossiers.[128]

Toutefois, tout comme pour les autres niveaux de pouvoir, la Région wallonne porte peu d'attention à la qualité des évaluations réalisées (à l'aide de méta-évaluations par exemple). De plus, l'exécutif est également l'acteur dominant de ce processus même si, dans ce cas, c'est le Gouvernement qui est plus actif – voire incitatif – que l'administration.

La *Suisse*, qui bénéficie d'un haut degré d'institutionnalisation au niveau fédéral, voit se multiplier les initiatives cantonales même si l'engagement est différent selon les cantons. Une fois encore, le mouvement initié au niveau fédéral est intégré au niveau cantonal sur la base de la configuration qui tient compte des particularismes locaux et des attentes propres de certains acteurs. Pour certains cantons, la question de l'évaluation ne suscite pas de réflexion ou de développement tandis que d'autres entendent recourir activement à cette pratique. Dans ce cas, les voies pouvant être empruntées sont variées : clause générale d'évaluation dans une constitution (Berne, article 101[129]), mise en place d'un organe indépendant chargé de l'évaluation (Genève), etc. Il s'agit rarement d'une transposition pure et simple de la situation présente au niveau fédéral. Par exemple, dans le cas du canton de Genève, les volontés des autorités politico-administratives aboutissent à la création d'un dispositif innovant et relativement original. En effet, la Commission externe d'évaluation des politiques publiques du canton de Genève (CEPP), composée sur une base pluraliste, dispose d'une large indépendance dans la conduite de ses travaux qui sont ensuite utilisés par les décideurs et les acteurs de mise en œuvre des politiques cantonales.

La création, en 1995, de la CEPP résulte de la discussion d'une loi qui gère la surveillance administrative et financière du canton dans laquelle un chapitre relatif à l'évaluation des politiques publiques est

---

[128] Exposé du Ministre-Président pendant la session du 18 novembre 2003 durant laquelle est discuté le projet de décret instituant l'IWEPS. Parlement wallon, *Documents parlementaires*, n° 538/13.

[129] « Alinéa 3 : Avant d'assumer une nouvelle tâche, le canton examinera comment la financer. Alinéa 4 : Chaque tâche sera périodiquement contrôlée afin de vérifier si elle est encore nécessaire et utile et si la charge financière qu'elle occasionne reste supportable ». (Constitution du canton de Berne, RS des lois bernoises 101.1).

ajouté, et ce, suite à une initiative populaire acceptée contre l'avis de tous les partis qui demandaient un simple audit de législation de Genève. La CEPP est instituée, le 19 janvier 1995, par la loi sur la surveillance de la gestion administrative et financière et l'évaluation des politiques publiques (D/1/10). Comme le précise l'exposé des motifs, cette loi s'inscrit dans la continuité de la loi sur la gestion administrative et financière de l'État de Genève, du 13 octobre 1993 (D/1/9), en marge du traitement de l'initiative 100 (*Pour réduire les dépenses abusives de l'État de Genève*). Le but de cette législation est d'accroître l'indépendance des organes de surveillance, de leur donner des moyens adéquats, d'augmenter la publicité des rapports et d'étendre le domaine des contrôleurs à l'évaluation des politiques et aux notions de coût/utilité des prestations publiques et de rentabilité.

À l'inverse des autres pays, l'évaluation régionale aux *Pays-Bas* accuse un certain retard alors que ce pays se caractérise par un indice élevé de maturité et d'institutionnalisation au niveau central. L'adoption récente (2002) d'un mémorandum visant à encourager le développement de l'évaluation au niveau provincial est trop récente pour nous permettre d'en mesurer les premiers effets.

2.3. *Une pratique en réseau*

Le développement de l'évaluation coïncide dans la plupart des pays avec la création d'organisations informelles au sein desquelles se retrouvent les différentes catégories d'acteurs actives dans le domaine (fonctionnaires, chercheurs, consultants privés, etc.). Au-delà de la mise en réseau, ces organisations permettent l'échange d'informations et d'expériences ainsi que la constitution d'un forum ouvert aux débats méthodologiques (nomenclature, réflexions communes).

Nous pouvons distinguer deux formes de réseau. Le premier comprend les groupes informels et généralement internes à l'administration (Club Cambon (1996) en France, *Netzwerk Evaluation in der Bundesverwaltung* (1996) en Suisse). Le deuxième groupe réunit les sociétés nationales et/ou internationales d'évaluation. En termes économiques, nous pourrions qualifier ces sociétés d'organisations professionnelles ou d'espaces de rencontre des fournisseurs d'offre et de demande en évaluation. En effet, il s'agit de sociétés dont les membres sont des chercheurs, des fonctionnaires et des consultants privés.

À l'exception de la *Belgique*, tous les pays étudiés hébergent au niveau central une société nationale d'évaluation qui permet à l'ensemble des acteurs concernés (commanditaires, évaluateurs, évalués, etc.) d'échanger des bonnes pratiques voire, comme c'est d'ores et déjà le cas en Suisse, d'éditer une revue consacrée à l'évaluation et de rédiger des standards de qualité.

L'ensemble de ces sociétés est inauguré dans la deuxième moitié des années 1990[130]. Dans la plupart des cas, la création de ces sociétés a lieu après une période plus ou moins longue durant laquelle prospère l'évaluation. Ce ne sont donc pas les sociétés qui initient le processus d'institutionnalisation. Au contraire, elles apparaissent comme une conséquence de ce processus voire comme un témoignage de la maturité de la pratique.

En *France*, comme nous l'avons vu, c'est suite au colloque de 1983, rassemblant cinq cents participants à l'ENA, que débute une véritable controverse évaluative. À partir de ce moment les articles, ouvrages, séminaires, mémoires et thèses sur le sujet se multiplient. Tous ces éléments (auto-)alimentent la réflexion sur les meilleures pratiques et formes d'institutionnalisation. Dans un premier temps, ce sont donc les scientifiques, assistés de quelques porteurs de projet, qui conditionnent le milieu administratif à ce qu'il soit réceptif à cette pratique. À cette époque, il n'existe pas de lieu de rencontre permettant à une pensée ou doctrine de se constituer. Par la suite, sur l'insistance de deux ou trois acteurs particulièrement engagés, des structures d'accueil voient le jour.

À la fin des années 1980, parallèlement aux travaux qui étaient réalisés par un groupe d'échange international (INTEVAL[131]) formé autour de l'américain Ray Rist, germe l'idée de créer une société d'évaluation. Ne rencontrant pas suffisamment d'intérêt, elle est finalement abandonnée.

À la suite de la mise en place du premier dispositif interministériel, est fondée, au début des années 1990, l'Association pour la création d'une association internationale d'évaluation (ACRAIE), à l'instigation de membres du Conseil scientifique de l'évaluation. Ses fondateurs adoptent le principe du droit néerlandais qui prévoit qu'une association est créée à titre provisoire pour deux ans et qu'elle devient définitive si elle est parvenue à fonctionner au terme de cette période. Au bout de deux ans, la tentative ayant avorté, l'association disparaît. Les personnes qui sont intéressées par cette initiative vont se retrouver lors des conférences de la Société européenne d'évaluation. Ainsi, la réunion de Rome (1998) permet de relancer l'idée de la nécessité de créer une société nationale d'évaluation.

---

[130] Société suisse d'évaluation (SEVAL – 1996), Société française d'évaluation (SFE – 1999 après l'échec d'une première tentative en 1991), *Beroepsvereniging VIDE* (VIDE – 2002).

[131] *International research group on policy and program evaluation.*

La Société française de l'évaluation[132] (SFE) est formellement constituée lors de son premier congrès qui réunit 250 participants à Marseille les 4 et 5 juin 1999. La SFE joue un rôle pédagogique et de promotion de l'évaluation en France. Elle organise un colloque annuel[133] qui permet aux commanditaires, évaluateurs et chercheurs de se rencontrer. Elle compte une dizaine de groupes de travail (évaluation et démocratie, standards de qualité et déontologie, méthodologies d'évaluation qualitative dans le champ de l'action sanitaire et sociale) ainsi que des sections régionales (Rhône-Alpes, Midi-Pyrénées, PACA, Transfrontalier (Lorraine, Belgique, Luxembourg), Nord-Pas-de-Calais, Girondin).

D'un point de vue général, la réflexion politique française se caractérise par un foisonnement de clubs. L'évaluation n'échappe pas à cette règle. Un Club de l'évaluation, créé à l'instigation de Véronique Chanut (CNE), Danielle Lamarque (Chambre régionale des comptes), Sylvie Trosa (ministère du Budget) et Bernard Perret (ministère de l'Équipement), dont le secrétariat est assuré par la Direction générale de l'administration et de la fonction publique (DGAFP), est avant tout un lieu de rencontres et d'échanges des expériences en matière d'évaluation des politiques publiques. À ce sujet, il semble que les acteurs les plus engagés vis-à-vis de l'évaluation en France, peu importe leur institution d'origine, ont tendance à moins fréquenter le Club en invoquant soit un manque de temps soit une déception vis-à-vis des présentations.

> Il arrive souvent que l'on nous présente une étude réalisée par un ministère sur laquelle on colle l'étiquette d'évaluation parce que c'est chic de se retrouver devant un aréopage parisien qui ne représente même pas l'ensemble des acteurs nationaux.[134]

En *Suisse*, une des suites du programme de recherche (PNR 27) se concrétise par la création de la Société suisse d'évaluation (SEVAL). En effet, à la fin de ce programme, le secrétaire du Fonds national de la recherche scientifique s'interroge sur la manière de faire perdurer des structures. Il incite Werner Bussmann à structurer un forum pour diffuser les résultats du PNR 27 dans l'administration et le monde politique. Des discussions sur l'opportunité de créer une société nationale d'évaluation ont lieu à la fin 1995. La séance constitutive de la SEVAL se déroule le 19 avril 1996, « en présence d'une quarantaine de personnes,

---

[132] http://www.sfe.asso.fr.

[133] Évaluation et gouvernance (2000), L'évaluation des politiques publiques à l'épreuve des territoires (2001), L'évaluation au service de la stratégie publique (2002), Évaluation et développement durable (2003), Évaluation et politiques sociales (2004).

[134] Propos d'entretien.

à Berne dans les locaux du Fonds national suisse de la recherche scientifique »[135].

Comme le précisent ses statuts, la SEVAL encourage l'échange d'informations et d'expériences sur l'évaluation entre la sphère politique, l'administration, les hautes écoles et les bureaux d'études et favorise la qualité des évaluations et leur diffusion (article 2 des statuts de la SEVAL)[136]. Il s'agit donc d'un moyen d'institutionnaliser la pratique évaluative, de promouvoir la professionnalisation de l'évaluation et d'en étendre les compétences. À cette fin, des groupes de travail sont mis en place : « Évaluation et réforme de l'administration » (Theo Haldemann, Administration des finances de la ville de Zurich), « Standards pour assurer la qualité des évaluations » (Thomas Widmer, Université de Zurich), « Formation et évaluation » (Marlène Läubli, Office fédéral de la santé publique), « Évaluation et politique » (Katia Horber-Papazian, IDEHAP de Lausanne), « Évaluation dans le domaine de l'éducation (Charles Landert, Farago Davatz & Partner), « Évaluation dans la coopération au développement » (Samuel Wälty, École polytechnique fédérale de Zurich), « Méthodes en évaluation » (Pierre Walther, EPM Walther Consultants). Actuellement, la stratégie de le SEVAL s'articule autour de trois axes : la formation, la certification de la profession et la mise en réseau pour faciliter le recrutement d'évaluateurs.

Partant du principe que la qualité de l'évaluation dépend entre autres des compétences présentes au sein de l'administration, la SEVAL considère qu'il est nécessaire d'augmenter l'offre et la demande d'évaluations. Dans la perspective de cette démarche de qualité, la SEVAL a développé des standards qui sont perçus comme un instrument énonçant des principes de base plutôt que comme un outil de généralisation. Ils permettent de réfléchir à l'évaluation et de justifier les choix impliquant que l'on s'en écarte. Ils sont utilisés dans différents domaines mais n'ont pas vocation à se substituer au problème du manque de coordination que nous avons mentionné. À l'inverse du sens commun, les standards ne visent pas à unifier ou harmoniser la pratique mais à installer un discours de qualité entre les différents acteurs qui ont des compréhensions différentes de la qualité. Ce sont donc des principes maximalistes (plutôt que des normes) dont le but est d'encourager une réflexivité des évaluateurs ou mandataires sur leur pratique. Thomas Widmer, l'animateur du groupe de travail qui a élaboré les standards[137], estime qu'ils

---

[135] SEVAL, « Actualités SEVAL », *Bulletin de la SEVAL*, juin 1996, n° 1, p. 2.

[136] http://www.seval.ch/fr/ueberuns/statuten.cfm [consulté le 3 décembre 2002].

[137] Pour une présentation détaillée des standards, voir Beywl, W. et T. Widmer, *Handbuch der Evaluationsstandards. Die Standard des "Joint Committee on Standards for Educational Evaluation"*, Leske Budrich, Opladen, 1999.

sont des instruments qui se diffusent presque d'eux-mêmes en raison de l'utilité qu'ils apportent. La condition est que les gens aient une connaissance de leur existence et de leurs possibilités d'utilisation. Depuis leur création, ces standards se sont propagés de manière réjouissante dans l'administration fédérale et ils sont très utilisés.[138]

Afin de diffuser les connaissances et de faire partager les expériences, la SEVAL dispose d'une revue (*Leges – Législation & Évaluation*) et d'un bulletin trimestriel de liaison entre ses membres. Sur son site internet[139], elle établit un recensement des évaluateurs suisses dans le but de leur permettre de se faire connaître. Elle organise également un congrès annuel[140] permettant d'aborder différentes facettes de l'évaluation des politiques publiques. De plus, elle entretient des contacts à l'étranger avec d'autres sociétés comparables (Société française de l'évaluation, Société allemande d'évaluation, Société européenne d'évaluation). Ainsi, même s'il s'agit d'une structure non professionnelle, la SEVAL dispose d'une certaine notoriété auprès des offices qui la sollicitent. De la sorte, elle remplit son objectif initial de diffusion de la philosophie établie par le PNR 27.

Au-delà de la structuration formelle que représente la SEVAL, une initiative cherche à fédérer les évaluateurs au sein de l'administration fédérale. Il s'agit d'un réseau informel (*Netzwerk Evaluation in der Bundesverwaltung*) qui est également un héritage du PNR 27. Ce réseau, créé en 1996, se réunit quatre à dix fois par an. Il s'agit de matinées de formation durant lesquelles un évaluateur présente son expérience (par exemple : l'encadrement de l'évaluation, la manière de la mandater, la question des méta-évaluations, etc.). Ce sont donc des problèmes concrets qui sont abordés afin de permettre un apprentissage collectif et d'encourager la diffusion des meilleures pratiques évaluatives. À partir d'une liste de diffusion de quatre-vingts personnes, les réunions du réseau rassemblent une dizaine de participants. Ce chiffre peut fluctuer en fonction de l'intérêt du sujet présenté. Le réseau ne regroupe pas tous les Offices. Les acteurs principaux sont les offices de la coopération au

---

[138] OFSP, « Le tableau en clair-obscur de l'évaluation dans l'administration fédérale. La qualité de l'évaluation : entretien avec Thomas Widmer », *Spectra : prévention et promotion de la santé*, 2001, n° 29, p. 3.

[139] www.seval.ch.

[140] Réforme de l'administration et évaluation (1997), Mieux valoriser les résultats d'études : les nouveaux instruments de recherche en évaluation (1998), Évaluation : contrôle ou *Förderinstrument* ? (1999), Congrès de la Société européenne d'évaluation à Lausanne (2000), Quelle culture d'évaluation pour la Suisse ? (2001), Évaluation dans la coopération au développement : quels enseignements peut-on tirer pour d'autres politiques publiques ? (2002), Évaluation dans le domaine culturel (2003), Évaluation de la formation : ses prestations, ses effets ? (2005).

développement, des assurances sociales, de la justice, de la santé, de l'énergie, de l'emploi, la Chancellerie et l'OPCA. Ce réseau permet donc un partage de connaissances sans être un syndicat des évaluateurs ou commanditaires d'évaluation. Même s'il favorise les échanges horizontaux, il n'entend pas coordonner verticalement ou systématiquement les évaluations.

La situation est bien différente aux *Pays-Bas* où la communauté des évaluateurs s'est passée pendant longtemps, d'une société nationale d'évaluation alors qu'elle a été un des pays fondateurs de la Société européenne d'évaluation. Cette création résulte, dès 1992, d'une très forte implication de la Cour des comptes des Pays-Bas, et plus particulièrement de sa direction, qui a accepté de s'engager dans cette voie alors que certains – tant en interne qu'en externe – considèrent que la Cour des comptes ne dispose pas des connaissances suffisantes en évaluation ou que l'évaluation n'est pas suffisamment sérieuse (en comparaison avec le contrôle de légalité) pour une institution aussi respectable. C'est grâce au travail de membres de la Cour (Frans Leeuw et Marie-Louise Bemelmans-Videc) que la direction accepte de s'impliquer dans cette nouvelle voie et de soutenir ce nouveau projet. Par la suite, le ministère des Finances soutiendra financièrement cette initiative.

Depuis mai 2002, les Pays-Bas entament un processus similaire à celui des autres pays européens même si cela ne constitue pas vraiment une priorité. Ainsi est créée une organisation professionnelle (*Beroepsvereniging VIDE*) qui regroupe des inspecteurs, des auditeurs et des évaluateurs afin de disposer d'une structure spécifiquement nationale. Les articles 2 et 3 des statuts de cette association précisent qu'elle ambitionne le développement de réflexions théoriques à des fins pratiques. Pour cela, elle constitue une plate-forme d'échanges de connaissances et d'expériences entre ses membres[141] afin d'améliorer – voire de professionnaliser – les usages existants et de contribuer au bon fonctionnement de l'administration[142].

2.4. Les champs de tension de l'institutionnalisation

Il arrive que l'institutionnalisation de l'évaluation laisse apparaître des champs de tension. Ainsi, comme l'expliquent des observateurs de la situation française, nous constatons que

[141] Le premier congrès de *VIDE* a eu lieu le 20 février 2003 et avait pour thème la responsabilisation en pratique (*Resultaatgerichte verantwoordelijkheid in de praktijk. Evaluatie, inspectie, toezicht en handhaving in het VBTB-tijdperk*).

[142] www.videnet.nl [consulté le 4 décembre 2002].

> l'évaluation des politiques publiques lorsqu'elle est apparue en France dans les années 1980, représentait un espoir : n'était-elle pas la solution qui permettait de pallier les imperfections du management public et le déficit de démocratie dans la prise de décision ? [...] Aujourd'hui, l'évaluation apparaît comme un problème autant que comme une solution.[143]

Pour d'autres, « elle est bien plus un problème qu'une solution »[144].

En réalité, l'institutionnalisation de l'évaluation des politiques publiques est à la croisée des trois champs de tension suivants :

(1) Alors que le lien entre la modernisation de l'administration et l'évaluation des politiques publiques est étroit, la finalité de celle-ci n'est pas clairement établie. Le clivage entre d'une part l'évaluation de contrôle et d'autre part l'évaluation démocratique/pluraliste demeure vivace dans plusieurs pays (France et Belgique). Les deux camps s'opposant sans parvenir à s'accorder sur une vision partagée des ambitions à assigner à l'évaluation.

(2) À l'exception de la Suisse, les constructions institutionnelles aboutissent à un décalage entre les attentes du monde scientifique et celles du monde politique. Le premier met l'accent sur la rigueur méthodologique (comme en témoigne l'exemple français du Conseil scientifique de l'évaluation) tandis que le second entend réduire le temps de l'évaluation à celui du politique (qui est court par essence). Dans la plupart des cas, le monde académique délaisse les recherches et les réflexions sur l'évaluation en la réduisant au rang de technique administrative. Ceci explique sans doute l'émergence tardive des communautés épistémiques dans de nombreux pays.

(3) Au sein de la sphère politico-administrative, l'évaluation constitue un enjeu dont aucun acteur ne veut en abandonner le monopole à un autre. Ceci aboutit à une surabondance de dispositifs qui ne bénéficient pas toujours des moyens suffisants pour remplir correctement leur mission.

---

143 Kessler, M.-C. *et al.* (dir.), *Évaluation des politiques publiques*, Paris, L'Harmattan, 1998, p. 1.

144 Duran, P., « Les non-dits de l'évaluation » dans Timsit, G. (dir.), *Les administrations qui changent : innovations techniques ou nouvelles logiques ?*, Paris, PUF, 1996, p. 162.

3. Conclusion

L'institutionnalisation de l'évaluation des politiques publiques est un processus qui connaît des cheminements différents selon les pays tout en présentant certaines ressemblances. Le dépassement de cette diversité constitue le défi que nous tenterons de relever dans la suite de ce travail.

La comparaison internationale permet d'esquisser les grandes tendances (en termes de stratégies, de présentation d'un réseau d'acteurs, etc.) relatives à l'institutionnalisation de l'évaluation des politiques publiques. Toutefois, en l'état, elle ne nous offre pas suffisamment de perspectives dans le cadre d'une analyse politologique. C'est pour cette raison que nous souhaitons poursuivre en appliquant la notion de dispositif institutionnel. Cet exercice nous permettra de singulariser les cas non plus sur une base nationale mais en fonction des dispositifs déployés dont nous chercherons à comprendre l'origine ainsi que les ressemblances et différences.

CHAPITRE IV

Les dispositifs institutionnels d'évaluation

Comme nous l'avons vu, la littérature scientifique mobilise la notion d'institution dans des sens très variés. Pour éviter toute confusion et/ou incompréhension, il nous semble important de clarifier notre point de vue en la matière. Dans ce travail, nous comparons des dispositifs institutionnels d'évaluation des politiques publiques. Un dispositif institutionnel se compose d'organisations et de règles qui contribuent au développement et à la pérennité de la pratique évaluative dans un espace donné.

Par cette définition, nous ne réduisons pas le concept de dispositif institutionnel aux seules organisations formelles. Ce serait trop réducteur, étant donné que, lorsque les acteurs mettent en place des règles ou des pratiques informelles, ils concourent, d'une manière différente de celle d'un Gouvernement par exemple, à la stabilité de la pratique évaluative. Sans nécessairement assimiler une règle informelle à une instance formelle, il est tout de même nécessaire de prendre en considération l'ensemble des éléments qui, par leurs spécificités propres, s'inscrivent dans une même logique. Lors de l'analyse des dispositifs institutionnels, il faut être attentif à la complémentarité observée ou non entre les différentes composantes constitutives. En effet, il peut arriver qu'un acteur insatisfait de la situation dans laquelle il se trouve décide d'investir un dispositif en recourant soit à une règle soit à la création d'une organisation pour en modifier la structuration et éventuellement en prendre le contrôle.

L'institutionnalisation est le processus par lequel les dispositifs institutionnels sont créés, modifiés voire supprimés. Nous ne nous concentrons donc pas uniquement sur les processus d'émergence mais tenons compte de la vision dynamique de la construction institutionnelle en cherchant à déterminer quels sont les facteurs de réussite ou d'échec de l'institutionnalisation. Concrètement, il est possible d'attribuer de multiples objectifs à ce processus (par exemple : l'approche fonctionnaliste met l'accent sur la réalisation d'évaluations). De notre point de vue, le processus d'institutionnalisation concourt essentiellement à l'instauration d'une certaine prévisibilité lors de la conduite d'une évaluation au sein de l'État concerné. Cependant, notre travail n'analyse pas les produits des dispositifs dans le but de déterminer le niveau de qualité atteint par l'un ou par l'autre, mais se limite à l'étude des relations internes aux dispositifs.

1. Les attributs des dispositifs

Afin de pouvoir comparer les dispositifs institutionnels entre eux (soit au sein d'un même pays, soit entre les différents pays à une même époque ou encore entre les pays à des époques différentes), il est nécessaire d'établir une grille d'analyse systématique. Cette analyse prend en compte les attributs des dispositifs institutionnels suivants : le cadre cognitif et les finalités de l'évaluation, la nature des composantes, l'environnement et la nature des relations l'environnement.

1.1. Le cadre cognitif et les finalités de l'évaluation

La conduite et l'action d'un dispositif sont guidées par un cadre cognitif qui en délimite le champ d'action puisqu'il en détermine l'objectif. En matière d'évaluation des politiques publiques, différentes finalités sont identifiables. La première s'inscrit dans la continuité des modes classiques de *contrôle* de l'administration. La deuxième que nous qualifions de *managériale* est orientée vers la mesure de la performance et des effets. S'inscrivant au « cœur » de l'action, elle permet de dresser un état des lieux au niveau de la mise en œuvre des politiques publiques. Enfin, la dernière est *réflexive*, c'est-à-dire que l'évaluation y apparaît comme un mode alternatif de transmission d'informations sur la gestion publique à destination des décideurs, des acteurs de mise en œuvre ou d'un large public de citoyens attentifs à la conduite de l'action publique. Dans ce cas, la réflexivité s'apparente à la notion théorisée par Anthony Giddens[1] qui suggère que, de plus en plus souvent, nos sociétés pour construire leur futur s'appuient sur des dispositifs au travers desquels elles se donnent les moyens de se connaître elles-mêmes.

Dans la pratique, il est rare de trouver un dispositif doté d'un seul cadre cognitif partagé unanimement par toutes ses composantes. Pour déterminer la nature du cadre cognitif d'un dispositif, il est nécessaire d'évaluer le poids des conceptions des différentes composantes en les pondérant avec leur niveau d'influence au sein du dispositif. En effet, il n'est pas possible d'attribuer une valeur identique à un paradigme défendu par un acteur essentiel du dispositif avec celui que met en avant un acteur marginal du dispositif. Cette situation vaut évidemment pour

---

[1] Giddens, A., *Modernity and Self-identity: Self and Society in the Late Modern Age*. Stanford, Stanford University Press, 1991.

la période observée puisque les rapports de force au sein d'un dispositif peuvent évoluer et un paradigme minoritaire peut devenir dominant.

1.2. La nature des composantes

Comme nous l'avons expliqué dans la définition que nous donnons de l'institution, celle-ci concerne tant les organisations que les règles, qu'elles soient formelles ou informelles. Cependant, la présence plus affirmée de l'une ou de l'autre de ces composantes influe sur le rôle joué par le dispositif institutionnel. Ainsi, lorsqu'il est nécessaire d'en qualifier la nature, il faut, tout d'abord, distinguer les dispositifs qui mettent l'accent sur l'aspect *organisationnel*, c'est-à-dire qui cherchent à « visibiliser » des instances d'évaluation, à ceux plus *procéduraux* qui privilégient le recours à des règles pour en développer la pratique. Ces éléments organisationnels ou procéduraux ne sont pas mutuellement exclusifs puisqu'il arrive que des procédures déterminent la composition, les rôles et les missions d'une organisation.

Ensuite, au-delà de ce premier élément, la nature d'un dispositif institutionnel se caractérise sur la base de son degré d'homogénéité. La prise en compte du pluralisme des organisations et règles nous amène à distinguer trois situations : le monopole, le pluralisme centralisé et la concurrence fragmentée. *A priori*, il nous semble que la situation de *monopole* est extrêmement rare ou qu'elle caractérise une institutionnalisation émergente. Lorsque la pratique évaluative se développe, l'on s'attend à la multiplication des organisations et des règles tendant à la diffusion de la pratique. Dès lors, nous sommes confronté à une situation de pluralisme qui peut être soit centralisé soit fragmenté. Nous parlerons de *pluralisme centralisé* lorsqu'au sein d'un dispositif, une organisation ou une règle occupe une place prépondérante qui détermine le comportement des autres partenaires, c'est-à-dire si l'ensemble des parties composant le dispositif partagent les mêmes règles ou se soumettent à l'autorité d'un partenaire. En l'absence de cet élément centralisateur, nous considérons que le dispositif institutionnel est dans une situation de *concurrence fragmentée* où les uns agissent sans nécessairement prendre en compte les positions des autres. Ceci est le cas lorsque les organisations ne parviennent pas à partager un point de vue commun.

En pratique, cet aspect ne se réduit pas uniquement au nombre de composantes constitutives du dispositif. En effet, un dispositif peut apparaître comme ultra-centralisé alors qu'il se compose d'une multitude d'organisations, de règles, etc. dont une d'entre elles est incontournable dans l'animation et la coordination du dispositif. Un dispositif avec trois ou quatre composantes très indépendantes les unes des autres peut être considéré comme beaucoup plus fragmenté qu'un dispositif avec une dizaine d'éléments coordonnés par un acteur central. Pour en déterminer la nature, il est donc essentiel de s'attarder sur l'existence ou non de procédures de coordination, d'une norme ou d'un acteur prépondérant.

D'autre part, le degré d'homogénéité peut être affiné en tenant compte du caractère interne ou externe à l'administration des éléments du dispositif.

Enfin, il est possible, tant pour les organisations que pour les règles, de mesurer le degré de coercition des dispositifs. Pour cela, il est nécessaire de distinguer les éléments empreints de *contrainte* et donc plus rigides, pouvant faire l'objet d'une sanction en cas de non-respect (par exemple : des clauses d'évaluation ou une instance évaluative auprès d'un parlement), de ceux plus souples et malléables, c'est-à-dire *non contraignants* (par exemple : des standards d'évaluation ou une société nationale d'évaluation des politiques publiques). La contrainte introduit une prévisibilité dans le dispositif tant en termes de cadre cognitif (par exemple : la contrainte scientifique dans le cadre du CSE) qu'organisationnel (Quelles sont les marges de manœuvre des uns et des autres ? À qui ne peut-on pas échapper dans le dispositif ?).

1.3. L'environnement

Tout dispositif institutionnel s'insère et trouve sa place dans un cadre plus large dont il n'est pas complètement indépendant. Les relations entre le dispositif institutionnel et d'autres éléments externes varient selon que nous ayons à faire à des dispositifs « autarciques » ou à des dispositifs « perméables ».

Si le dispositif est très perméable, il convient de s'interroger sur la nature des relations qui se développent afin de déterminer si ces contacts sont parties intégrantes du dispositif. Dans ce cas, il faut se référer au premier critère que nous énoncions ci-dessus. Sinon, il est utile d'en mesurer le degré d'ouverture.

1.4. La nature des relations

En ce qui concerne la nature des relations entre et/ou avec les éléments des dispositifs institutionnels, deux cas de figure sont à envisager. Le premier est *pacifié* tandis que le second est *conflictuel*.

Les sources de conflits sont multiples. Afin de ne pas disperser les énergies dans de trop nombreuses directions, nous nous contentons de déterminer la source d'un conflit en fonction des trois éléments mentionnés précédemment. Avant de les décrire, nous souhaitons attirer l'attention sur un détail méthodologique quant à ce dernier attribut. À l'inverse des trois autres attributs qui peuvent être qualifiés en recourant à des sources documentaires, ce dernier aspect est presque exclusivement identifiable à l'aide d'entretiens avec les acteurs composant et animant les dispositifs.

L'adhésion à un cadre cognitif peut être stable ou dynamique tout comme les cadres cognitifs peuvent apparaître à l'état pur ou en combinaison. Pour chaque dispositif, il est nécessaire de mettre en évidence la nature du cadre cognitif dominant, d'en mesurer le poids par rapport aux autres cadres cognitifs (émergent, minoritaire, etc.) afin d'en déterminer l'influence. En effet, le développement de la pratique évaluative sera différent selon qu'il est guidé par un cadre cognitif monopolistique ou qu'il se produit dans un dispositif où s'affrontent des cadres cognitifs cherchant à devenir majoritaires. Dans le premier cas, le dispositif devrait concentrer son attention sur la conduite d'évaluations tandis que dans le second, il risque d'être amené à mobiliser son énergie à la promotion du paradigme afin d'en préserver la prépondérance.

La nature des éléments du dispositif peut être source de tensions. Des conflits peuvent surgir entre des normes ou organisations concurrentes, contraintes de coexister au sein d'un espace peu homogène ou faiblement centralisé. Par ailleurs, des conflits peuvent également opposer des éléments appartenant au dispositif avec des éléments qui lui sont externes. Ce dernier point sera fonction de la nature de l'environnement et de l'hostilité du monde extérieur par rapport à l'existence du dispositif ou aux actions d'un de ses éléments.

2. La typologie des dispositifs

2.1. De la nécessité de simplifier

La liste des attributs que nous venons de présenter de manière exhaustive permet d'établir la « carte d'identité » de n'importe quel dispositif à condition d'avoir une connaissance étendue de ce dernier. Ceci présuppose que le chercheur dispose des ressources – temporelles et matérielles – suffisantes pour entreprendre pareille démarche. De plus, lorsque le chercheur souhaite dépasser l'individualité des cas pour tendre vers la généralisation, il est utile d'édicter des priorités lui permettant de discriminer les dispositifs. Dans cette perspective, la classification est un moyen et non une fin en soi. En recourant à la notion d'idéal-type[2] telle que conçue par Max Weber, nous cherchons à rendre

---

[2] « On obtient un idéal-type, en accentuant unilatéralement un ou plusieurs points de vue et en enchaînant une multitude de phénomènes donnés isolément, diffus et discrets, que l'on trouve tantôt en grand nombre, tantôt en petit nombre et par endroits

intelligible la réalité observée afin de pouvoir ensuite l'interpréter[3]. La définition des idéaux-types passe par la réduction du nombre de variables sur lesquelles porter l'attention. Les deux variables que nous retenons sont le cadre cognitif et le degré d'ouverture car leur combinaison est celle qui offre le plus de potentialités en vue d'une généralisation de notre propos.

2.1.1. Le cadre cognitif

Il est possible de réduire le cadre cognitif à deux éléments au lieu des trois présentés. En effet, dans l'ensemble des pays considérés, il apparaît que la finalité réflexive est encore largement embryonnaire et essentiellement portée par des sociétés nationales d'évaluation qui jouent un rôle limité dans le fonctionnement et l'animation du dispositif. En conséquence, et dans une perspective analytique, nous pouvons réduire le cadre cognitif aux finalités de contrôle et managériale.

2.1.2. Le degré d'ouverture

Le degré d'ouverture synthétise les attributs relatifs à la nature des dispositifs. Cette simplification s'explique pour deux raisons. La première part du constat que la majorité des dispositifs se caractérise par de nombreuses organisations plutôt que par une large procéduralisation. L'institutionnalisation de l'évaluation des politiques publiques apparaît comme un processus qui passe essentiellement par la construction de nouvelles organisations ou par la réorientation des missions d'organisations plus anciennes. L'affirmation de son existence passe par une matérialisation structurelle. La seconde est une conséquence de la première. Puisque nous mettons l'accent sur les organisations, il est nécessaire d'affiner le degré d'homogénéité. Tel que nous l'avons défini, il met l'accent sur la coordination et moins sur la nature et le pluralisme des éléments coordonnés.

En la matière, les travaux sur le corporatisme nous offrent un éclairage saisissant. Plus particulièrement, les définitions de Philippe Schmitter qui distinguent le pluralisme du corporatisme nous fournissent une première piste de clarification de la notion de notre degré d'ouverture :

---

pas du tout, qu'on ordonne selon les précédents points de vue choisis unilatéralement pour former un tableau (Bild) de pensée homogène. On ne trouvera nulle part un pareil tableau dans sa pureté conceptuelle, il est une utopie ». Weber, M., *Essais sur la théorie de la science*, Paris, Plon, 1965, p. 196.

[3] Seiler, D.-L., « Science politique, comparaison et universaux ou ce que comparer veut dire … », *RIPC*, 1994, vol. 1, n° 1, p. 104.

Le pluralisme peut être défini comme un système de représentation des intérêts dans lequel les groupes constituants sont organisés en un nombre variable de catégories multiples, volontairement constituées, concurrentielles, dépourvues d'organisation hiérarchique et auto-déterminée (par type ou domaine d'intérêts), catégories qui ne sont pas spécialement autorisées, reconnues, subventionnées, créées ou contrôlées par l'État de quelque manière que ce soit dans le choix des dirigeants ou dans l'articulation des intérêts et qui n'exercent pas de monopole de représentation dans leurs catégories respectives.

Le corporatisme peut être défini comme un système de représentation des intérêts dans lequel les éléments constituants sont organisés en un nombre limité de catégories singulières, obligatoires, non concurentielles, hiérarchiquement ordonnées et différenciées selon leurs fonctions, catégories reconnues, autorisées (voire même créées) par l'État auxquelles on a concédé un monopole de représentation bien précis à l'intérieur de leurs catégories respectives en échange d'un droit de contrôle sur la sélection de leurs dirigeants et l'articulation de leurs revendications et de leurs soutiens.[4]

Les possibilités d'accès à la sphère du débat favorisent l'établissement d'une distinction entre les différents niveaux du degré d'ouverture d'un dispositif. En effet, de ces définitions, il ressort que le degré d'ouverture est fonction de la possibilité offerte à des acteurs extérieurs de prendre part à ses activités à un stade ou à un autre d'un processus évaluatif (par exemple : l'élaboration du cahier des charges ou la phase d'évaluation proprement dite) sans toutefois y englober la phase de valorisation et diffusion des résultats. En effet il nous semble trop réducteur et peu significatif de considérer un dispositif ouvert, uniquement parce qu'il rend publics ses résultats. D'ailleurs dans la plupart des cas qui nous concernent, les rapports produits par l'un ou l'autre dispositif sont disponibles pour un large public, le plus souvent, via internet.

Quant à la qualification des catégories d'acteurs qui peuvent être parties prenantes aux activités d'un dispositif, nous pouvons en distinguer trois : les « représentants fiables » des groupes d'intérêts qui sont dotés d'une expertise sectorielle au sein de leurs espaces d'influences, les experts indépendants et les représentants de la société civile[5]. L'implication de ces deux derniers mais plus particulièrement des représentants

---

[4] Schmitter, P., « Still the Century of Corporatism », *Review of Politics*, 1974, n° 36, pp. 85-86.

[5] Genard, J.-L., « Spécificités de l'administration publique belge et réformes administratives » dans Gobin, C. et B. Rihoux (dir.), *La démocratie dans tous ses états. Systèmes politiques : entre crise et renouveau*, Louvain-la-Neuve, Academia Bruylant, 2000, p. 173.

de la société civile lors de la conduite d'évaluation des politiques publiques permet de mesurer le degré d'ouverture du dispositif.

En résumé, le degré d'ouverture allie la diversité des éléments (tant organisationnels que procéduraux) au sein d'un dispositif et son degré d'homogénéité. Il se matérialise par la possibilité offerte à des acteurs extérieurs aux politiques publiques évaluées d'être parties prenantes aux activités du dispositif.

2.2. *Les idéaux-types*

Sur cette base, il nous est possible de proposer la matrice suivante qui représente les idéaux-types des dispositifs institutionnels de l'évaluation des politiques publiques.

Figure 3 : Aperçu typologique des dispositifs institutionnels

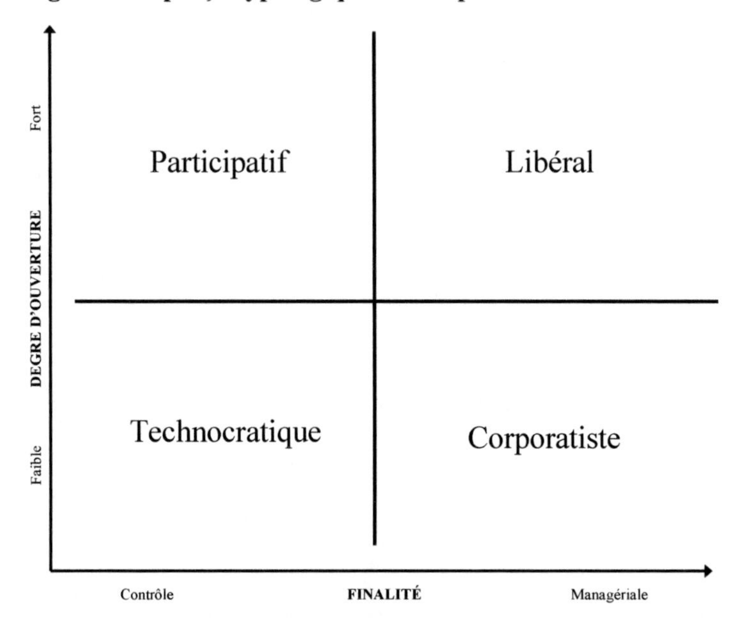

Ce schéma positionne quatre idéaux-types en fonction du cadre cognitif dominant ainsi que du degré d'ouverture du dispositif. Avant d'en détailler les éléments, une mise en garde s'impose. Ces idéaux-types caractérisent l'ensemble du dispositif d'un pays pour une période donnée. Il se peut qu'au sein de ce dispositif un élément soit plus ou moins ouvert que l'ensemble et/ou qu'il soit animé par une autre finalité. Par exemple, au sein d'un dispositif participatif, un élément peut être animé d'une finalité managériale mais qui globalement n'est pas dominante. Il en est de même pour la nature des évaluations réalisées. La qualification du dispositif n'en prédétermine pas la nature. Par exemple, des organisations au sein d'un dispositif corporatiste voire technocratique peuvent réaliser des évaluations dites démocratiques[6].

Un dispositif technocratique est animé par une finalité de contrôle. Centré autour de quelques règles et organisations, son degré d'ouverture est restreint et se caractérise par l'exclusion délibérée de certains groupes. La domination de ce dispositif par des acteurs étatiques délivrant un savoir officiel nous rapproche du modèle technocratique définit par Luc Rouban[7]. De plus, il semble que les impératifs générés par l'organisation (buts de systèmes) priment sur les buts de missions.

Un dispositif corporatiste est animé par une finalité managériale. C'est cet élément qui le distingue du dispositif technocratique avec lequel il a en commun un faible degré d'ouverture. L'accès à ce dispositif est limité aux « représentants fiables » relativement stato-centrés qui y défendent leurs intérêts. Les éléments du dispositif reproduisent la différenciation existant au sein de l'État et privilégient la diversité sur la base d'une sectorialisation reconnue, c'est-à-dire d'une différentiation fonctionnelle des programmes d'action publique[8].

Un dispositif participatif est animé d'une finalité de contrôle. Son degré d'ouverture est plus large. Il associe de nouveaux acteurs issus de la société civile ou des experts indépendants aux « représentants fiables » des dispositifs au degré d'ouverture restreint. Toutefois, même si l'État reconnaît le rôle croissant d'acteurs privés dans la conduite de l'action publique, ceux-ci participent plus qu'ils n'orientent la conduite du dispositif.

Un dispositif libéral est animé d'une finalité managériale. Son degré d'ouverture est large. Ce qui nous semble le plus important dans cet idéal-type est contenu dans l'image qu'utilise Philippe Schmitter pour décrire les acteurs impliqués dans la gouvernance à savoir « l'enchevêtrement des organisations en quelque chose qui ressemble à une société civile »[9]. De cette image, il ressort que le dispositif libéral, en

---

[6] Boual, J.-C. et P. Brachet (dir.), *L'évaluation démocratique, outil de citoyenneté active*, Paris, L'Harmattan, 2000.

[7] Rouban, L., *La fin des technocrates ?*, Paris, Presses de Sciences Po, 1998. Sur le même sujet, voir également Dubois, V. et D. Dulong, *La question technocratique*, Strasbourg, Presses de l'Université de Strasbourg, 1999.

[8] Le Galès, P., « Les réseaux d'action publique entre outil passe-partout et théorie de moyenne portée » dans Le Galès, P. et M. Thatcher (dir.), *Les réseaux de politiques publiques. Débat autour des Policy Networks*, Paris, L'Harmattan, 1995, p. 16.

[9] Schmitter, P., « Réflexions liminaires à propos du concept de gouvernance » dans Gobin, C. et B. Rihoux (dir.), *op. cit.*, p. 59.

associant des acteurs issus d'horizons différents, accepte d'eux qu'ils en influencent la conduite.

3. L'institutionnalisation au concret

Avant d'aller plus loin, il convient de synthétiser les enseignements du chapitre précédent et de présenter les dispositifs d'institutionnalisation que nous allons comparer entre eux en fonction de ressemblances (les plus proches), dissemblances (les plus éloignés) et temporalité (à la même époque).

Sur la base de la matrice idéale-typique présentée, il est possible de répartir les dispositifs institutionnels décrits (figure 2) de la manière suivante :

Figure 4 : Les dispositifs institutionnels d'évaluation

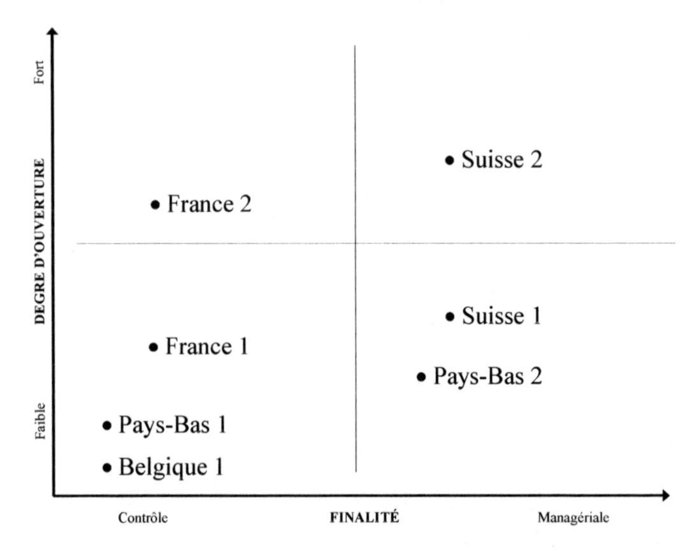

Comme nous le voyons dans cette représentation, les dispositifs qui se trouvent dans une même case sont similaires mais pas parfaitement identiques. En raison du nombre limité de classes que nous avons défini, les variations intra-classes sont plus grandes (pouvant contenir des « mêmes très différents »[10]). En effet, un dispositif proche de la limite droite du type technocratique est probablement plus familier d'un dispositif situé à la limite de la frontière gauche du dispositif corporatiste que d'un dispositif se trouvant à la limite gauche du type technocratique.

[10] Sartori, G., *op. cit.*, p. 23.

Cette figure tient compte de l'ensemble des enseignements empiriques que nous avons présentés en détail dans le chapitre précédent. Même si nous entendons éviter les redondances, il est tout de même nécessaire de l'expliquer quelque peu puisque le positionnement des dispositifs ne constitue pas un état de fait arbitraire mais découle de notre appréciation des situations observées sur le terrain.

La répartition des cas s'explique par les deux caractéristiques que nous avons retenues pour distinguer les dispositifs institutionnels. La mesure de la finalité du dispositif tient compte des ambitions qui sont assignées à l'évaluation. Le contrôle est, à cet égard, un élément prépondérant même si, comme c'est le cas en France, il est tempéré par des considérations énoncées par les tenants d'une évaluation dite démocratique/pluraliste. En ce qui concerne l'appréciation du degré d'ouverture, les éléments qui sont pris en compte sont principalement l'association ou non de fonctionnaires, d'experts externes (académiques ou sociétés de conseil) et de représentants des parties prenantes à la réalisation des évaluations ainsi que l'(in)existence d'une communauté épistémique. C'est pour cette raison que la plupart des dispositifs accroissent, dans un deuxième temps, leur degré d'ouverture puisque des sociétés nationales, mettant en réseau l'ensemble des acteurs que nous venons d'énumérer, sont généralement constituées lorsque la pratique évaluative est déjà quelque peu institutionnalisée.

L'institutionnalisation est un processus marqué par une dynamique de changement. En conséquence, une des principales particularités d'un dispositif institutionnel que nous devons garder à l'esprit lors de l'analyse de son architecture est qu'il est créé en fonction de l'avenir plus encore que du présent. En effet, en opérant un parallèle avec l'analyse des politiques publiques, le dispositif institutionnel veille, à un moment donné, à édicter des règles de conduites applicables à court terme mais devant s'adapter ou être réformées en fonction d'événements particuliers.

Ainsi, comme l'explique Éva Perea à propos des réformes électorales, les institutions ne proviennent pas uniquement de la tradition ou d'accidents mais elles

> sont également le fruit de la volonté humaine, en tant que telles, elles peuvent être modifiées ou adaptées pour obtenir des résultats politiques différents.[11]

C'est sur cette influence des acteurs que nous souhaitons mettre l'accent dans la dernière partie de cet ouvrage. En effet, derrière les concepts tels que « finalité » et « degré d'ouverture » se trouvent des

---

[11] Perea, É., « La réforme institutionnelle dans les pays démocratiques. La réforme électorale » dans Gobin, C. et B. Rihoux (dir.), *op. cit.*, p. 152.

acteurs qui mobilisent des ressources afin de faire évoluer les dispositifs dans une direction parfois guidée par leurs intérêts.

L'institutionnalisation telle que nous l'avons définie est un processus par lequel des dispositifs institutionnels sont créés, modifiés voire supprimés. Tout comme pour les attributs du dispositif institutionnel, il est nécessaire de préciser les éléments sur lesquels nous allons nous concentrer en vue de comparer les différents dispositifs retenus.

Trois catégories de processus d'institutionnalisation peuvent être définies. La première est celle qui repose sur la stabilité du dispositif. L'absence de changement dans le dispositif illustre le processus lié au sentier de dépendance (*path dependency*). La deuxième catégorie regroupe les processus qui connaissent des évolutions « douces » par adaptations successives. Dans ce cas, nous avons à faire à un processus incrémental[12], tel que le définit Charles Lindblom, où les ajustements se produisent à la marge et de façon indirecte. Sur la base des éléments composant les idéaux-types, nous considérons qu'un processus est incrémental si le changement ne concerne qu'une des deux dimensions. Enfin, si le changement influence les deux dimensions, nous sommes face à une évolution « radicale », proche de ce que certains auteurs qualifient de *path shifting*[13] voire de changement paradigmatique[14].

D'un point de vue théorique, quatre types de changement sont donc possibles. Les modifications peuvent porter sur les finalités du dispositif (changement de type 1) et se concrétiser à travers le passage d'une finalité orientée sur le contrôle à des ambitions dirigées vers des considérations managériales ou réflexives et inversement. Ensuite, l'évolution peut porter sur le degré d'ouverture (changement de type 2), c'est-à-dire une augmentation ou une diminution du nombre de participants. Enfin, le changement peut induire des modifications simultanées des deux éléments (changement de type 3) voire aboutir à la disparition du dispositif (changement de type 4).

---

12 Lindblom, C., « The Science of Muddling Through », *Public Administration Review*, 1959, vol. 16, pp. 79-88.

13 Pierson, P., « The Path to European Integration: A Historical Institutionalist Analysis », *Comparative Political Studies*, 1996, vol. 29, n° 2, pp. 123-163. Surel, Y., « Comparer des sentiers institutionnels : les réformes des banques centrales au sein de l'Union européenne », *RIPC*, vol. 7, n° 1, pp. 135-166.

14 D'après Kuhn, une révolution scientifique se définit par l'apparition de schémas conceptuels nouveaux, de « paradigmes ». Des aspects qui passaient inaperçus auparavant ou même qui étaient supprimés par la science dominante de l'époque. Kuhn, T., *The Structure of Scientific Revolutions*, Chicago, University of Chicago Press, 1962.

La présentation empirique nous apprend que les dispositifs institutionnels d'évaluation des politiques publiques connaissent des changements plus ou moins réguliers. Ainsi, à l'instar de ce qu'observe Christine Musselin pour les universités françaises, nous pouvons considérer que

> les opportunités de changement sont fréquentes et multiples, car les configurations sont des dispositifs institutionnels « modérés » : elles « délimitent » les comportements, mais ne les déterminent pas ; elles produisent du sens et légitiment certains principes plutôt que d'autres, mais elles n'imposent pas un cadre cognitif unique, des valeurs, des normes strictement partagées et reconnues par tous.[15]

Nos études de cas attestent de ces changements. Les dispositifs institutionnels français et suisses se caractérisent par une augmentation du nombre de participants (changement de type 2) tandis que le dispositif hollandais connaît un changement de type 3 en adoptant une finalité managériale et en accroissant son degré d'ouverture. La figure suivante schématise ces changements.

Figure 5 : Les changements de dispositifs

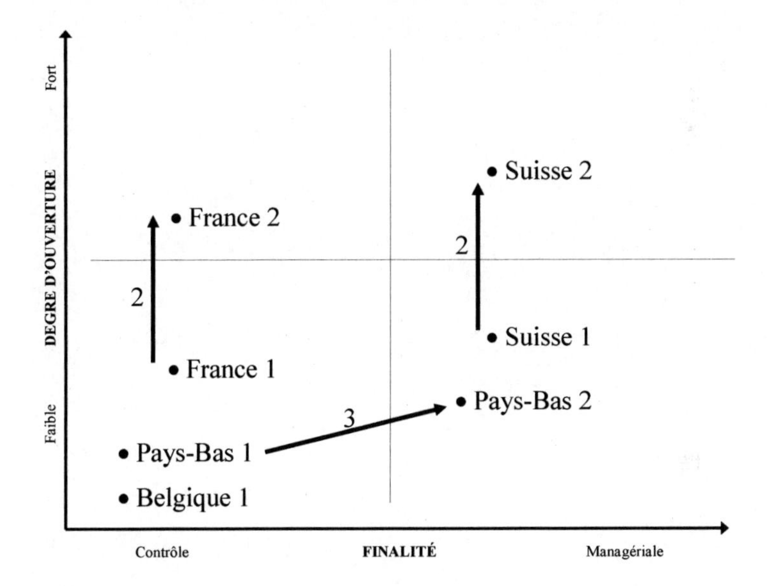

[15] Musselin, C., *La longue marche des universités françaises*, Paris, PUF, 2001, p. 179.

En conclusion, les changements semblent possibles car il n'existe pas une pesanteur « paralysante » provenant d'un attribut particulier. En d'autres termes, aucun dispositif n'est doté d'une force stabilisatrice suffisante pour annihiler les opportunités de changement. Nous allons donc chercher à identifier l'origine de ce changement et les modifications qu'il induit dans l'architecture des différents dispositifs, en les confrontant aux approches néo-institutionnalistes selon lesquelles la stabilité et la robustesse sont principalement induites par les cadres institutionnels.

Deuxième partie

La construction et l'adaptation des dispositifs institutionnels

CHAPITRE V

Les hypothèses d'analyse

Ce chapitre présente l'articulation des différentes hypothèses dont nous allons ensuite tester la validité. L'institutionnalisation de l'évaluation des politiques publiques est nourrie par de nombreux facteurs. Le fil conducteur de notre démarche repose sur la vision dynamique et volontaire de ce processus. Le schéma suivant représente synthétiquement le processus d'évolution des dispositifs institutionnels. Celui-ci procède d'une vision étroite, certains diront très institutionnaliste, par laquelle nous focalisons notre attention sur l'histoire d'un dispositif alors que, dans une conception plus large, il serait possible d'observer cette situation au sein d'un champ, éventuellement sectoriel, plus large. C'est en faisant abstraction de ce dernier que nous cherchons à isoler la trajectoire historique d'un dispositif institutionnel d'évaluation des politiques publiques. Le processus d'institutionnalisation se déroule en deux étapes. La première est celle de l'émergence et de la construction d'un dispositif. Si le fonctionnement de ce dernier est considéré comme satisfaisant par les acteurs impliqués, il connaît peu de modifications. À l'inverse, s'il est jugé insatisfaisant, il sera soit abandonné soit adapté[1].

Cette adaptation constitue l'amorce de la seconde étape qui aboutit à la construction d'un deuxième dispositif institutionnel. Celui-ci va, à son tour, fonctionner et produire certains résultats. S'il est jugé satisfaisant, il connaît peu de modifications ou à l'inverse, s'il est, à nouveau, jugé insatisfaisant, il sera soit abandonné soit adapté et ainsi de suite au fil du temps. Ce processus pouvant s'étendre sur une période plus ou moins longue.

Le point de départ de l'analyse de cette seconde étape postule la problématisation du dispositif en tant que tel. C'est parce que des insatisfactions résultent de ce dernier que des voies d'aménagement sont recherchées. Jusqu'à présent, aucun des pays occidentaux qui pratiquent l'évaluation n'a abandonné cet instrument de pilotage de l'action publique

[1] Différentes formes d'adaptation sont envisageables. Par exemple, Kathleen Thelen distingue la sédimentation, la conversion et la recombinaison institutionnelles. Thelen, K., « Comment les institutions évoluent : perspectives de l'analyse comparative historique » dans Association recherche et régulation, *L'année de la régulation. Économie, institutions, pouvoirs*, Paris, Presses de Sciences Po, 2003, pp. 13-43.

en raison de l'échec d'un dispositif. Ainsi, un échec avéré induit une adaptation sous la forme d'une nouvelle tentative d'institutionnalisation. Contrairement aux dispositifs, l'évaluation n'apparaît pas comme un problème aux yeux des acteurs confrontés à cette pratique, même si, dans l'ensemble des pays étudiés, les attentes et missions de l'évaluation connaissent, au fil du temps, des évolutions plus ou moins importantes. Cependant, à partir du moment où un pays adopte l'instrument évaluatif, quelles qu'en soient les modalités d'institutionnalisation, il ne l'abandonne pas même en cas d'échec. Tout au plus en modifie-t-il la configuration. En conséquence, et d'un point de vue général, cette dernière partie de notre exposé a comme point de départ le fait que la pérennité de l'institutionnalisation de l'évaluation des politiques publiques semble conditionnée par l'existence de facultés d'adaptation. Même si le changement des dispositifs institutionnels se mesure à l'aune des éléments hérités du dispositif précédent, ce sont sur les facteurs du changement que nous nous concentrons et plus particulièrement sur ceux liés aux modifications de la finalité ou du degré d'ouverture du dispositif institutionnel.

Nous présentons ci-dessous trois grandes catégories d'hypothèses. La première se focalise sur les raisons motivant la création et le changement de (ou au sein du) dispositif à partir des caractéristiques du régime politico-administratif tandis que la seconde considère la conjoncture et le jeu des acteurs comme un facteur explicatif de l'émergence et/ou de l'adaptation d'un dispositif institutionnel. La dernière part du dispositif existant et s'interroge sur le processus induisant des adaptations à l'architecture institutionnelle.

En ce qui concerne les données analysées, nous mobilisons la littérature institutionnelle et parfois juridique, les informations statistiques recueillies pour une période de trente ans et la cinquantaine d'entretiens semi-directifs réalisés auprès des acteurs impliqués dans les dispositifs institutionnels nationaux soit en tant qu'initiateurs de la démarche, soit en tant que participants actifs dans la conduite et la réalisation d'évaluations.

La comparaison des processus (inter)nationaux permet la confrontation des situations problématiques aux réponses (dispositifs institutionnels) qui y sont apportées. Nous pourrons ainsi constater l'existence ou non de réponses identiques à des problèmes similaires. Pour cela, nous distinguons les variables de type conjoncturel des variables à orientation plutôt structurelle. Les premières déterminent la nature et l'ampleur du problème tandis que les secondes définissent l'espace des possibles au sein duquel est construit le dispositif institutionnel.

Le schéma suivant représente l'articulation générale de cette partie et l'articulation des catégories de variables mobilisées.

Figure 6 : Articulation générale de l'argumentation

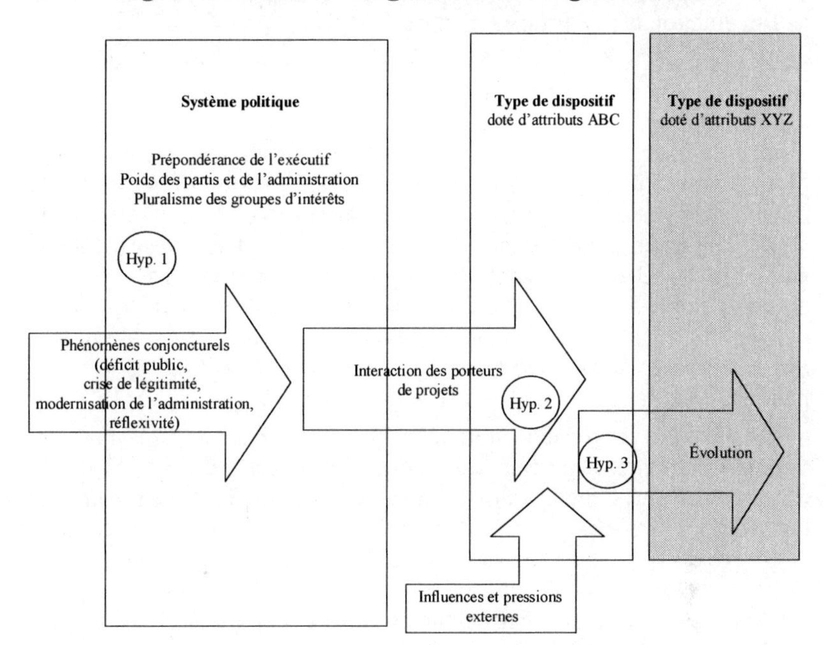

1. L'influence du système politico-administratif

En recourant à une analyse structurale, Douglas Ashford cherche à dégager les contraintes politiques institutionnelles et le poids de l'Histoire à travers lesquels l'action publique est conduite, c'est-à-dire la permanence d'éléments structurels de l'ensemble des politiques publiques des pays. Pour cela, il est nécessaire de dégager les traits systémiques et intra-systémiques tels que le type d'État, le système des partis, les modes de relation avec l'administration, la composition des assemblées locales et nationales et le type de personnel administratif, affectant la définition et la réalisation des politiques publiques[2].

En prenant comme point de départ les enseignements des théories de l'institutionnalisme traditionnel, nous souhaitons attirer l'attention sur la

[2] Ashford, D. E., « The Structural Analysis of Policy, or Institutions Do Really Matter » dans Ashford, D. E. (ed.), *Comparing Public Policies*, Beverly Hills, Sage, 1978, pp. 81-98.

manière dont les caractéristiques politico-administratives des régimes influencent l'institutionnalisation de l'évaluation. En conséquence, le chapitre suivant met l'accent sur les caractéristiques du système politico-administratif et leur influence sur le processus d'institutionnalisation de l'évaluation des politiques publiques.

Pour rappel, selon notre définition, un dispositif institutionnel est une agrégation d'éléments organisationnels et procéduraux. Ceci implique dans un premier temps l'apparition dispersée de règles ou d'organisations en charge de l'évaluation que nous regroupons, dans une perspective analytique, sous la forme d'un dispositif institutionnel. Ainsi, les organisations et procédures ont une origine propre et sont le plus souvent indépendantes du dispositif mais elles reflètent la structuration nationale où elles émergent. Les premières constructions vont donc dresser des balises que les suivantes peuvent intégrer à leur réflexion et qui servent de point de comparaison pour ce qui est souhaitable ou non. Sur cette base, nous considérons que le paysage politico-administratif national détermine l'institutionnalisation de l'évaluation.

Sur la base de ces différents éléments, nous pouvons formuler une première hypothèse qui tient compte du fait que les dispositifs institutionnels doivent s'ancrer dans un terreau politico-administratif préexistant. *Les caractéristiques d'un dispositif institutionnel érigé dans un pays seront dépendantes de la nature du système politique donné (Hypothèse 1).* Nous sommes conscient du fait que la nature du système politique est une notion extrêmement générale, qui tend à rendre cette hypothèse infalsifiable. Afin de l'affiner dans le but de la tester, nous mettrons l'accent sur quelques traits que nous estimons saillants. Il s'agit de la prépondérance de l'exécutif, de l'administration ou des partis politiques, de l'effectivité du contrôle parlementaire, de l'existence de gouvernements de coalition et de l'implication des groupes d'intérêts à la vie politique.

1.1. La structure du système politique

Le terreau dans lequel doit germer l'évaluation, ou s'adapter si le dispositif est réaménagé, est composé de différents éléments qui constituent le paysage politico-administratif national. Dans cette optique, nous prenons en compte les intérêts que peuvent avoir le pouvoir exécutif, le pouvoir législatif, l'administration et les partis politiques à s'impliquer dans la promotion de l'évaluation des politiques publiques.

En effet, l'évaluation permet l'identification précise des facteurs de succès ou d'échec d'une politique publique. Par exemple, selon Luc Rouban, le développement de l'évaluation des politiques publiques aux États-Unis s'explique par la séparation des pouvoirs et de la concurrence entre le Congrès et la Présidence[3]. Cette pratique permet donc un contrôle de l'action gouvernementale tant de la part de l'exécutif lui-même que du législatif. En conséquence, la prépondérance de l'exécutif peut influencer la nature de l'institutionnalisation de l'évaluation.

Par ailleurs, il nous semble que les systèmes politiques dans lesquels l'administration et/ou les partis politiques disposent d'un poids considérable sur le fonctionnement de la gestion publique vont moins s'impliquer dans une démarche évaluative. En effet, telle que nous l'avons présentée, l'évaluation des politiques publiques implique une certaine transparence et ouverture à l'extérieur. Cette ouverture nous semble compromise lorsque le système politico-administratif est dominé par l'administration ou les partis politiques qui tendent à le cadenasser.

L'existence de gouvernements de coalition peut également influer sur la configuration des dispositifs institutionnels, en raison de la difficulté à imputer une responsabilité à un parti si plusieurs formations politiques se partagent le pouvoir[4]. Cela dépend en grande partie de la nature de la coalition, de la conflictualité qui l'anime ou au contraire de son consensualisme et du poids de l'opposition. À cette dernière, l'évaluation procure des informations précises dans la contestation de l'action de la majorité. L'évaluation peut donc induire un rééquilibrage des points de vue selon que le parlementaire siège sur les bancs de la majorité ou de l'opposition. Ce n'est pas uniquement une question d'alternance même si, d'un point de vue politique, les éléments qui représentent une pierre d'achoppement à un moment donné peuvent être interprétés de manière complètement différente quelques années plus tard – c'est-à-dire au moment où les résultats de l'évaluation sont disponibles.

1.2. L'implication de la société civile

Actuellement, la littérature sur l'État met en évidence le caractère négocié de la production normative. Ceci n'est pas une innovation complète étant donné que dans certains pays, il existe des structures corporatistes qui, depuis longtemps, contribuent à la définition des orientations politiques. Le changement principal de ces dernières années réside dans l'hétérogénéité de ces sources d'influence.

---

[3] Rouban, L., « L'État et les transformations de l'action publique : des politiques de réforme aux nouvelles théories politiques » dans Sedjari, A. (dir.), *Quel État pour le 21e siècle ?*, Paris, L'Harmattan-GRET, 2001, p. 101.

[4] L'évaluation poursuit d'autres finalités que celle d'identifier une responsabilité. Toutefois, dans une perspective de présentation des hypothèses, nous limitons voire durcissons à certains moments le propos.

Ainsi, aux variables politico-administratives que nous venons de présenter, il convient d'ajouter la nature des relations unissant l'État et la société civile ou ses représentants.

S'il est difficile de déterminer l'influence positive ou négative que peut induire le pluralisme des groupes d'intérêts, il nous semble que les pays dans lesquels le corporatisme est développé tendent à mettre en place des dispositifs moins ouverts ou qui associent les représentants officiels des groupes d'intérêts. En effet, sur la base des théories de la dépendance au sentier et de l'héritage, nous pouvons nous attendre à ce que l'institutionnalisation de l'évaluation soit calquée sur les procédures et dispositifs classiques de consultation et de participation.

2. La mobilisation de porteurs de projets

Une autre hypothèse qui fonde notre travail est la prise en considération du fait que le recours à l'évaluation des politiques publiques s'explique, en partie, dans un but de résolution d'un problème collectif, ou du moins présenté comme tel par un porteur de projets. Plusieurs problèmes sont identifiables (déficit public, crise de légitimité, etc.) et il existe différentes manières de les résoudre. Dans les cas que nous venons d'évoquer, la modernisation de l'administration apparaît comme un point de passage récurrent. En tout état de cause, l'évaluation a sa place dans le registre des solutions proposées. *Si l'évaluation s'institutionnalise pour répondre à un problème particulier – en raison de la mobilisation d'une communauté d'acteurs –, alors la configuration institutionnelle sera influencée par l'affiliation des porteurs du projet qui tenteront d'en piloter le développement et de se positionner au centre du dispositif (Hypothèse 2).* Nous considérons l'affiliation dans un sens large, c'est-à-dire l'implication au sein d'une organisation particulière.

De manière schématique, il semble que l'acteur politique a tendance à créer un dispositif organisationnel ou à imposer de nouvelles règles concourant à la commande d'évaluations, tandis que, d'un autre côté, les fonctionnaires attribuent parfois de nouvelles compétences aux organes dans lesquels ils travaillent et que les acteurs privés (consultants ou universitaires) ont tendance à regrouper les forces en présence au sein d'une société nationale afin de promouvoir collectivement la pratique évaluative. Pour ces derniers, l'institutionnalisation représente une garantie de la pérennité d'un marché sur lequel ils vont pouvoir se positionner et développer des stratégies « commerciales » adaptées. Cette précision est nécessaire pour mettre en évidence le fait que les conséquences de l'institutionnalisation sont perçues différemment par les multiples acteurs en présence et qu'il faut donc prendre en compte le pouvoir des uns et des autres au sein des dispositifs.

Sur ce point, il est possible de formuler de multiples hypothèses. D'une manière générale, nous pouvons considérer que si un acteur particulier veut développer le recours à la pratique évaluative alors il investit son environnement proche de cette mission (par exemple : une commission pour un parlementaire, un service administratif pour un fonctionnaire et une société nationale pour un consultant ou un universitaire).

2.1. La situation politico-administrative

En s'interrogeant sur les raisons de l'émergence de l'évaluation et des formes d'institutionnalisation qui en découlent, nous nous intéressons aux conditions particulières qui peuvent influer sur ce processus. En effet, du point de vue *problem solving* de l'analyste des politiques publiques, le recours à l'évaluation se justifie parce que cette pratique apparaît comme l'instrument adéquat à la résolution de problèmes. Ceux-ci peuvent se manifester de différentes manières et prendre notamment la forme d'une crise de légitimité des institutions publiques ou d'une augmentation des déficits publics.

2.1.1. Déficit public

Au fil du temps, l'évolution du rôle de l'État se matérialise par un accroissement de ses activités. En conséquence, dans l'ensemble des pays occidentaux, les dépenses publiques ont augmenté de manière considérable. Ainsi, peu à peu, les déficits publics s'amplifient et certains dénoncent cette situation (par exemple : les libéraux, les corps d'inspection, etc.) en érigeant le déficit public en problème collectif. Dans certains cas, la nécessité de procéder à des restrictions budgétaires favorise le recours à de nouveaux instruments ou procédures (par exemple : Rationalisation des choix budgétaire, *Planning Programing Budgeting System*, tableaux de bord, etc.) parmi lesquels l'évaluation trouve sa place.

2.1.2. Légitimité institutionnelle

En accédant au stade de l'État réflexif[5], les pouvoirs publics voient leur légitimité remise en question. Parmi les raisons qui expliquent ce phénomène, mentionnons le fait que les usagers des services publics sont, de plus en plus, enclins à comparer la qualité du service offert et les conditions dans lesquelles opère le secteur public avec des services

[5] Morand, C.-A., *Le droit néo-moderne des politiques publiques*, Paris, LGDJ, 1999.

équivalents dans le secteur privé (par exemple : l'hôpital, l'école ou les organismes financiers)[6].

Dans ce contexte, et selon un principe communément énoncé, l'évaluation tend à se développer lorsque les institutions apparaissent illégitimes aux yeux des citoyens. C'est le point de vue d'Éric Monnier qui affirme que

> l'évaluation de l'action des pouvoirs publics ne se développe pas inéluctablement avec l'extension des responsabilités des pouvoirs publics dans la conduite des affaires sociales. On observe plutôt que les États y recourent seulement lorsque la légitimité de leur action traverse une crise.[7]

En ce qui concerne le degré de légitimité des institutions, il est possible de mesurer l'ampleur du décalage en recourant à un indice de confiance des citoyens envers les autorités publiques.

Ainsi, un facteur pouvant induire l'institutionnalisation de l'évaluation des politiques publiques est la nécessité de restaurer la légitimité des institutions. Comme l'explique Jean Leca, les exigences à l'égard du Gouvernement sont multiples. Il est nécessaire qu'il soit

> *responsive* [réceptif], sensible aux demandes sociales, représentatif du maximum de demandes déclarées légitimes dans le système constitutionnel mais en même temps qu'il soit *problem solving*, effectif et efficace.[8]

Dans ces conditions, l'évaluation des politiques publiques peut donc apparaître comme une source de régénérescence de la légitimité de l'État.

2.1.3. Modernisation administrative

Il arrive que la modernisation de l'État soit présentée comme un point d'appui au processus d'institutionnalisation de l'évaluation des politiques[9]. Dans cette perspective, le développement de l'évaluation est conditionné par un cadre plus large dessiné par les politiques de modernisation administrative.

L'analyse des politiques de réforme administrative met en évidence le rôle central rempli par des groupes de réformateurs dont le profil

---

6 Legrand, J.-J., « La modernisation de l'administration publique fédérale : évolution et perspectives » dans Gobin, C. et B. Rihoux (dir.), *op. cit.*, p. 176.

7 Monnier, É., *op. cit.*, p. 14.

8 Leca, J., « Sur la gouvernance démocratique : entre théorie normative et méthodes de recherche empiriques », dans Gobin, C. et B. Rihoux (dir.), *op. cit.*, p. 30.

9 Leca, J., « L'évaluation dans la modernisation de l'État », *PMP*, 1993, vol. 11, n° 2, p. 161.

influence la nature des changements proposés[10]. Dans le même ordre d'esprit, le développement de l'évaluation des politiques publiques dépend, dans l'ensemble des cas observés, du soutien que lui accordent certains acteurs qui décident de s'investir dans sa promotion. La configuration du dispositif semble être fortement déterminée par le profil et l'affiliation institutionnelle d'un porteur de projet qui tente d'en assumer le leadership.

3. Un processus évolutif

Comme nous l'avons mis en évidence dans la présentation théorique, nous considérons que les institutions évoluent, même si, dans la plupart des cas, les changements sont de nature incrémentale et qu'ils s'inscrivent dans le sillon d'un sentier de dépendance. C'est dans cet esprit que nous formulons une dernière hypothèse qui ne signifie pas que les changements sont impossibles mais qu'ils ont une portée restreinte. *Si un changement intervient, alors il est relativement limité en raison des contraintes imposées par le sentier de dépendance (Hypothèse 3).*

3.1. L'intégration dans le paysage institutionnel : entre tensions et conflits

Dans cette dernière section, nous nous concentrons essentiellement sur les organisations composant l'environnement interne et externe des dispositifs institutionnels. Une conception fonctionnaliste de l'analyse organisationnelle estime que les organisations poursuivent des buts. Toutefois, une intégration « harmonieuse » entre les différentes finalités n'est que très rarement réalisée. Ce qui signifie que, la plupart du temps, il existe des tensions entre les buts poursuivis par l'un ou l'autre niveau.

En tenant compte de cet élément, ce travail esquisse des pistes d'adaptation possibles au sein des dispositifs institutionnels. En effet, il arrive que les composantes d'un dispositif soient confrontées à un cadre cognitif qu'elles ne partagent pas, qu'elles n'adoptent pas toutes le même cadre organisationnel (ce qui peut être une source de tensions) et enfin, qu'au sein d'un même cadre organisationnel, les composantes du dispositif poursuivent des buts propres parfois indépendants de ceux d'autres composantes du même dispositif. Ce sont donc les notions de tension et de conflictualité qui nous intéressent. Ces points sont centraux dans l'analyse stratégique développée par Michel Crozier qui considère la crise comme le moteur du changement administratif.

---

[10] Bézès, P., « Aux origines des politiques de réforme administrative sous la Ve République : la construction du "souci de soi de l'État" », *RFAP*, 2003, n° 102, pp. 307-325.

En ce qui concerne l'institutionnalisation de l'évaluation des politiques publiques, la notion de conflictualité peut se matérialiser à un double niveau : en externe, c'est-à-dire entre le dispositif institutionnel et son environnement ou en interne, c'est-à-dire entre les éléments du dispositif institutionnel. À cet égard, les sources de conflits sont diverses.

Tout d'abord, elles peuvent provenir d'une non-adhésion aux valeurs promues par le dispositif. La mise en place d'un dispositif institutionnel opère un arbitrage entre différents courants, ce qui peut induire des frustrations auprès de certains acteurs impliqués dans le dispositif ou qui ne l'ont pas intégré pour cette raison.

Dans cette perspective, il nous faut mesurer le degré de participation des uns et des autres (tant en interne qu'en externe du dispositif) afin de déterminer l'existence potentielle d'une source d'aménagement du degré d'ouverture. Plusieurs cas de figure sont envisageables. Le premier consiste à vérifier si tous les acteurs qui souhaitent y participer y sont associés. En cas de réponse négative, nous devons être attentif aux stratégies qu'ils vont alors mobiliser pour investir voire supplanter le dispositif. Par exemple, il arrive que des organisations veulent être identifiées au mouvement (apparemment) positif de l'évaluation. Ceci induit une augmentation du nombre d'organisations dans le dispositif. Toutefois, il est nécessaire de rappeler que le degré d'ouverture du dispositif ne se limite pas au nombre d'organisations mais qu'il tient également compte de la nature des participants. Par exemple, un dispositif confisqué par l'administration avec un degré d'ouverture très faible n'évolue pas s'il s'adjoint la participation d'autres administrations non désireuses d'ouvrir le dispositif. Dans ce cas, le nombre d'acteurs augmente sans aucune répercussion sur la nature du degré d'ouverture.

Ensuite, si une composante du dispositif n'est pas en harmonie avec la (non-)dynamique du dispositif, alors la phase de changement risque de lui être préjudiciable. Par exemple, si une organisation s'accroche à un *statu quo* alors que le dispositif est dans une phase dynamique et volontariste à l'initiative d'autres éléments constitutifs, nous pouvons nous attendre à une marginalisation de l'organisation « conservatrice ».

Enfin, il arrive que la construction du dispositif institutionnel n'intègre pas l'ensemble des acteurs qui souhaitent y participer. Leur intégration peut se faire soit en douceur à un moment propice à l'élargissement du dispositif, soit en réponse à une crise ou défaillance avérée du dispositif.

3.1.1. Les tensions à l'extérieur du dispositif

Le test des différentes hypothèses nous permettra d'entamer une réflexion relative à l'influence de la dépendance au sentier et de l'apprentissage accumulé par l'expérience du premier dispositif et de leur poids sur la configuration du dispositif.

Dans sa forme la plus simple, la dépendance peut apparaître lorsqu'une organisation s'est positionnée comme centrale dans le dispositif initial et qu'elle influence le processus d'adaptation. Ainsi, quand il faut le réformer, elle sert de point de référence pour la nouvelle construction tant en ce qui concerne les finalités que le degré d'ouverture.

D'un autre côté, cette notion de dépendance offre une voie permettant de dépasser certaines limites de l'approche fonctionnaliste. Pour les tenants de cette dernière, l'existence d'institutions se justifie principalement par le rôle qu'elles jouent. Par analogie, il semble que les institutions ne sont pas pérennes par nature mais qu'elles doivent régulièrement attester de leur « utilité ». Selon Thorstein Veblen, qui plaide pour une vision évolutionniste des institutions, l'adaptation des façons de penser constitue le développement des institutions. Ainsi, si une institution historiquement ancrée voit son rôle remis en question ou aménagé, elle s'efforce de justifier son existence en recourant à de nouvelles missions et tente de se positionner dans un dispositif d'évaluation. Dans le même temps, l'évolution du cadre cognitif modifie la perception que l'on peut avoir d'une institution. Par exemple, le mouvement de la nouvelle gestion publique incite les décideurs à l'autonomisation et/ou la délégation de certaines missions. Dans ce cadre, des institutions traditionnelles (par exemple : le Conseil d'État, la Cour des comptes, le Bureau du Plan) peuvent également apparaître comme « inutiles » car trop contraignantes en regard du nouveau cadre de l'action publique. Dans ce cas, il est nécessaire de mettre en relation les préférences et les stratégies des acteurs qui sont notamment guidées par la perception qu'elles ont à l'égard de leur propre rôle[11]. Sur ce point nous pouvons émettre l'hypothèse de travail suivante : si une institution traditionnelle perd de son « influence » et que l'évaluation bénéficie d'une image progressiste alors elle la mobilise pour apparaître « moderne »[12].

---

[11] Sur la notion de rôle, voir Lagroye, J., « On ne subit pas son rôle », *Politix*, 1997, vol. 38, pp. 7-17.

[12] Pour le cas des Cours des comptes, voir Pollitt, C. *et al.* (eds.), *Performance or Compliance? Performance Audit and Public Management in Five Countries*, Londres, Oxford University Press, 1999, qui compare les situations en Angleterre, en France, en Suède, aux États-Unis et aux Pays-Bas.

D'un autre côté, nous pouvons, dans certains cas, être confronté à une ritualisation de la pratique évaluative, c'est-à-dire que les institutions, dotées d'un instinct de survie, adaptent leur comportement, en faisant parfois des procédures une fin plutôt qu'un moyen de leur action. Ainsi, nous pouvons nous attendre à ce que les institutions traditionnelles qui s'investissent dans des missions évaluatives reproduisent les procédures et modes de travail qu'elles connaissaient jusqu'alors sans considérer l'évaluation comme une pratique pouvant être pluraliste et transparente. Dans ce cas, nous assistons à un détournement de l'instrument évaluatif puisque, si l'institutionnalisation se produit au sein d'une institution « traditionnelle », l'évaluation se pratique selon sa tradition si elle domine le dispositif (par exemple : procéduralisation – en termes de règles de marché public, faible ouverture, peu transparente).

Pour cela, il est nécessaire de prendre en considération la force et le poids des institutions existantes en termes de lobbying ou de droit et de chercher les niches potentielles au développement de l'évaluation des politiques.

3.1.2. Les tensions à l'intérieur du dispositif

Nous entrons ici dans l'analyse du jeu des acteurs et de l'arbitrage des multiples intérêts. Par sa configuration, un dispositif institutionnel balise les possibles pour les uns et les autres, qu'ils y soient associés ou non. Il existe différentes modalités d'élargissement du degré d'ouverture d'un dispositif institutionnel.

Parmi celles-ci, nous nous focalisons sur les modifications réglementaires en étant conscient qu'il est nécessaire que les nouveaux acteurs trouvent un intérêt à participer au dispositif auquel ils peuvent collaborer. L'énumération d'une liste de partenaires à associer à un dispositif n'en garantit par leur implication. Si un partenaire ne s'identifie pas aux travaux du dispositif, alors il peut s'en désintéresser. À l'inverse, le degré d'ouverture peut augmenter sous l'impulsion réglementaire si les partenaires ont l'impression de bien maîtriser l'instrument. Ce cas de figure implique une certaine maturité de la pratique évaluative.

3.2. L'apprentissage et l'influence des réseaux d'acteurs

Les réseaux d'acteurs, portant éventuellement sur un enjeu spécifique, peuvent jouer un double rôle en matière d'institutionnalisation de l'évaluation. Le premier est celui de la promotion de l'évaluation pour en faire adopter le principe en interne. Pour cela, ses membres mobilisent les discours qui mettent en avant les lacunes du système actuel en préconisant l'évaluation comme une voie alternative. Ensuite, quand l'évaluation se développe dans un pays, des groupes d'échange d'expériences et de réflexions internationales se constituent. Ces contacts à différents niveaux peuvent infléchir les finalités et le degré d'ouverture si ses membres souhaitent investir le terrain auquel ils n'ont pas nécessairement un accès aisé.

Ainsi, il est nécessaire de prendre en compte un élément plus ponctuel mais probablement significatif dans l'adaptation des finalités des dispositifs en raison de l'existence d'un réseau international. En effet, peu de représentants nationaux investissent ce genre de forum en l'absence d'une pratique évaluative dans leur pays étant donné, que la plupart des échanges portent sur le partage des expériences propres. En conséquence, les pays dans lesquels l'évaluation est institutionnalisée sont généralement représentés par des ressortissants issus de l'une ou l'autre organisation (différents des réseaux « corporatistes » comme l'Organisation internationale des institutions supérieures de contrôle des finances publiques – INTOSAI). Nous devons identifier les organisations et/ou leurs représentants au sein de ces réseaux en nous interrogeant sur la nature et les activités de ces derniers pour vérifier si cette internationalisation peut être considérée comme une conséquence de l'institutionnalisation.

Il en est de même au niveau national où le regroupement des acteurs impliqués dans les démarches évaluatives peut conduire à la formation d'une communauté épistémique active dans la promotion de certaines finalités évaluatives ou de règles de conduite (par exemple sous la forme de standards de qualité). Ces activités peuvent induire des modifications au sein du dispositif institutionnel.

C'est sur la base de ces différents éléments que nous pouvons dès à présent entamer l'interprétation des phénomènes que nous avons observés et identifier les facteurs explicatifs du processus d'institutionnalisation de l'évaluation des politiques publiques.

CHAPITRE VI

Le poids des structures sur l'institutionnalisation

La théorie institutionnaliste nous enseigne, entre autre, que l'action des acteurs s'inscrit, volontairement ou par contrainte dans le cadre des institutions qui composent le paysage institutionnel. C'est dans cette optique que nous identifions, dans ce chapitre, quelques éléments susceptibles d'influencer la configuration des dispositifs institutionnels d'évaluation des politiques publiques.

En mettant l'accent sur le terreau institutionnel, nous cherchons à expliquer la configuration des premiers dispositifs. En effet, en l'absence d'un changement majeur au sein de l'agencement institutionnel global, les facteurs que nous appelons structurels sont utiles pour nous éclairer partiellement sur les origines de l'institutionnalisation ou plutôt sur la nature du cadre des possibles dans lequel l'évaluation doit s'intégrer.

C'est pourquoi, dans ce chapitre, nous focalisons notre attention sur l'influence du système politique (*polity*) sur l'institutionnalisation de l'évaluation des politiques publiques. Pris dans une acceptation restrictive, « le système politique comprend exclusivement les organisations et les personnes spécialisées dans la politique »[1]. Dans notre présentation, nous dépassons ce point de vue très limitatif puisque nous tenons compte de l'influence croissante dont bénéficient les mouvements sociaux dans le processus politique. Hanspeter Kriesi représente le système politique de la manière suivante.

---

[1] Kriesi, H., *Les démocraties occidentales. Une approche comparée*, Paris, Économica, 1994, p. 15.

Figure 7 : La structure du système politique

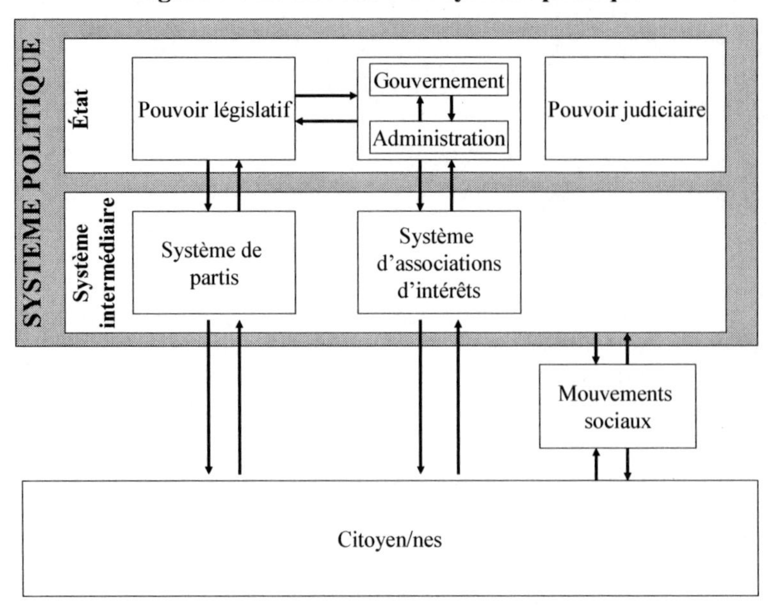

Ce schéma met en évidence les nombreuses interactions qui peuvent exister entre les différents acteurs du système politique. Dans ce chapitre nous nous attardons sur la plupart des éléments mentionnés dans cette figure. Nous commençons par les éléments constitutifs de l'État pris dans une conception extensive (Parlement, Gouvernement, administration) auquel nous associons le système de partis. Nous nous attarderons ensuite sur les relations entre l'État et la société (associations d'intérêts) qui ont récemment fait l'objet de nombreux développements théoriques.

Nous ne nous attarderons cependant pas sur les mouvements sociaux et les citoyens en tant que tels, même si, dans le chapitre suivant, nous considérerons l'influence que peuvent avoir certains acteurs non étatiques dans le développement de la pratique évaluative. Enfin, même si le pouvoir judiciaire tend actuellement à jouer un rôle de plus en plus grand dans le cycle d'une politique publique, où la ressource « droit » est fréquemment mobilisée[2], nous ne nous arrêtons pas sur cet élément. Ce choix tient au fait que, dans notre cas, nous sommes face à un processus particulier d'élaboration et de mise en œuvre d'une politique où les mobilisations traditionnelles que l'on retrouve dans d'autres secteurs

2 Knoepfel, P., Larrue, C. et F. Varone, *Analyse et pilotage des politiques publiques*, Genève-Bâle-Munich, Helbing et Lichtenhahn, 2001, pp. 73-75.

ne sont pas toutes à l'œuvre. Jusqu'à présent, les cours et tribunaux ne connaissent que très peu de litiges portant sur l'institutionnalisation de l'évaluation (qui résultent principalement d'une interprétation dans l'application du code des marchés publics). Toutefois, la prise en compte de cette variable « contrôle juridictionnel » pourrait s'avérer utile dans une perspective comparée plus large, où il existerait des variations marquées entre les différents systèmes juridiques.

La première section de ce chapitre met l'accent sur les organes du pouvoir à travers l'étude du paysage politico-administratif tandis que la seconde repose sur l'analyse des expressions organisées de la société et de ses relations avec l'État notamment par l'intermédiaire de procédures de consultation et par l'action d'associations défendant des intérêts particuliers. Ce sont les deux éléments sur lesquels nous allons nous attarder dans ce chapitre pour expliquer la nature (le degré d'ouverture et la finalité) des dispositifs institutionnels identifiés.

1. Le paysage politico-administratif

L'intégration de l'évaluation au cœur du paysage politique témoigne du fait que l'élection n'est plus le seul moment de la vie démocratique mais que les décideurs publics acceptent de se soumettre à un « contrôle » permanent. Toutefois, et parce que l'évaluation est productrice de savoirs, cette évolution est également encouragée par un souci d'amélioration de la conduite de l'action publique. Comme le suggère Mancur Olson,

> celui qui élabore une politique et qui est sans information sur les conséquences quantitatives de cette politique est dans la position d'un homme d'affaires qui ne connaîtrait pas la valeur de ses ventes.[3]

À la lecture de cette affirmation, nous ne pouvons que nous interroger pour répondre aux questions suivantes : l'analyse des politiques publiques qui s'intéresse à l'activité de l'État peut-elle éviter la « prescription » ? et l'« analyse de la politique » (*analysis of policy*) ne débouche-t-elle pas sur une « analyse pour la politique » (*analysis for policy*)[4] ? Étant donné que les problèmes de société sont extrêmement complexes et que l'évaluateur ne doit pas baser son évaluation sur son propre jugement de valeur mais sur les données récoltées, le recours à l'évaluation

---

[3] Olson, M., « The Plan and Purpose of a Social Report », *The Public Interest*, 1969. Texte cité par Duran, P., « Le savant et la politique : pour une approche raisonnée de l'analyse des politiques publiques », *L'année sociologique*, 1990, vol. 40, p. 236.

[4] Duran, P., *op. cit.*, p. 228.

encourage une objectivation scientifique du politique[5]. D'ailleurs, l'évaluation n'est qu'un élément des stocks cognitifs des décideurs. Il est possible d'imputer à l'évaluation une pluralité de finalités, qui peuvent avoir une importance différente suivant les cas mais qui ne sont nullement incompatibles (par exemple : déontologique, *accountability*, d'apprentissage, gestionnaire et décisionnelle)[6].

Sur ce point, certains auteurs considèrent que l'évaluation est devenue une technique plutôt qu'une science[7]. Comme l'explique Jean Meynaud,

> le raisonnement technique, facteur d'objectivité et d'impartialité, est indispensable sinon toujours pour le choix des objectifs (rôle de l'idéologie) du moins pour le calcul et la mise en œuvre des priorités dont la sélection commande le devenir social.[8]

Ainsi, il semble que l'évaluation peut s'inscrire dans cette logique grâce à l'application de méthodes et techniques issues de diverses disciplines (psychologie, sociologie, sciences économiques, sciences politiques, etc.) pour apprécier les effets des politiques publiques. Il est cependant erroné de vouloir réduire l'évaluation à une simple dimension « technocratique ». En effet, l'accroissement de la connaissance attendu d'une évaluation est supposé servir à la fois le décideur et le décidé c'est-à-dire l'opinion intéressée[9].

Pour certains, l'évaluateur apparaît comme un décideur parmi les autres et l'évaluation comme un instrument au service des promoteurs de projets[10]. Dans le même ordre d'idées, Michel Conan considère que l'évaluation, en appliquant les méthodes des sciences sociales, prétend étudier les effets de l'action publique alors qu'elle se déroule dans un cadre en perpétuel changement et conduit à placer maladroitement l'évaluateur en position d'expert dans un domaine qu'il ne maîtrise pas. En conséquence, l'évaluation doit être considérée comme une pratique

---

[5] Fontaine, J., « Évaluation des politiques publiques et sciences sociales utiles. Raisons des décideurs, offres d'expertise et usages sociaux dans quelques pratiques régionales », *Politix*, 1996, n° 36, p. 60.

[6] Leca, J., « L'évaluation comme intervention : sciences sociales et pratiques administratives et politiques » dans Finger, M. et B. Ruchat, *Pour une nouvelle approche du management public*, Paris, Seli Arslan, 1997, p. 216.

[7] Crane, J., « Evaluation as Scientific Research », *Evaluation Review*, 1988, vol. 12, n° 5, pp. 467-482.

[8] Meynaud, J., « Les techniciens et le pouvoir », *RFSP*, 1957, vol. 7, n° 1, p. 10.

[9] Leca, J., *op. cit.*, p. 213.

[10] Toulemonde, J. et L. Rochaix, « La prise de décision rationnelle à travers l'évaluation de projets : une présentation des tentatives françaises », *RISA*, 1994, vol. 60, n° 1, pp. 45-66

politique parmi d'autres qui ne peut être totalement autonomisée du processus politique puisqu'elle ambitionne d'y participer. Sur la base de nos observations empiriques, nous partageons ces points de vue et estimons que l'évaluation ne dépolitise pas les problèmes et qu'elle est même tributaire du politique. En effet, le décideur public dispose toujours du dernier mot puisque c'est à lui que revient le choix de suivre les recommandations formulées par l'évaluateur ou de s'en écarter. C'est à cette étape de l'appropriation des résultats qu'apparaît l'importance de l'utilité politique du travail évaluatif.

Les paragraphes qui suivent nous éclairent sur la position des acteurs politico-administratifs en la matière mais surtout sur les déterminants de leurs actions. En étudiant en détail ces éléments, nous ambitionnons de dépasser le paradigme culturaliste que nous retrouvons dans la littérature présentant les cas nationaux où des énoncés tels que « l'évaluation connaît un développement plus lent en France que dans d'autres pays, pour des raisons de culture politique et administrative »[11] sont très présents.

1.1. Le pouvoir législatif

Cette section cherche à comprendre le rôle joué par le Parlement dans le contrôle du pouvoir exécutif. Les modalités de celui-ci varient d'un pays à l'autre en raison des traditions et des évolutions de l'histoire politique et institutionnelle. En conséquence, le contrôle de l'action gouvernementale par le Parlement peut revêtir de multiples formes. À l'extrême, nous pourrions considérer que toute activité parlementaire contient par essence une parcelle de contrôle, y compris le vote de la loi. En effet, de nos jours, la majorité des textes adoptés sont d'initiative gouvernementale, leur adoption par le Parlement est l'aboutissement d'un débat durant lequel certains amendements sont parfois introduits. L'évaluation n'est pas absente de ce processus puisque, comme nous l'avons vu, l'activité législative se concrétise parfois par l'adoption de clauses figurant dans un texte et qui en imposent la réalisation.

Trois sortes de dispositions développant l'évaluation peuvent être édictées dans un cadre parlementaire. Il y a tout d'abord celles qui n'évoquent pas l'évaluation mais qui peuvent la justifier, puis celles qui prévoient la publication d'un rapport et enfin celles qui ordonnent une évaluation et en déterminent le mode de réalisation[12]. Néanmoins, à

---

[11] Tenzer, N., « Une politique peut-elle être évaluée ? Libres réflexions sur une question occultée », *Informations sociales*, 2003, n° 110, p. 58.

[12] Maury, E., « Le Parlement français face au défi de l'évaluation des politiques publiques ou Gulliver enchaîné » dans Kessler, M.-C. *et al.* (dir.), *op. cit.*, p. 52.

l'exception de la Suisse, le Parlement lorsqu'il vote un texte introduit très rarement une clause d'évaluation.

Au regard des perspectives qu'offre l'évaluation, nous cherchons ci-dessous à présenter cette pratique parmi les différentes modalités du contrôle parlementaire. Cette section vise donc à expliquer l'existence de différences entre les dispositifs institutionnels à l'aune des éléments parlementaires procéduraux (clauses d'évaluation) et organisationnels (commissions *ad hoc*).

Le contrôle parlementaire du Gouvernement apparaît de nos jours comme secondaire alors qu'il représente une des missions essentielles et même originelles du Parlement. La tendance actuelle est de considérer que le rôle premier des assemblées parlementaires est de voter les lois alors qu'historiquement les assemblées parlementaires sont créées dans le but d'exercer un contrôle de l'activité gouvernementale. Cette tradition remonte à la Grande Charte de 1215 octroyée par Jean sans Terre afin de mettre un terme à la révolte des Anglais. Ce texte stipule qu'aucun nouvel impôt ne sera levé sans le consentement du *Magnum concilium*, ancêtre du Parlement d'Angleterre. Par extension, le Parlement en vient à suggérer des vœux au roi qui peu à peu prennent la forme de *bills* qui deviennent des lois s'il y apporte sa sanction.

Même si le contrôle est, dans toute société et tous secteurs confondus, un élément indispensable, force est de constater qu'

> il y a plusieurs types de contrôle, et celui qu'exercent les assemblées se distingue des autres en ce que, opéré par les représentants du peuple, il ne s'exerce pas seulement sur les échelons subalternes mais sur l'appareil de l'État dans son entier, pas seulement sous l'angle de l'efficacité, mais aussi sous l'angle de la prise en compte des aspirations des citoyens et du respect de leurs droits et libertés.[13]

Étant donné qu'en raison d'évolutions progressives mais constantes, la loi n'est plus la vérité suprême au sommet de l'activité étatique, l'évaluation constitue de plus en plus

> une boucle récursive par laquelle on revient au programme élaboré au départ pour le modifier en fonction des résultats atteints et des causes et relations qui les expliquent.[14]

---

[13] Chantebout, B., *Le contrôle parlementaire*, Paris, La Documentation française, 1998, p. 2.

[14] Moor, P., « Du modèle de la séparation des pouvoirs à l'évaluation des politiques publiques » dans *De la Constitution. Études en l'honneur de Jean-François Aubert*, Bâle, Helbing et Lichtenhahn, 1996, p. 641.

Pour que cette boucle soit effective, il est nécessaire que les parlementaires adaptent leurs schèmes cognitifs à cette nouvelle réalité. C'est sans doute ce qui freine le plus le développement de l'évaluation et l'utilisation de ses enseignements au sein de l'arène parlementaire. En effet, les parlementaires que nous avons rencontrés acceptent difficilement la « désacralisation » de leur fonction législative.

1.1.1. L'adoption des lois et l'initiative gouvernementale

En Belgique, l'article 36 de la Constitution prévoit que « le pouvoir législatif fédéral s'exerce collectivement par le Roi, la Chambre des Représentants et le Sénat ». Le constituant de 1830 donne au pouvoir législatif une place considérable. En effet, sur cent trente-neuf articles, cent treize font allusion à la loi[15]. Ceci s'explique par la crainte qu'éprouvaient, en souvenir de la période hollandaise (1815-1830), les fondateurs de la Belgique vis-à-vis du pouvoir exécutif.

Même si le droit d'initiative des parlementaires demeure entier, la plupart des lois sont d'inspiration gouvernementale. La Chambre, avant d'adopter un texte, dispose de moyens de critiquer, d'amender ou de simplement approuver le projet. En l'amendant considérablement, fait exceptionnel, le Parlement peut aboutir à l'adoption d'un véritable contre-projet[16].

Cette prépondérance gouvernementale en matière d'initiative législative restreint les potentialités d'introduction de clauses évaluatives puisque le Gouvernement n'insère pas dans un texte qu'il soumet des mesures de nature à évaluer son action et qu'il n'y a pas d'amendements introduits dans ce sens par les membres du Parlement.

De son côté, le Parlement français bénéficie également d'une marge de manœuvre réduite à l'égard de l'exécutif. Historiquement, cette situation résulte du discrédit du parlementarisme sous la IVe République mais également du comportement des élus qui entretiennent l'image d'un député « porteur d'eau » voire « presse bouton » en raison notamment d'une carence technique à l'égard des projets déposés par le Gouvernement. L'influence du Gouvernement sur le Parlement est réelle puisque, concrètement, la Constitution prévoit qu'il contrôle l'ordre du jour et l'organisation des débats parlementaires mais aussi que le

---

[15] La Constitution ne connaît ni le conseil des ministres, ni le gouvernement, ni même le Premier ministre. De Croo, H. et P. Seigneur, *Parlement et gouvernement*, Bruxelles, 1965, pp. VII-VIII.

[16] Lambotte, H., « Le contrôle parlementaire de la politique journalière » dans Institut belge de science politique, *Le contrôle parlementaire de l'action gouvernementale*, Bruxelles, Éd. de la librairie encyclopédique, 1957, pp. 36-37.

contrôle du Gouvernement ne peut s'effectuer que sur la base des articles 49 et 50 (motion de censure) de la Constitution. De plus,

> de multiples dispositifs (vote bloqué, engagement de la responsabilité gouvernementale sur un texte) confortent encore la position gouvernementale en conférant à l'exécutif une panoplie de moyens qui lui permettent de contourner l'obstacle parlementaire ou de le réduire à sa plus simple expression.[17]

Dans les faits, le Parlement français contrôle très peu l'activité gouvernementale et joue donc un rôle modeste en matière d'évaluation des politiques publiques. Traditionnellement, le Parlement dispose de trois moyens pour procéder au contrôle financier : l'examen des lois de finances, l'utilisation du rapport annuel de la Cour des comptes et les moyens permanents d'investigation.

Une modification substantielle est introduite par l'adoption de la loi organique relative aux lois de finances (LOLF) du 1er août 2001 qui révise les règles budgétaires et comptables et cherche à renforcer les pouvoirs de décision et les moyens de contrôle du Parlement[18]. La LOLF prévoit, à partir du 1er janvier 2006, une allocation des moyens à partir des missions, programmes et projets de mise en œuvre des politiques publiques. Dans cette perspective, cette loi organique est présentée comme un levier de modernisation de la gestion financière qui concourt à la réforme de la gestion publique notamment à travers la budgétisation par objectifs. En imposant une présentation des dépenses en regard de comptes-rendus annuels et d'indicateurs de résultats, la LOLF doit encourager la mise à disposition du Parlement d'une appréciation technique sur la réalisation des politiques publiques. En raison de son adoption récente, il est trop tôt pour en mesurer les conséquences sur la conduite de l'action publique et sur la revitalisation du travail parlementaire, d'autant plus que les objectifs assignés à la LOLF sont ambitieux. Ils doivent induire, le passage « du paradigme "autorisation, exécution, absence de responsabilité, menace de contrôle externe" [...] à un paradigme "objectifs, négociation de résultats quantifiés, liberté sur les stra-

---

[17] Meny, Y., *Le système politique français*, Paris, Montchrestien, 1999, p. 74.

[18] Cette loi réforme, après trente-sept tentatives infructueuses, l'ordonnance de 1959. L'article 57 de la loi organique du 1er août 2001 dispose que « les commissions de l'Assemblée nationale et du Sénat chargées des finances suivent et contrôlent l'exécution des lois de finances et procèdent à l'évaluation de toute question relative aux finances publiques ».

tégies et moyens de mise en œuvre, incitations, autocontrôle, contrôle externe constructif' »[19].

Toutefois, comme dans d'autres démocraties occidentales, le Parlement français est supplanté par le Gouvernement dont il entérine bien souvent les volontés. Le Gouvernement jouit, « d'un quasi-monopole dans le domaine de l'élaboration des textes soumis à notre Assemblée, le Parlement doit désormais être en mesure de mieux débattre de leurs grandes orientations et, surtout, d'en contrôler les résultats »[20]. Il semble donc qu'un rééquilibrage de la situation pourrait s'opérer par un recours à une évaluation systématique de l'action de l'exécutif. Comme le mentionnait Laurent Fabius, président de l'Assemblée nationale,

> le vrai pouvoir des Parlements est sans doute moins dans le vote rarissime de la censure ou dans l'initiative des lois, largement transférée au pouvoir exécutif, que dans le contrôle de l'action gouvernementale et dans l'évaluation des politiques publiques, afin de réduire l'écart entre les intentions, souvent louables, et les réalisations, parfois moins glorieuses.[21]

Le système en Suisse et aux Pays-Bas est totalement différent. Michel de Vries qui étudie l'évolution législative aux Pays-Bas depuis la Seconde Guerre mondiale met en évidence le fait que la

> recherche d'efficacité par le biais de la réglementation fait suite à un intérêt en baisse dans les années 1960 qui augmente à partir de la seconde moitié des années 1970 jusqu'au début des années 1990, période au cours de laquelle on observe une pointe liée à ce type de réglementation. Ensuite, la tendance à parvenir à une plus grande efficacité semble abandonnée.[22]

C'est dans ce contexte que le Parlement édicte des clauses évaluatives à portée générale (par exemple : *Regeling Prestatiegegevens en Evaluatieonderzoek*).

Le Parlement suisse adopte beaucoup de lois contenant une clause évaluative[23] et même une disposition constitutionnelle généralisant le

---

[19] Trosa, S., « LOLF story », *La lettre du management public*, 2002, n° 40, p. 6. Sur le même sujet, voir également Trosa, S., *La gestion publique par programmes, vers une culture du résultat*, Paris, Éd. d'Organisation, 2002.

[20] Migaud, D., *op. cit.*, p. 7.

[21] Lors de la clôture le 3 juin 1999 du IVe congrès de l'EUROSAI. Migaud, D., *op. cit.*, p. 36.

[22] de Vries, M., « Les nouvelles fonctions des lois et leurs implications pour l'État et la gouvernance », *RISA*, 2002, vol. 68, n° 4, p. 699.

[23] Par exemple : Loi fédérale instituant des mesures visant au maintien de la sûreté intérieure (RS 120 – article 26), Loi sur l'organisation du gouvernement et de l'administration (RS 172. 010 – article 65), Loi fédérale sur les hautes écoles spécialisées (RS 414.71 – article 14), Loi fédérale sur la réduction des émissions de CO2 (RS 641.71 – article 5), Loi fédérale sur la protection de l'environnement (RS 814.01

principe d'évaluation (article 170). Nous verrons ci-dessous l'influence déterminante que semblent jouer les relations entre le Parlement et le Gouvernement dans l'explication de ce phénomène.

Dans ce pays, le poids législatif est particulier en raison de l'existence de dispositifs concourant à une atténuation du pouvoir législatif tel qu'il apparaît dans les trois autres pays. En effet, les procédures de démocratie directe (le référendum et l'initiative populaire) ne confèrent pas au Parlement le dernier mot en matière d'initiative législative. Le Parlement ne dispose donc pas de l'exclusivité du pouvoir législatif qu'il partage avec le peuple qui peut introduire ou abroger des lois et modifier la Constitution[24]. En conséquence,

> la menace référendaire rend l'innovation plus difficile et conduit à son tour à l'autocensure des pouvoirs publics qui n'osent plus proposer des projets novateurs de peur de froisser les acteurs incontournables.[25]

1.1.2. L'encommissionnement du contrôle gouvernemental

Les Parlements, pris dans leur ensemble, nous permettent d'appréhender les questions relatives à l'élaboration des politiques et au contrôle de l'action gouvernementale. Cette dernière activité est essentiellement le fait des commissions parlementaires. Les commissions permanentes accroissent l'attention du Parlement sur les questions soumises à son appréciation et sont une source de connaissances et de savoirs spécialisés dans des matières de plus en plus complexes. Cette tendance à la spécialisation est également fonction de la compétence, de la durée des mandats et du concours de professionnels spécialisés attachés à ces commissions[26].

Cette évolution constitue une réponse à un mouvement de complexification de la gestion publique qui est en cours dans la plupart des pays occidentaux où il conduit à une mise en retrait du pouvoir législatif par rapport au pouvoir exécutif. Dans certains cas, les parlementaires prennent conscience de cette confiscation du pouvoir par ceux qui contrôlent la production du savoir et tentent de réagir face à l'omnipotence de l'exécutif en instaurant des comités associant des experts. C'est par

---

– article 44). La liste complète des clauses évaluatives peut être consultée sur le site internet de l'Office fédéral de la justice à l'adresse http://www.ofj.admin.ch/f/index.html [consulté le 19 novembre 2003].

24 Hottinger, J., « La Suisse, une démocratie consociative ou de concordance ? », *RIPC*, 1997, vol. 4, n° 3, p. 634.

25 Papadopoulos, Y., *Les processus de décision fédéraux en Suisse*, Paris, L'Harmattan, 1997, p. 84.

26 Roness, P., « Réformer les Parlements et les Gouvernements centraux », *RISA*, 2001, vol. 67, n° 4, p. 775.

exemple le cas en France avec l'Office parlementaire d'évaluation des choix scientifiques et technologiques qui assiste les parlementaires essentiellement en procédant à des évaluations *ex ante*.

Le Parlement français est également chargé de contrôler le Gouvernement. Pour cela, il dispose des moyens classiques tels que les questions écrites, orales et les commissions d'enquête. Toutefois, en raison des dérives du parlementarisme sous la IVe République, la Constitution de 1958 se méfie des parlementaires et entend éviter leurs excès. Pour cela, elle conditionne la création d'une commission d'enquête à l'absence de poursuites judiciaires sur le même sujet. Il est intéressant de constater, sur la base d'une étude statistique, que le nombre de ces commissions croît lorsque l'Assemblée est en opposition avec le Gouvernement[27].

Ainsi, les commissions parlementaires ont, depuis l'avènement de la Ve République, une influence limitée. Deux éléments attestent de cette situation. Le premier, d'ordre technique, réside dans le fait que le débat en séance publique s'ouvre sur le projet gouvernemental et non plus, comme c'était le cas auparavant, sur le texte de la commission. Le second est à chercher dans la réduction du nombre des commissions permanentes qui « conduit à un système de commissions moins spécialisées qui ne peuvent plus se transformer en "contre-ministères" »[28]. Toutefois, depuis quelques années, le recours à des missions d'information ou à des commissions d'enquête auxquelles sont associés des experts tend à se multiplier[29]. Ce mouvement s'explique par le travail entrepris, durant les périodes de cohabitation (1986-1988, 1993-1995 et 1997-2002), par la présidence de l'Assemblée nationale qui ambitionne de restaurer le rôle du Parlement.

Du point de vue de l'institutionnalisation de l'évaluation, des offices parlementaires sont mis en place. Il semble que le Parlement n'entend pas être dépassé par le mouvement initié, au niveau exécutif, par Michel Rocard. Toutefois, en l'absence d'une volonté politique forte de les utiliser, certains ont été supprimés après une période de léthargie plus ou moins longue. Sur ce point, il est utile de rappeler que « de même que la science ne saurait se substituer au politique, le politique ne peut remplacer la science »[30], c'est-à-dire qu'il n'existe pas de formule magique

---

27 Duverger, M., *Le système politique français*, Paris, PUF, 1996, p. 397.

28 Bonnart, M., « Les assemblées parlementaires : organisation et fonctionnement », *Institutions et vie politique : les notices*, Paris, La Documentation française, 2003, p. 55.

29 Quinze commissions d'enquête ont été constituées entre 1997 et 2002.

30 Maury, E., *op. cit.*, p. 62.

permettant à un acteur d'être omniscient et de pouvoir faire abstraction des compétences disponibles ailleurs. En créant l'Office parlementaire d'évaluation des politiques publiques (1996), les parlementaires entendent se différencier de la pratique habituelle qui consiste à ériger une commission d'enquête ou une mission d'information éphémère. De plus, cette forme institutionnelle permet d'inscrire la pratique évaluative dans la durée en la dotant de moyens de collectes de données et en structurant ses interventions. Cependant, en les privant de la faculté d'auto-saisine et en ne confiant la faculté de saisine qu'

> aux commissions permanentes et au bureau de chaque Chambre, le législateur a entendu placer les offices au service des commissions. Il ne convenait en aucun cas de leur octroyer une quelconque autonomie susceptible de se transformer en pouvoir de contrôle.[31]

Ce principe n'est pas abandonné avec la création de la Mission d'évaluation et de contrôle (MEC) dont les sujets traités doivent, selon les députés, être

> une loi suffisamment ancienne pour avoir pu s'appliquer mais posant un problème ressenti comme actuel par l'opinion et suffisamment consensuelle pour qu'elle n'apparaisse pas comme une mise en cause de la majorité qui l'a votée, mais aussi suffisamment contestée pour susciter des propositions d'amélioration.[32]

La raison de l'échec de l'Office parlementaire d'évaluation des politiques publiques est, selon Alain Lambert, président de la Commission des finances du Sénat, à trouver dans un fonctionnement bicaméral insatisfaisant aux yeux des membres de l'Assemblée nationale[33]. Toutefois, la Commission des finances du Sénat qui est « très favorable à un développement des prérogatives de ces membres en matière de contrôle de l'exécution des lois de finances »[34] n'abandonne pas l'idée de l'évaluation puisqu'elle se dote d'un Comité d'évaluation aux moyens relativement limités. D'une manière générale, il faut reconnaître que ce sont les ambitions mêmes du Sénat qui sont peu élevées puisque de l'avis du président de la Commission des finances, qui reconnaît les insuffisances du contrôle parlementaire[35], il n'est pas nécessaire « aujourd'hui, de

---

[31] Chevilley-Hiver, C., *op. cit.*, p. 1690.

[32] Chevilley-Hiver, C., *op. cit.*, p. 1691.

[33] Lambert, A., « Renforcer le contrôle du Parlement sur l'exécutif », communication présentée lors de la Réunion des Présidents des commissions parlementaires des finances des pays membres de l'OCDE, Paris, 24-25 janvier 2001, p. 2.

[34] Lambert, A., *op. cit.*, p. 2.

[35] En termes de relation institutionnelle notamment avec la Cour des comptes et en matière des retombées insuffisantes des observations formulées.

modifier en profondeur le champ, la nature et l'objet du contrôle exercé par le Parlement. Celui-ci a montré qu'il pouvait mettre en œuvre un contrôle efficace »[36]. Nous voyons donc que le poids du sentier de dépendance est très fort auprès de certains acteurs qui entendent voir leur organisation amender son action mais dans un sens somme toute très restreint. De l'avis même du rapporteur général de la MEC, c'est

> l'impulsion d'une nouvelle culture du contrôle auprès des parlementaires et dans les administrations [qui est à encourager puisque c'est] souvent la volonté politique qui fait défaut pour en consacrer pleinement l'utilité et améliorer l'utilisation de l'argent public, au profit des citoyens.[37]

En *Belgique*, le recours à des commissions est une pratique du parlementarisme qui consiste en l'étude préparatoire des projets et propositions de loi. Mentionnons que les parlementaires jouissent du concours de collaborateurs pour les assister dans leur travail. Les budgets du Parlement prévoient des montants servant à rémunérer les secrétaires des groupes politiques[38] et chaque parlementaire est assisté d'un collaborateur administratif et d'un collaborateur universitaire[39]. Les diverses matières sont réparties en un certain nombre de commissions permanentes[40]. Le travail en commission consiste à dégrossir un dossier et permet à ses membres de poser des questions à des hauts fonctionnaires, d'auditionner les personnes compétentes dans le domaine (tant du secteur privé que public) ou d'interpeller le ministre. Ces commissions n'ont pas une vocation de contrôle mais tendent à informer au mieux les assemblées par la collecte d'une masse impressionnante de données recueillies parfois via des auditions.

Parallèlement aux commissions permanentes, des commissions spéciales ou temporaires chargées d'examiner un projet ou une proposition de loi spécifique peuvent être créées. À l'origine, le droit d'enquête était considéré comme un instrument d'investigation lors de la contestation de l'élection d'un membre du Parlement. Par la suite, ce droit évolua

---

[36] Lambert, A., *op. cit.*, p. 3.

[37] Lambert, A., *op. cit.*, p. 4.

[38] Environ 3.700 euros par mois et par élu sont accordés au groupe politique.

[39] Ysebaert, C., *Politicographe : mémento politique*, Bruxelles, Kluwer, 2000, p. 172.

[40] Instaurées en 1920, neuf commissions permanentes existent actuellement : commission de l'économie, de la politique scientifique, de l'éducation, des institutions scientifiques et culturelles nationales, des classes moyennes et de l'agriculture ; commission de l'intérieur, des affaires générales et de la fonction publique ; commission des relations extérieures ; commission des finances et du budget ; commission de l'infrastructure, des communications et des entreprises publiques ; commission de la justice ; commission de la défense nationale ; commission des affaires sociales ; commission de la santé publique, de l'environnement et du renouveau de la société.

vers une finalité plus politique d'information à la décision. En réalité, et contrairement à la tendance actuelle, la « vocation juridique » des commissions d'enquête parlementaire est un cas exceptionnel[41]. En vertu de l'article 56 de la Constitution, chaque Chambre a le droit d'enquête et peut donc constituer des commissions *ad hoc* portant sur des problèmes de société (par exemple : commission d'enquête sur les sectes, sur les tueurs du Brabant, sur les disparitions d'enfants, sur la SABENA). Ce droit existe depuis 1830 et est réglé par la loi du 3 mai 1880[42]. Entre 1880 et 1972, les Chambres mobilisèrent cette procédure à six reprises[43]. Depuis quelques années, le recours à ce moyen de contrôle est en augmentation[44], « comme si les parlementaires voyaient en elle un puissant moyen de revalorisation du Parlement »[45].

Toutefois, ni les commissions permanentes, ni les commissions d'enquête ne concourent au développement de la pratique évaluative puisque les instances d'évaluation particulières sont composées à l'extérieur du Parlement (par exemple : Commission nationale sur l'IVG ou sur l'euthanasie). Il est intéressant de constater que dans ce pays, au moment où la crise de légitimité est la plus grande suite à l'affaire Dutroux, le Parlement s'est faiblement mobilisé en direction de l'évaluation et qu'il privilégie le recours à une commission parlementaire chargée de débusquer les dysfonctionnements ou les incompétences et de désigner des responsables voire des coupables. Ce choix atteste d'un caractère formel et d'une volonté de contrôle très affirmée mais également d'une volonté parlementaire de rester le « maître du jeu » en évitant de s'adresser à des tiers dont l'objectivité pourrait être attaquée et dont les résultats auraient peut-être mis plus de temps à être fournis. De plus, en s'en tenant à l'affaire Dutroux, la médiatisation des travaux de la Commission (dont les rediffusions des débats en direct à la télévision) poursuit un objectif de transparence mais également de « thérapie collective ». Cette commission parlementaire ne s'est que faiblement

---

41 Velu, J., *Considérations sur les rapports entre les commissions d'enquête parlementaire et le pouvoir judiciaire*, Bruxelles, Bruylant, 1993, pp. 12-13.

42 Elle a été modifiée par la loi du 30 juin 1996 et par le règlement d'ordre intérieur de la Chambre adopté le 23 octobre 1997.

43 Lagasse, N. et X. Baeselen, *Le droit d'enquête parlementaire*, Bruxelles, 1998, p. 1.

44 1972 : publicité à la télévision, 1980 : maintien de l'ordre et milices privées (Sénat), 1985 : drame du Heysel, 1987 : livraison d'armes, 1988 : fraude et infraction au traité de non-prolifération par le Centre d'étude de l'énergie nucléaire et des entreprises connexes, 1988 : tueurs du Brabant I, 1992, traites des êtres humains, 1993 : achats d'armes, 1996 : sectes, 1996 : enfants disparus, 1996 : tueurs du Brabant II, 1999 : dioxine, 2002 : SABENA.

45 Ergec, R., *Introduction au droit public. Le système institutionnel*, Bruxelles, Éditions de l'Université de Bruxelles, 1994, pp. 159-160.

attardée sur les causes profondes de cette situation en s'interrogeant sur des éléments tels que les formations des policiers et des gendarmes, les montants des budgets alloués à ces services, etc. Ainsi, une ambitieuse réforme des polices est initiée sans s'appuyer sur des éléments objectifs en la matière.

En *Suisse*, c'est également la volonté de renforcer le poids de l'Assemblée fédérale dans le processus de décision, qui est à l'origine, en octobre 1991, de la réforme modifiant le rôle et la constitution des commissions parlementaires. Jusqu'à cette époque, des commissions *ad hoc* étaient constituées selon les objets de la politique fédérale. Par exemple, durant la législature 1971-1975, le Conseil national comptait 225 commissions *ad hoc*. Au début des années 1990, une rationalisation de l'action du Parlement entraîne une réduction du nombre de commissions autour de la douzaine[46].

Depuis 1991, les dossiers parlementaires sont préparés et discutés par des commissions permanentes et spécialisées. Nous avons donc à faire à un parlement de travail plutôt que de parole[47]. Ceci engendre une modification dans le comportement des parlementaires qui ont tendance à s'identifier aux commissions dont ils sont membres[48]. Cette influence des institutions sur le comportement des parlementaires au sein des groupes et du *Plenum* conforte l'hypothèse du néo-institutionnalisme, selon laquelle le comportement des acteurs est orienté par les institutions[49].

D'une manière générale, le Parlement suisse est communément présenté comme une assemblée semi-professionnelle ou de milice, c'est-à-dire composée « de députés dont le mandat est accessoire à une activité professionnelle principale »[50]. Même si, un processus de professionnali-

---

46 Kriesi, H., *op. cit.*, p. 166.

47 Varone, F., « Le Parlement dans un régime non parlementaire : le cas de la Suisse » dans Costa, O., Kerrouche, E. et P. Magnette (dir.), *Vers un renouveau du parlementarisme en Europe*, Bruxelles, Éditions de l'Université de Bruxelles, pp. 257-270.

48 Luthi, R., « Die Wirkung von institutionellen Reformen dargestellt am Beispiel der Reform des Kommissionensystems der Schweizerischen Bundesversammlung von 1991 », *RSSP*, 1996, vol. 2, n° 2, pp. 81-111.

49 « The neo-institutionalist perspective combines the micro-level study of individual behaviour with the macro level sensitivity to the institutional factors that help shape the behaviour ». Miller, M., « Congressional Committees and the Federal Courts: a Neo-institutional Perspective », *The Western Political Quarterly*, 1992, n° 4, pp. 949-970.

50 Germann, R., *Administration publique en Suisse : l'appareil étatique et le gouvernement*, Berne-Stuttgart, Vienne, Haupt, 1996, p. 79.

sation s'amorce depuis quelques années[51], force est de constater qu'il n'existe pas de véritable élite politique au sein du Parlement. Cette particularité tend à réduire l'influence du Parlement vis-à-vis du Gouvernement puisqu'en raison de la complexité croissante des affaires traitées par l'État, les parlementaires se trouvent démunis vis-à-vis des membres du pouvoir exécutif. D'autant plus que ce déséquilibre n'est pas compensé par la mise à disposition de services parlementaires étendus[52].

Ceci rend difficile l'application de l'article 85(11) de la Constitution qui stipule que le Parlement exerce la « haute surveillance de l'administration et de la justice fédérales ». Ce contrôle est principalement le fait des Commissions de gestion et des finances, de l'Organe parlementaire de contrôle de l'administration ou de commissions d'enquête constituées autour d'un sujet particulier[53].

Aux *Pays-Bas*, le système des commissions parlementaires a connu une modification radicale au début des années 1950. À l'origine, seules cinq commissions permanentes examinaient tous les projets de textes. Puis, progressivement, des commissions particulières virent le jour. En raison de la complexification des dossiers, le système des commissions spécialisées est de plus en plus souvent mobilisé. Ainsi, actuellement, la deuxième Chambre comporte près de quarante commissions composées de vingt-cinq parlementaires. Parmi celles-ci, une trentaine est permanente, c'est-à-dire qu'il y a environ deux ou trois commissions parlementaires pour un même département ministériel[54].

Les commissions particulières représentent d'ailleurs une sphère d'activité qui est communément utilisée au cours des dernières décennies afin de s'attarder sur les scandales ou les échecs gouvernementaux. Les budgets consacrés à cette activité ont considérablement augmenté passant de cinq millions (1960) à près de cent millions (1986) de florins.

---

[51] Durant la législature 1971-1975, le Parlement était composé de 24 % d'amateurs, de 49 % de semi-professionnels et de 27 % de professionnels. En quelques années, la situation a considérablement évolué puisque durant la législature 1987-1991, le Parlement était composé de 2 % d'amateurs, de 63 % de semi-professionnels et de 35 % de professionnels. Riklin, A. et S. Mockli, « Milizparlament ? », Bovey-Lechner, M., Graf, M. et A.-M. Huber-Holz (dir.), *Le Parlement – « Autorité suprême de la Confédération » ?*, Berne, Haupt, 1991, pp. 145-163.

[52] La proposition d'adjoindre un demi-poste d'attaché parlementaire par député a été rejetée par une votation populaire (1990).

[53] Kriesi, H., *op. cit.*, p. 169.

[54] En réalité il faut distinguer les quatorze *vaste commissies* qui se répartissent sur la base des différents départements, des *tijdelijke commissies* qui sont éphémères par nature. À ceci il convient encore d'ajouter les *algemene commissies* qui s'occupent des questions transversales (par exemple des affaires européennes) et les *overige commissies* qui traitent des questions de fonctionnement et d'intendance.

C'est d'ailleurs dans cet esprit que s'est développée l'évaluation des politiques publiques aux Pays-Bas au début des années 1980 lorsque les parlementaires ont pris connaissance de la situation de la politique industrielle. Depuis ce moment, le Parlement hollandais recourt à cette procédure au sujet des chantiers navals (1982), des aides aux logements (1986-1987), de l'échec dans la fabrication de passeports infalsifiables (1987-1988) et dans la mise en œuvre des programmes d'assurances sociales (1992-1993). Nous voyons donc que cette forme de contrôle parlementaire, dans les sujets qu'elle aborde, induit sinon la réalisation d'évaluations particulières au moins la production d'un savoir expert précis et une utilisation des savoirs évaluatifs produits. En effet, les conclusions de ces commissions entraînent parfois la démission d'un ministre dont la responsabilité est particulièrement mise en avant par les travaux parlementaires[55].

Cette fragmentation accroît l'expertise sur les dossiers traités. De plus, en cas de nécessité c'est-à-dire lorsqu'une question demande une attention plus grande, les parlementaires peuvent décider de constituer une commission *ad hoc* temporaire voire une commission d'enquête si la situation l'exige[56].

En conclusion, à l'heure actuelle, l'implication des parlementaires en matière d'évaluation est mitigée voire ambiguë. D'un côté, ils plaident pour une évaluation qui *a priori* les aiderait dans leurs choix et *a posteriori* les informerait de l'efficacité et/ou de l'efficience de la politique. Dans ce cas, l'évaluation peut servir de justification à la poursuite, à l'arrêt ou à la réorientation de l'action publique. Ainsi, sans se substituer à leur libre-arbitre, l'évaluation met à leur disposition des instruments permettant de guider leurs choix. Il arrive même que « des évaluations permettent de surmonter des oppositions qui bloquaient un dossier »[57].

1.2. Le Gouvernement

D'un point de vue théorique, le multipartisme, assorti d'un scrutin proportionnel, permet quatre formules de gouvernement. *Primo*, un seul parti obtient la majorité absolue et gouverne seul. Ce cas de figure est extrêmement rare dans les systèmes où prévaut le scrutin proportionnel. *Secundo*, le Gouvernement d'union nationale, représente une autre exception à laquelle il est fait appel en cas de péril grave. La pérennité de ce type de Gouvernement est extrêmement limitée puisque trop de

---

55 Andeweg, R. et G. Irwin, *op. cit.*, p. 150.

56 Andeweg, R. et G. Irwin, *op. cit.*, p. 141.

57 André Santini (maire, député (UDF) et ancien ministre), lors des troisièmes journées françaises de l'Évaluation, les 14 et 15 juin 2001 à Issy-les-Moulineaux.

sacrifices sont demandés aux partis pour qu'ils restent coalisés une fois le péril évacué. *Tertio*, le cabinet homogène est constitué lorsqu'un parti fort ne dispose pas de la majorité absolue. Ce parti gouverne avec une majorité de soutien sans participation. Le caractère éphémère de ce type de Gouvernement est évident, peu de partis ou de parlementaires acceptent d'endosser l'impopularité de mesures sans avoir l'avantage de la participation. *Quarto*, le cabinet de coalition est la formule la plus courante qui consiste à définir de grandes lignes de politiques communes afin de mettre sur pied une majorité. Toutefois, cette formule ne garantit pas la stabilité gouvernementale. Dans cette configuration, le chef du Gouvernement

> est, au mieux, le chef du parti numériquement le plus nombreux et, en cette qualité, n'a pas d'autorité sur les membres des autres partis associés à la coalition. Comme les désaccords entre les groupes, membres de la coalition, sont aussi nombreux que les sujets d'entente, si l'on veut maintenir la coalition, on ne la maintient que dans l'immobilisme politique.[58]

Ce point de vue est à relativiser si l'on considère la situation en Belgique où prévaut une culture du compromis qui entraîne une sorte de marchandage, c'est-à-dire que les partis de la coalition font, sur certains dossiers, des concessions réciproques à leurs partenaires. Nous ne sommes donc pas dans une situation de consensus où les partis ne s'accorderaient que sur un plus petit dénominateur commun.

C'est cette dernière formule de gouvernement que nous retrouvons en Belgique, en Suisse et aux Pays-Bas. L'évaluation est un instrument qui peut être utile en cas d'alternance politique au moment où

> les nouvelles équipes gouvernantes s'efforcent de rejeter la responsabilité des difficultés sur celles qui les ont précédées et de majorer la portée des transformations qu'elles entendent introduire.[59]

Les principes et les pouvoirs des Gouvernements belge et hollandais sont similaires. En ce qui concerne la formation d'un gouvernement, nous nous référons, à titre d'illustration, à la procédure utilisée en Belgique suite aux dernières élections législatives du 18 mai 2003. Le Roi a confié à Elio Di Rupo (francophone, président du parti socialiste) la mission d'informateur. Celle-ci consiste à alléger le rôle du futur formateur en procédant à une large consultation des forces vives du pays afin de dégager un axe possible de gouvernement. Ensuite, le Roi a

---

[58] Chantebout, B., *op. cit.*, p. 39.

[59] Gaxie, D. et P. Laborier, « Des obstacles à l'évaluation des actions publiques et quelques pistes pour tenter de les surmonter » dans Favre, P., Hayward, J. et Y. Schemeil (dir.), *Être gouverné. Études en l'honneur de Jean Leca*, Paris, Presses de Sciences Po, 2003, p. 203.

désigné Guy Verhofstadt formateur (néerlandophone, actuel Premier ministre[60]). Celui-ci a alors entrepris des négociations avec les formations susceptibles d'entrer dans le Gouvernement. Ce dernier n'est constitué que si la déclaration gouvernementale[61] obtient la confiance de la majorité de la Chambre des représentants (soit 76 sur 150 députés)[62]. Ce vote au caractère contraignant, est parfois présenté, à tort, comme un vote d'investiture. En réalité, cette coutume n'est pas prescrite par la Constitution et « ne conditionne pas la validité des attributions du Gouvernement nommé par le Roi »[63]. Puisqu'il ne dispose pas d'autorité sur ses collègues qu'il ne choisit pas, le rôle du Premier ministre est d'être un *primus inter pares*, un coordonnateur et un communiquant identifié par la population comme la représentation du pouvoir politique[64]. Ainsi, toutes les questions d'importance font l'objet d'une discussion voire d'un arbitrage en Conseil des ministres ou lors de réunions ministérielles informelles.

Les priorités du Gouvernement sont contenues dans un accord de coalition. À de rares exceptions, ce document trace les grandes lignes politiques pour la législature qui s'annonce sans mentionner d'objectifs précis. Cette absence rend difficile l'évaluation des réalisations entreprises. Il n'est d'ailleurs pas de coutume ni dans la presse ni par les partis (de la majorité ou de l'opposition) de dresser un état des lieux du Gouvernement sortant. Ainsi, l'idée, bien ancrée en Belgique et aux Pays-Bas, selon laquelle un gouvernement de coalition impose « une stratégie de recherche de consensus et de dépolitisation des problèmes rencontrés »[65] prime sur la transparence à l'égard de la population.

Le tableau ci-dessous présente la liste chronologique des coalitions au pouvoir durant les périodes que nous étudions ainsi que le nom du Premier ministre.

---

60 Il est de coutume que le formateur en cas de succès devienne le Premier ministre.

61 Depuis la fin de la Première Guerre mondiale, il est de coutume que le Gouvernement annonce, par sa déclaration gouvernementale, quelle sera sa politique dans tous les domaines. Sur la base de ce programme, il demande ensuite la confiance du Parlement. Ergec, R., *op. cit.*, p. 717.

62 La lecture de la déclaration gouvernementale n'est obligatoire que devant la Chambre des représentants, c'est le Gouvernement qui décide d'en donner ou non une lecture devant le Sénat.

63 Lauvaux, P., *Les grandes démocraties contemporaines*, Paris, PUF, 1998, p. 66.

64 Eymeri, J.-M., *Pouvoir politique et haute administration. Une comparaison européenne*, Maastricht, EIPA, 2001, p. 88.

65 van der Meer, F. et J. Raadschelders, « Politisation ou pratiques politiques habituelles ? Les Pays-Bas », *RFAP*, 1998, n° 86, p. 283.

Tableau 5 : La composition des gouvernements[66]

Belgique			
Martens VII	09/05/1988	29/09/1991	CVP-PSC-PS-SP-VU
Martens VIII	29/09/1991	25/11/1991	CVP-PSC-PS-SP
Dehaene I	07/03/1992	21/05/1995	CVP-PSC-PS-SP
Dehaene II	23/06/1995	11/07/1999	CVP-PSC-PS-SP
Verhofstadt I	12/07/1999	11/07/2003	VLD-PRL-PS-SP-Écolo-Agalev
Verhofstadt II	12/07/2003		VLD-MR-PS-SP.a
France			
Rocard II	23/06/1988	15/05/1991	PS
Cresson	16/05/1991	02/04/1992	PS
Beregovoy	02/04/1992	29/03/1993	PS
Balladur	29/03/1993	10/05/1995	RPR-UDF
Juppé I	17/05/1995	07/11/1995	RPR-UDF
Juppé II	07/11/1995	02/06/1997	RPR-UDF
Jospin	02/061997	04/05/2002	PS-PC-RCV
Raffarin	05/05/2002		RPR-UDF
Pays-Bas			
Lubbers I	04/11/1982	21/05/1986	CDA-VVD
Lubbers II	14/07/1986	02/05/1989	CDA-VVD
Lubbers III	07/11/1989	03/05/1994	CDA-PvdA
Kok I	22/08/1994	05/05/1998	PvdA-D66-VVD
Kok II	03/08/1998	16/04/2002	PvdA-D66-VVD
Balkenende	22/07/2002	27/05/2003	VVD-LPF
Suisse			
	1959	09/12/2003	PRD (2) - PSS (2) - PDC (2) - UDC (1)
	10/12/2003		PRD (2) - PSS (2) - PDC (1) - UDC (2)

[66] Muller, W. et K. Strøm, *Coalition Governments in Western Europe*, Oxford, Oxford University Press, 2000.

Cette liste permet de considérer la pérennité des dispositifs. En effet, selon Théodore Lowi, l'alternance constitue le test de l'institutionnalisation puisque

> lorsque le successeur reprend et imite les pratiques du prédécesseur, ces comportements pénètrent plus profondément dans les habitudes et le mode de pensée du second [...]. Si ces pratiques sont non seulement reprises mais aussi considérées comme constituant la marche à suivre, les choses vont encore plus vite et les pratiques sont alors pleinement institutionnalisées.[67]

Nous constatons que les dispositifs sont pérennes en Suisse et aux Pays-Bas. Dans ces pays, les changements s'inscrivent dans une perspective d'approfondissement et d'amélioration de l'existant. L'institutionnalisation n'est pas assez développée en Belgique pour que nous puissions réellement parler de pérennisation en la matière. Par contre, en France, les dispositifs interministériels ne réussissent pas ce test de l'alternance puisqu'à chaque fois, l'initiative entreprise par la gauche est ralentie voire abandonnée lorsque la droite arrive au pouvoir.

1.2.1. L'organisation gouvernementale

En ce qui concerne les membres du Gouvernement, leur recrutement évolue au fil du temps. En Belgique, les hommes politiques mènent une carrière essentiellement linéaire, c'est-à-dire qu'ils obtiennent un ou deux mandats électifs avant de devenir ministre. Il y a donc une véritable professionnalisation de la vie politique qui empêche les acteurs d'accepter une prise de recul à l'égard de leurs actions. Aux Pays-Bas, jusqu'au début des années 1980, les ministres sont souvent choisis en dehors du Parlement parmi des personnes bénéficiant d'une expertise reconnue parfois acquise au sein de l'administration[68]. Le Gouvernement hollandais est composé de quatorze membres en charge d'un département ministériel (considéré par certains comme *the disunited departements*[69]) à l'exception du Premier ministre et d'un ministre veillant à une coordination interdépartementale en matière de coopération au développement. C'est parce qu'ils sont à la tête de leurs administrations respectives que le choix des ministres met en avant l'expertise des candidats retenus[70]. C'est sans doute pour cette raison que les ministres hollandais se montrent plus attentifs aux résultats des évaluations qui sont conduites dans

---

67 Lowi, T., *La deuxième république des États-Unis. La fin du libéralisme*, Paris, PUF, 1987, p. 397.

68 Bakema, W. et W. P. Seker, « Ministerial Expertise and the Dutch Case », *European Journal of Political Research*, 1988, vol. 16, n° 2, pp. 153-170.

69 Rochon, T., *The Netherlands: Negotiating Sovereignty in an Interdependent World*, Oxford, Westview Press, 1999, p. 119.

70 Rochon, T., *op. cit.*, p. 117.

leur département. La fragmentation encourage également la réalisation d'évaluations qui ne donnent pas lieu à une comparaison de l'action des uns et des autres. D'ailleurs, une étude réalisée par Arco Timmermans et Willem Bakema met en évidence le fait que deux tiers des conflits au sein du Gouvernement trouvent leur origine dans une mésentente interdépartementale[71].

La Suisse est le pays le plus original de ceux que nous étudions puisque, comme l'affirme Raimund Germann, le

> Gouvernement de la Confédération est différent de ceux qui gouvernent les autres démocraties occidentales : il ne connaît pas de chef de gouvernement, il n'est pas soumis à des sanctions politiques et il est composé en permanence des mêmes quatre partis politiques les plus grands du pays.[72]

De 1959 à 2003, la « formule magique » garantit la représentation des quatre principaux partis[73] au Conseil fédéral malgré l'érosion progressive du soutien électoral à ses composantes[74]. Des règles informelles assurent un certain équilibre de la représentation religieuse[75] et l'usage veut que la minorité francophone bénéficie de deux conseillers fédéraux[76]. Il ne s'agit pas d'une coalition au sens classique du terme puisque le Conseil n'est pas élu sur la base d'un programme gouvernemental impératif et n'est pas responsable devant le législatif.

Le Gouvernement suisse (Conseil fédéral) est un organe exécutif collégial composé de sept membres régulièrement qualifiés de « sept Sages »[77] (élus séparément par les chambres réunies en début de législature pour une période de quatre ans renouvelable sans limite) et du Chancelier de la Confédération. L'un de ses membres est élu pour un an au poste de Président de la Confédération ce qui ne lui offre pas l'occasion de tenter de dépasser le départementalisme affirmé du Conseil mais d'apparaître dans une fonction protocolaire puisque durant son mandat présidentiel, le ministre continue à assumer la direction de son département.

---

[71] Timmermans, A. et W. Bakema, « Conflicten in Nederlandse kabinetten » dans Andeweg, R. (ed.), *Ministers en Ministerraad*, La Haye, SDU Uitgeverij, 1990, pp. 175-192.

[72] Germann, R., *op. cit.*, p. 222.

[73] Deux radicaux (PRD), deux démocrates-chrétiens (PDC), deux socialistes (PSS) et un représentant de l'Union démocratique du centre (UDC). Le 10 décembre 2003, pour refléter le nouveau paysage politique, le PDC a cédé un siège à l'UDC.

[74] 87,2 % en 1963 et 69,5 % en 1991. Kriesi, H., *op. cit.*, p. 158.

[75] Knusel, R., *Plurilinguisme et enjeux politiques*, Lausanne, Payot, 1994, p. 110.

[76] Froidevaux, D., « Construction de la nation et pluralismes suisses : idéologie et pratiques », *RSSP*, 1997, vol. 3, n° 4, p. 39.

[77] Dunand, F., *Le modèle suisse*, Paris, Payot, 1991, p. 208.

En dépit de demandes d'élargissement du conseil, régulièrement formulées[78], le nombre de ministres n'a pas évolué depuis 1848[79]. Cependant, au fil du temps, il est nécessaire d'introduire certaines modifications au régime. C'est à partir des années 1960 que sont introduites des innovations en la matière durant le laborieux processus d'élaboration de la Loi fédérale sur l'organisation et la gestion du Conseil fédéral et de l'administration fédérale qui est finalement adoptée en septembre 1978. En 1968, la Chancellerie fédérale chargée d'assurer le secrétariat de l'Assemblée fédérale et du Conseil fédéral est revalorisée puisqu'elle est considérée comme « l'état-major du Conseil fédéral »[80]. Dans la foulée, le Chancelier accède à un rang ministériel dont les missions englobent la planification, la coordination, la communication et le contrôle. Il bénéficie d'ailleurs d'une légitimité similaire à celle des Conseillers fédéraux puisqu'il est également désigné par l'Assemblée fédérale. Certains considèrent donc que progressivement la Chancellerie est devenue le huitième département fédéral[81]. Par la suite, d'autres propositions de renforcement de la Chancellerie sont formulées sans qu'elles ne soient adoptées en raison du fait que le Conseil fédéral craint un déséquilibre du pouvoir et se méfie d'un Chancelier trop fort[82]. C'est sans doute une raison qui explique le peu d'enthousiasme et finalement l'échec du Service de contrôle du Conseil fédéral adjoint à la Chancellerie en 1990.

Le principe de concordance régit la composition du Conseil fédéral. Il s'agit donc d'une « stratégie d'intégration qui cherche à éviter les conflits, s'oriente vers les compromis et prône les solutions négociées aux problèmes posés »[83]. Le principe de collégialité est constitutionnellement assorti d'une non-hiérarchisation entre les ministres, c'est-à-dire que les sept conseillers fédéraux sont égaux en pouvoir. Toutefois, ce principe tend à se diluer progressivement. Le collège demeure une abstraction même si de plus en plus, notamment en raison du renforcement des contrôles et du développement de l'évaluation des politiques,

---

78 Cette question a d'ailleurs fait l'objet de deux consultations populaires (1900 et 1942).

79 La loi de 1978 autorise les ministres à s'adjoindre les services de deux collaborateurs. Sur ce point, une commission d'experts, rédige, en 1967, le Rapport Hongler dans lequel elle évoque des réticences à l'idée d'assister les ministres de conseillers personnels en raison de tensions voire de conflits qui risqueraient de surgir avec les secrétaires généraux ou les chefs de divisions. Germann, R., *op. cit.*, p. 52.

80 Germann, R., *op. cit.*, p. 35.

81 Roth, A.-N., « Les hauts fonctionnaires de l'administration fédérale suisse. Profils socio-politiques, positions et pouvoir des élites administratives de la Confédération helvétique en 1991 », *Études et recherches*, Genève, 1994, n° 29, p. 8.

82 Germann, R., *op. cit.*, p. 46.

83 Kriesi, H., *op. cit.*, p. 207.

les remarques et critiques s'adressent essentiellement à un seul membre de l'exécutif. Les ministres doivent se situer dans une dualité où d'un côté ils sont membre du collège gouvernemental et de l'autre ils sont à la tête d'un département administratif. Ainsi, progressivement, la collégialité se transforme en « un principe de non-ingérence mutuelle dans les affaires de leurs collègues »[84].

Le développement de l'évaluation des politiques publiques en raison d'une faiblesse des contrôles parlementaires peut s'expliquer par le fait que le « Conseil fédéral est soumis à un contrôle intra-organique »[85]. À cet égard, la loi sur l'organisation de l'administration de 1978 précise que le Conseil fédéral doit instituer un service d'information à l'attention de la population. Cette disposition est affinée par la loi sur l'organisation du Gouvernement et de l'administration de 1995 modifiée en 2000 qui stipule que :

> Le Conseil fédéral assure l'information de l'Assemblée fédérale, des cantons et du public. Il l'informe de manière cohérente, rapide et continue sur son appréciation de la situation, sa planification, ses décisions et les mesures qu'il prend. Les dispositions particulières relatives à la sauvegarde des intérêts prépondérants, publics ou privés, sont réservées (article 10).
>
> Le chancelier de la Confédération assure la coordination d'affaires interdépartementales (article 33).
>
> Le porte-parole du Conseil fédéral prend, en collaboration avec les départements, les mesures nécessaires à l'information du public. Le chancelier de la Confédération assure l'information interne entre le Conseil fédéral et les départements (article 34).[86]

Dans cette optique, où une évaluation orientée sur le contrôle mettrait en évidence des carences manifestes qui ne donneraient pas lieu à des « sanctions », il est compréhensible que les dispositifs institutionnels d'évaluation des politiques publiques sont orientés vers des finalités managériales voire réflexives. En effet, dans ce cas, les enseignements de l'évaluation concourent à une amélioration de la gestion publique ou est une source d'apprentissage rétrospectif sur les politiques publiques adoptées et mises en œuvre.

En raison de l'existence d'un scrutin majoritaire conduisant à la bipolarisation du paysage politique, la France est, dans notre étude, le seul pays où il n'existe pas de gouvernement de coalition. Ceci ne signifie

---

[84] Germann, R., *op. cit.*, p. 223.

[85] Kriesi, H., *op. cit.*, p. 203.

[86] « Loi sur l'organisation du gouvernement et de l'administration », *Recueil systématique*, 172.010.

toutefois pas que le Gouvernement soit composé des membres d'un seul parti comme en témoignent les derniers exemples des Gouvernements Juppé (1995 – RPR-UDF-DL) et de la gauche plurielle de Jospin (1997 – PS-Verts-PC-MDC). La majorité des membres du Gouvernement bénéficie d'une expérience politique affirmée puisque seul un quart des ministres sous la Ve République n'est pas parlementaires[87].

Le Gouvernement n'est juridiquement pas soumis à l'investiture parlementaire même si politiquement, il doit bénéficier de la confiance des assemblées. La France est un régime semi-présidentiel où le Président dispose du droit de dissolution de l'Assemblée nationale et nomme librement le Premier ministre bien que dans les faits il doive suivre l'orientation de la majorité parlementaire. C'est d'ailleurs pour cette raison que se produisent les cohabitations qui sont des situations où le Président ne dispose plus de la majorité à l'Assemblée et où il ne choisit plus vraiment le chef du Gouvernement[88]. Comme l'affirmait François Mitterrand, en 1986 : « On ne pose pas de conditions au Président de la République. Il nomme qui il veut, mais doit se placer en conformité avec la volonté populaire »[89].

L'acteur clef du Gouvernement français est le Premier ministre. Il veille à la coordination interministérielle des activités de ses ministres. Comme en témoigne l'ancien chef de cabinet de Lionel Jospin, la collégialité

> implique une grande disponibilité puisqu'elle exige le travail en commun des ministres appelés à traiter directement de leurs dossiers jusque dans leurs aspects les plus techniques, les cabinets étant maintenus dans une fonction d'instruction et de décantation préalable. [...] Si canalisé qu'il doive être, le rôle du cabinet du Premier ministre n'en demeure pas moins, à mon sens, essentiel pour combattre le réflexe de quant-à-soi des administrations qui menace parfois de gagner, par habitude ou même par lassitude, les entourages des ministres, sinon les membres du Gouvernement eux-mêmes. L'animation et la coordination sont une tâche essentielle du chef du gouvernement.[90]

De plus, le Premier ministre dispose du pouvoir réglementaire et du pouvoir d'exécution des lois. À l'exception de matières réservées, le Premier ministre peut prendre des décrets qui sont subordonnés aux lois. Toutefois, la Constitution de 1958 a modifié la hiérarchie des normes

---

87 Meny, Y., *op. cit.*, p. 36.

88 Bonnard, M., « Le Gouvernement » dans *Institutions et vie politique : les notices*, Paris, La Documentation française, 2003, p. 31.

89 Cité par Meny, Y., *op. cit.*, p. 96.

90 Schrameck, O., *Matignon rive gauche. 1997-2001*, Paris, Seuil, 2001, pp. 33-40.

puisque le pouvoir réglementaire « est devenu le principe et le pouvoir législatif, l'exception »[91].

C'est pour ces raisons que les projets en matière d'institutionnalisation de l'évaluation des politiques publiques sont supervisés au départ de Matignon. À titre d'exemple, rappelons qu'en 1988, le Premier ministre, Michel Rocard, considère que l'évaluation constitue un moyen privilégié pour, d'une part, intégrer la dimension du moyen terme dans l'action et le débat publics et, d'autre part, moderniser l'État et arbitrer les conflits interministériels. C'est dans cet état d'esprit qu'il charge Patrick Viveret de rédiger un rapport présentant des propositions précises sur les modalités, les dispositifs et les acteurs de l'évaluation en s'inspirant des expériences étrangères. Partant du principe qu'évaluer c'est former un jugement de valeur, l'auteur prend ses distances vis-à-vis des évaluations à caractère « économico-rationalisto-utilitariste » et met l'accent sur la dimension démocratique que l'évaluation peut encourager. Il tend à éviter une dérive positiviste des experts qui confisqueraient l'évaluation en se retranchant derrière une approche technique et méthodologique. Pour cela, il propose un schéma qui s'articule autour de trois principes : *primo*, la compétence et le professionnalisme des chargés d'évaluation qui ne doivent pas nécessairement être recrutés au sein d'un corps de professionnels de l'évaluation ; *secundo*, l'indépendance que l'auteur lie à la revalorisation nécessaire du Parlement afin d'éradiquer les lacunes, essentiellement déontologiques, des évaluations confiées à des cabinets privés ; *tertio*, la transparence qui implique un droit de saisine élargi et une publicité des recommandations des travaux évaluatifs. La plupart des conclusions présentées dans ce rapport sont à l'origine de l'institutionnalisation de l'évaluation en France qui, cependant, périclite en quelques années.

Toutefois, malgré les expériences de la décennie précédente, force est de constater que le « souci d'évaluation reste encore quelque peu marginal dans la réalité du travail gouvernemental »[92]. Il semble donc que le soutien d'un acteur majeur, tel que le Premier ministre, n'est pas une condition garantissant le succès de l'institutionnalisation de l'évaluation si cet enthousiasme n'est pas largement partagé par d'autres acteurs influents du système politique. Nous reviendrons sur les attitudes des différents acteurs et chercherons à en identifier les motivations dans le chapitre suivant.

---

[91] Duverger, M., *op. cit.*, p. 307.

[92] Oberdorff, H., « Le travail gouvernemental : structures et procédures » dans *Institutions et vie politique : les notices*, Paris, La Documentation française, 2003, p. 44.

1.3. Les relations entre les deux

Après avoir présenté le Parlement et le Gouvernement, il nous semble nécessaire de nous attarder quelque peu sur les conséquences que peuvent induire les relations entre ces deux pouvoirs sur le développement de l'évaluation et les configurations de son institutionnalisation. De temps à autres, les décideurs politiques se posent la question « À quoi et à qui sert l'évaluation ? ». De la réponse qu'ils formulent dépend leur investissement en la matière. Cette réponse est bien souvent orientée par le point de vue à partir duquel ils observent les problèmes. Comme Pierre Lascoumes et Michel Setbon l'ont mis en évidence, la personnalité du « commanditaire-leader » modifie radicalement le profil et même le résultat du processus de l'évaluation. Ces auteurs concèdent que les probabilités de retombées augmentent lorsque l'évaluation résulte d'une demande politique forte. Ils constatent l'absence de relation entre la méthodologie employée, les modes d'accompagnement du processus et même la qualité des résultats, quant à l'utilisation de ces résultats. C'est donc l'engagement politique qui apparaît comme une garantie de réappropriation ou une voie alternative d'inscription sur l'agenda politique[93].

Sur la base d'études que nous avons réalisées, il apparaît que les retombées d'une évaluation constituent des enjeux fondamentaux. En effet, lors de sa réalisation, une évaluation fait souvent naître sur le terrain des effets de libération, voire des attentes de changement. Il est donc essentiel d'assurer un suivi des conclusions et recommandations habituellement contenues dans le rapport d'évaluation. Toutefois, ce dernier ne fait pas toujours l'objet de la publicité ou de la diffusion qu'il mériterait, soit parce que les commanditaires politiques ont été remplacés soit parce que les priorités politico-administratives ont changé.

Dans la plupart des pays européens dans lesquels se développe l'évaluation des politiques publiques, celle-ci semble devoir s'accommoder avec « des attitudes culturelles différentes à l'égard du rôle du Gouvernement et un rapport différent entre les pouvoirs législatif et exécutif »[94].

Ainsi, dans cette section, sur la base des interrelations entre le Parlement et le Gouvernement, nous cherchons à identifier les facteurs encourageant ou ralentissant l'institutionnalisation de l'évaluation au sein de l'une ou l'autre arène. Pour cela, nous ne pouvons faire l'économie d'une présentation de quelques notions juridiques élémentaires. En effet,

---

[93] Lascoumes, P. et M. Setbon, *op. cit.*

[94] Commission européenne, *Évaluer les programmes socio-économiques*, Collection MEANS, Luxembourg, Office des publications officielles des communautés européennes, 1999, vol. 1/6, p. 20.

la doctrine classique présente le droit de dissolution de l'assemblée comme le corollaire de la responsabilité politique de l'exécutif[95]. Cet élément constituant le point de départ de notre réflexion, nous rappelons brièvement les situations nationales en la matière.

En Belgique, le Gouvernement fédéral est investi pour une période maximale de quatre ans, toutefois la survie du Gouvernement dépend de la confiance que lui accorde la Chambre des Représentants. Les chutes anticipées du Gouvernement sont courantes. L'actuel Gouvernement est le trente-troisième depuis 1946. Nous voyons donc que « l'espérance de vie » gouvernementale moyenne est inférieure à deux ans. Dans les faits, il existe deux processus[96] de démission du Gouvernement. Le Premier ministre remet la démission de son Gouvernement au Roi lorsque des divergences d'opinion entre les partis de la coalition ne peuvent être surmontées. Le Roi peut l'accepter ou la refuser. Dans le premier cas, la Chambre est dissoute entraînant automatiquement la dissolution du Sénat et la convocation d'élections dans les quarante jours. Dans le second cas, c'est la Chambre qui n'accorde plus sa confiance au Gouvernement et le « démissionne ». Cette confiance est conditionnelle et peut être retirée à tout moment. Soit par une motion de méfiance constructive, c'est-à-dire avec la désignation, dans les trois jours, d'un autre Premier ministre[97], soit par un rejet d'une motion de confiance ou par l'adoption d'une motion de méfiance. La motion de méfiance constructive impose aux partis de l'opposition (parfois aidés de certains de la majorité) de s'unir et de bâtir un projet politique positif[98]. Ceci est parfois présenté comme une tentative de rationalisation du parlementarisme[99].

Depuis 1993 la dissolution parlementaire est conditionnée et limitée à trois cas précis. Le Parlement est dissout lorsqu'il adopte une motion de méfiance sans proposer de successeur au Roi, qu'il rejette une motion de confiance dans les mêmes conditions ou que le Gouvernement démissionne[100]. Il est à noter que la Chambre et le Sénat sont dissous en même temps.

---

95 Lauvaux, P., *op. cit.*, p. 73.

96 Il en existe une troisième qui relève de la coutume et qui veut qu'après le décès du Roi, le Gouvernement présente sa démission au successeur du Roi défunt. Appliquée en 1865, 1909, 1934 et 1993, la démission fut systématiquement refusée par le successeur.

97 Introduite dans la Constitution en 1993, afin d'éviter la multiplication d'élections anticipées, cette procédure n'a encore jamais été utilisée.

98 Lauvaux, P., *op. cit.*, p. 80.

99 Ergec, R., *op. cit.*, p. 158.

100 Ergec, R., *op. cit.*, pp. 192-193.

Jusqu'en 1993, le Sénat et la Chambre des Représentants disposaient de compétences similaires. Lors de la révision de la Constitution, cette disposition a été modifiée en opérant une répartition des tâches entre les deux assemblées, la Chambre obtenant des compétences exclusives. Parmi celles-ci, l'article 101 de la Constitution prévoit que « les ministres sont responsables devant la Chambre des représentants », le contrôle du Gouvernement fédéral est donc une compétence exclusive, le Sénat voyant ses compétences se réduire. Certains considèrent que le Sénat constitue dès lors une chambre de réflexion. Il est à noter que cette révision de la Constitution consacra la Belgique en État fédéral sans pour autant adapter le Parlement à cette situation puisque, dans de nombreux états fédéraux, le Sénat fait office de Chambre des entités fédérées. Malgré la formulation de projets en la matière, la situation en Belgique ne correspond pas à cette tendance générale.

La séparation des pouvoirs en Belgique est traditionnellement qualifiée de souple, étant donné que le principe de responsabilité politique de l'exécutif est contrebalancé par le droit dont dispose ce dernier de prononcer la dissolution du législatif[101]. La dissolution parlementaire peut donc être présentée comme un outil assurant l'équilibre entre les pouvoirs exécutif et législatif et comme un instrument de résolution des crises politiques potentielles.

La situation française est, dans ce cas, relativement proche de celle que nous venons de décrire puisque le Gouvernement est responsable devant le Parlement qui peut le renverser soit par un vote de censure soit par un refus d'accorder la confiance réclamée par le Gouvernement. Toutefois, les observateurs admettent unanimement que le pouvoir exécutif est le plus influent en raison de l'élection directe du Président de la République. Son influence est amoindrie durant les cohabitations puisque le Premier ministre dispose alors de larges prérogatives à l'exception de celles constituant le « domaine réservé » du Président, c'est-à-dire les affaires étrangères et la politique de défense.

Cette prépondérance de l'exécutif fait dire à certains que le « Parlement instrumentalisé serait la victime de la Ve République et les parlementaires les auxiliaires plus ou moins dociles de l'exécutif »[102].

La répartition des pouvoirs conditionne également la structuration des dispositifs institutionnels. À titre d'exemple, mentionnons que lors des discussions précédant la création des Offices parlementaires (1995), a

[101] Lauvaux, P., *Le parlementarisme*, Paris, PUF, Que sais-je ?, 1987, p. 4.

[102] Latour, X., « Des rapports entre le Parlement et le Gouvernement sous la XIe législature », *Revue du droit public*, 2000, n° 6, p. 1662.

été formulée l'idée d'une saisine des services d'évaluation du Gouvernement. Toutefois,

> au nom de la séparation des pouvoirs, le Gouvernement s'est cependant fermement opposé à cette proposition : le Parlement ne pourrait recourir à ces services que par l'intermédiaire et sous l'étroit contrôle du Gouvernement. Dans ce sens, pas plus le décret du 22 janvier 1990 que celui du 18 novembre 1998, instituant respectivement le comité interministériel de l'évaluation et le Conseil national de l'évaluation, n'envisagent la moindre collaboration avec le Parlement.[103]

Aux Pays-Bas, il existe une tradition de dualisme élevé entre le Gouvernement et le Parlement. Même si, depuis 1848[104], les ministres sont responsables devant le Parlement, ils considèrent que le mandat qui leur est conféré est de servir le pays avant le parti[105] et qu'il n'est donc pas nécessaire d'entretenir des contacts rapprochés avec les membres du Parlement.

Dans l'ensemble, les relations entre le Parlement et le Gouvernement sont relativement bonnes. Les votes de méfiance à l'égard d'un ministre sont rares. La situation hollandaise est conforme à celle observée dans la plupart des démocraties occidentales, à savoir un déclin du parlementarisme où le pouvoir exécutif tend à supplanter le pouvoir législatif.

Cette situation est admise par une large majorité de parlementaires qui reconnaissent que les politiques sont déterminées sur initiative gouvernementale assortie d'une implication des parlementaires de la majorité même si une minorité d'entre eux considèrent cette situation comme souhaitable. Ainsi, le Parlement n'est plus une institution qui entre en conflit avec une autre (le Gouvernement) mais de plus en plus une arène au sein de laquelle les représentants des partis tentent d'influer sur les orientations politiques gouvernementales. Ceci explique sans doute l'augmentation de l'activité parlementaire sous la forme de propositions d'amendements, de réunions des commissions parlementaires ou de questions écrites[106]. Le Parlement qui perd indubitablement une partie de son pouvoir ne veut pas pour autant abandonner son activité. Dans cet esprit, il pourrait consacrer une partie de son temps à la prise en compte des résultats d'une évaluation qui au-delà d'un statut occupationnel,

---

[103] Chevilley-Hiver, C., *op. cit.*, p. 1683.

[104] Cette réforme a été initiée par le Roi en réaction aux événements révolutionnaires qui secouaient la France à cette époque.

[105] Daalder, H., « The Mood of Dutch Politics: Themes for Comparative Inquiry » dans Daalder, H. et G. Irwin (eds.), *Politics in the Netherlands. How Much Change?*, Londres, Frank Cass, 1989, p. 7.

[106] Andeweg, R. et G. Irwin, *op. cit.*, p. 148.

offre de nouvelles perspectives d'action pour les parlementaires. D'ailleurs, dans une large mesure, les parlementaires estiment que leur rôle est d'évaluer les effets des politiques comme l'attestent les résultats d'une enquête réalisée au début des années 1990.

Tableau 6 : Évaluer les effets des politiques[107]

	Qui devrait le faire ?	Qui le fait actuellement ?
L'opposition parlementaire	0,7	4,4
Les parlementaires soutenant la coalition	0	35,8
Le Parlement dans son entièreté	94,9	49,6
Autres	4,4	10,2
Total	100	100
N	138	137

Une très grande majorité de parlementaires considère que c'est le devoir du Parlement d'évaluer les politiques publiques, même si le pourcentage est considérablement amputé lorsque l'on passe de la situation désirée à la situation ressentie.

Le système le plus original est sans conteste celui de la Suisse qui apparaît comme la

> figure la plus intéressante de notre système constitutionnel. [...] Notre Gouvernement est un collège, comme dans la plupart des autres États ; mais c'est un collège d'égaux, qui n'admettent point de chef. Notre Gouvernement est élu pour un temps déterminé, comme dans les régimes présidentiels, mais il procède du Parlement, et non du corps électoral. Ou, pour rendre la même idée en renversant les termes : notre Gouvernement est issu de l'assemblée, comme dans les régimes parlementaires, mais la durée de son mandat dépend de la Constitution, et non de la bienveillance de ses commettants. Nous n'avons pas permis au Gouvernement de dissoudre l'assemblée, pour faire juger leur conflit par le peuple, mais nous avons laissé au peuple le soin de choisir son moment. Nous n'avons pas prescrit la démission, mais nous ne l'avons pas non plus prohibée.[108]

C'est effectivement l'exemple suisse qui nous apprend que les relations entre les deux arènes peuvent être très distantes. Faut-il pour autant en conclure qu'il n'y a pas d'attention portée entre les différents pouvoirs sur leurs activités respectives ? Certains considèrent en effet, que

107 Andeweg, R. et G. Irwin, *op. cit.*, p. 153.

108 Cité par Lauvaux, P., *Les grandes démocraties contemporaines*, Paris, PUF, 1998, p. 355.

la situation suisse se caractérise par « un manque structurel de contrôle mutuel »[109]. D'autres estiment qu'

> il est pratiquement programmé que les quatre grands partis se retrouvent aux affaires. L'absence du couple « confiance-censure » tend à renforcer le déficit d'imputation du système. Les citoyens peinent sans doute encore plus qu'ailleurs à déceler qui est à l'origine des décisions ; de manière à se sentir en mesure de lui demander de rendre des comptes.[110]

Nous devons reconnaître que la Suisse présente une configuration inédite dans les pays que nous étudions puisque la Constitution subordonne le Conseil fédéral tant par son mode de désignation que par le contrôle qu'exerce l'Assemblée fédérale sur son action au pouvoir législatif[111]. Ceci explique sans doute l'implication affirmée et revendiquée du Parlement vis-à-vis de l'évaluation des politiques publiques même si dans les faits, le pouvoir exécutif est l'acteur dominant du système politique.

L'exécutif est élu pour une législature sans disposer du pouvoir de dissolution sur les chambres et ne pouvant être renversé[112] par elles, selon un principe de concordance qui garantit un équilibre entre cantons, langues et religions[113]. Dans la plupart des cas, le Parlement se contente de procéder à des réélections automatiques des ministres en se privant de « la possibilité de former une équipe gouvernementale cohérente en fonction de ses objectifs politiques »[114]. Dans le même ordre d'idée, lorsqu'un projet gouvernemental soumis à consultation populaire est rejeté, il n'est pas de coutume que le Conseil fédéral présente sa démission. Certains considéreraient d'ailleurs ce geste comme « inélégant » voire « dysfonctionnel »[115]. Ainsi, à part une circonstance tout à fait exceptionnelle, les ministres exercent leur responsabilité aussi longtemps qu'ils le souhaitent sans qu'ils ne puissent être jugés ni par le Parlement ni par la population sur leur action voire sur leurs éventuelles erreurs. Dans ce cas, il est logique que l'évaluation ne poursuive pas une finalité de contrôle mais qu'elle ambitionne de contribuer à l'amélioration de la conduite de l'action publique. Cette ineffectivité de l'imputabilité poli-

---

[109] Kriesi, H., *op. cit.*, p. 171.

[110] Papadopoulos, Y., « Défense et illustration du système parlementaire » dans Knoepfel, P. et W. Linder (dir.), *op. cit.*, p. 189.

[111] Lauvaux, P., *op. cit.*, p. 358.

[112] À de très rares exceptions, il arrive qu'un conseiller fédéral ayant perdu la confiance du Parlement soit, sur les pressions insistantes de son parti, encouragé à présenter sa démission.

[113] Hottinger, J., *op. cit.*, p. 634.

[114] Germann, R., *op. cit.*, p. 225.

[115] Germann, R., *op. cit.*, p. 226.

tique constitue sans doute la principale explication du développement d'une évaluation à finalité managériale dans ce pays.

En conclusion et d'un point de vue général, *les initiatives parlementaires en matière d'évaluation recensées dans l'ensemble des pays attestent du fait que l'évaluation émerge comme un vecteur de renforcement du Parlement*[116] *qui apparaît somme toute marginal en regard du poids qu'exerce le pouvoir exécutif sur les systèmes politiques nationaux.*

1.4. Le système de partis

Cette section ne vise pas à présenter de manière exhaustive la structuration partisane dans chacun des pays. Ceci représente un champ entier de la science politique que nous ne pouvons, bien évidemment, pas traiter dans le cadre de cette étude. Ce que nous souhaitons mettre en évidence, c'est l'influence que les partis peuvent avoir au sein du système politique et par conséquent sur la structuration des dispositifs institutionnels. À cet égard il convient d'être attentif à l'impact du système électoral. Un scrutin proportionnel favorise la multiplication du nombre de partis alors que le scrutin majoritaire tend à la limiter. De sorte que le mode de scrutin peut influer sur le développement de l'évaluation des politiques publiques et sur la configuration des dispositifs institutionnels mis en place. Les situations dans les pays étudiés diffèrent considérablement. Nous présentons les cas sur une base croissante de l'influence partisane sur le système politique.

La Suisse dispose d'un système de partis très fragmenté vu leur nombre considérable. Ils sont considérés comme « des enfants de la démocratie directe », parce qu'ils se sont fréquemment développés autour d'enjeux soumis à une votation populaire[117]. Toutefois, dans cette perspective, « le nombre absolu de partis n'a pas forcément grande signification. Il faut prendre en considération le nombre de partis qui "comptent" »[118], c'est-à-dire ceux qui occupent une position qui les dote du statut de partenaire au sein d'une coalition gouvernementale.

L'autonomie des députés est garantie par l'article 91 de la Constitution qui stipule que « les membres des deux Conseils votent sans instructions ». En analyste des politiques publiques, nous sommes conscient de la « fragilité » des règles que nous confrontons à la réalité de

[116] Herault, B., « Qu'en est-il du côté de l'État ? À partir des deux pôles exécutif et législatif », *Informations sociales*, 2003, n° 110, p. 77.

[117] Grunner, E., *Die Parteien in der Schweiz*, Berne, Francke, 1977, p. 25. cité par Kriesi, H., *op. cit.*, p. 148.

[118] Kriesi, H., *op. cit.*, p. 133.

leur mise en œuvre pour nous assurer de leur effectivité. Dans ce cas, les députés suisses reconnaissent ne pas se sentir liés par leurs partis. Ils déclarent à une large majorité qu'ils bénéficient d'une grande liberté d'appréciation lors des votes et qu'ils ne sont pas tenus de suivre des consignes de parti. En guise d'exemple, mentionnons le cas du ministre de l'Économie publique, Jean-Pascal Delamuraz, qui au début des années 1990 a été désavoué par son propre groupe parlementaire (les Radicaux) à l'occasion d'un vote sur son projet contre la hausse des taux hypothécaires[119].

Cette situation s'explique sans doute par des raisons organisationnelles. Les partis politiques suisses sont remarquablement faibles et dotés de ressources (financières ou humaines en termes de permanents travaillant pour le parti) très limitées.

En France et aux Pays-Bas, les partis sont des machines électorales qui ensuite influent peu sur le fonctionnement politico-administratif en raison du poids considérable que jouent l'élite (et principalement celle qui sort des grandes écoles françaises) et ses « réseaux » dans l'élaboration des politiques.

La composition du Parlement hollandais est morcelée en raison du multipartisme particulièrement développé et soutenu par le scrutin proportionnel. Ce multipartisme se caractérise par le grand nombre de listes présentées aux élections et de formations siégeant au Parlement. Ce qui fait dire à certains observateurs que les « new parties came and went like mushrooms in the autumn of Dutch politics »[120] sans toutefois survivre très longtemps. La seule formation qui, dans ce contexte, est parvenue à émerger et à se maintenir est D66. Depuis les années 1970, plus d'une vingtaine de partis présentent des listes lors des élections législatives et une dizaine de partis sont représentés au Parlement[121].

La Belgique est le pays où les structures partisanes ont un poids considérable dans l'ensemble du système politique. Aucun observateur de la vie politique « ne peut contredire le fait que le pouvoir politique est entre les mains des partis politiques même si la Constitution ignore leur existence »[122]. Un récent essai, dénonce le fait que

> les partis politiques sont les acteurs dominants du système belge et ceux qui les contrôlent sont les maîtres du jeu. Dans un paysage institutionnel de plus en plus morcelé, ils assurent une certaine cohérence, mais ils s'immiscent aussi dans une série de décisions où ils n'ont pas leur place et parasitent le

---

119 Kriesi, H., *op. cit.*, pp. 188-191.

120 Van den Berg J. et A. Molleman cités par Andeweg, R. et G. Irwin, *op. cit.*, p. 45.

121 Andeweg, R. et G. Irwin, *op. cit.*, p. 72.

122 Ysebaert, C., *op. cit.*, p. 171.

bon fonctionnement des assemblées parlementaires, des gouvernements et de l'administration. Que reste-t-il de la séparation du pouvoir exécutif et législatif chère à Montesquieu lorsque des structures partisanes contrôlent l'un et l'autre ? Nous vivons dans une démocratie au moment des élections, dans une particratie, c'est-à-dire dans un régime de partis, le reste du temps.[123]

Dans un ouvrage précédent, Alain Éraly définit la particratie comme

> un régime où l'essentiel du pouvoir politique est aux mains des directions de partis et des ministres en tant que membres des partis, et où la gestion des affaires publiques est assurée par les cabinets sous le contrôle de la presse plus que du Parlement.[124]

Dans de telles conditions comment est-il possible d'envisager le développement d'une évaluation indépendante et critique ?

En effet, en Belgique, depuis de nombreuses années, le pouvoir ne se trouve ni dans un poste de député, ni dans celui de ministre mais dans le chef d'un président de parti. Ce sont les partis qui font et défont les gouvernements et leur dictent leur ligne de conduite. De plus,

> les chambres sont devenues avant tout des lieux d'expression de la volonté des partis, lesquels prédéterminent ceux de leurs membres qui sont présentés à l'élection et, le cas échéant, à la nomination en qualité de ministre.[125]

Régulièrement, le Gouvernement tente de limiter ce poids particratique par exemple en réduisant l'effet dévolutif du vote en case de tête. Cependant, la composition pyramidale hyper-hiérarchisée des partis ne laisse que peu de place à l'expression de voies discordantes qui n'ont dans la plupart des cas que le choix de la dissidence pour s'exprimer. Celle-ci se paie au prix fort en raison d'une absence de moyens financiers et d'énormes difficultés de réussite du fait du nombre considérable de dispositions législatives annihilant l'égalité entre les partis durant une campagne électorale. Les présidents de parti font et défont les carrières des hommes politiques mais également des hauts fonctionnaires, des magistrats, etc. Dans un tel système il est difficilement concevable d'envisager le développement de l'évaluation. Si elle parvient néanmoins à émerger, ce trait caractéristique pèse lourdement sur le degré d'ouverture du dispositif. Il peut être soit extrêmement limité afin d'en assurer le contrôle soit au contraire élargi mais uniquement aux « représentants agréés » des partis au pouvoir.

---

[123] Destexhe, A., Éraly, A. et É. Gillet, *Démocratie ou particratie?*, Bruxelles, Labor, 2003, p. 6.

[124] Éraly, A., *Le pouvoir enchaîné. Être ministre en Belgique*, Bruxelles, Labor, 2002, p. 82.

[125] Batselé, D., *Contrôle de l'administration*, Bruxelles, PUB, 1994-1995, p. 100.

Cette courte présentation fournit un premier éclairage de l'impact que peut produire le poids des partis sur le comportement des parlementaires. Les situations contrastées auxquelles nous sommes confronté nous offrent une première explication de la faible implication et utilisation de l'évaluation dans certaines arènes parlementaires composées d'acteurs qui bénéficient d'une marge de manœuvre extrêmement réduite. Dans la section suivante, nous reviendrons sur l'influence que peuvent avoir les partis sur l'appareil administratif (essentiellement par le biais des nominations et les promotions) dans un contexte de politisation plus ou moins affirmé.

1.5. L'administration

Comme nos observations empiriques le montrent, il est relativement rare que les gestionnaires publics évaluent spontanément la mise en œuvre et les effets des politiques dont ils ont la charge. D'une manière laconique, nous pouvons considérer que cette situation s'explique par le fait que

> la volonté des administrateurs d'assurer la stabilité de l'organisation, de maximiser le budget et de promouvoir une image positive contribue à renforcer une tendance générale à éviter les évaluations qui pourraient discréditer les programmes des administrations.[126]

Dans le même temps, l'extension du rôle et des activités étatiques va de paire avec une augmentation de la liberté d'appréciation de l'administration et une diminution de la précision normative. De sorte que cela procure à l'administration une compétence d'innovation[127] qui peut conduire à une auto-réflexivité.

C'est donc entre ces deux tendances que l'évaluation des politiques doit se frayer un chemin pour exister. Dans cette section, dans un premier temps, nous présentons nos réflexions sur l'évaluation administrative. Ensuite, nous mettons l'accent sur la nature des configurations administratives nationales.

1.5.1. L'évaluation au sein de l'administration : un objet hybride ?

Sans entrer dans de longs développements, nous voudrions rappeler que les théories relatives à la rationalité étatique ont été élaborées dans un cadre explicatif de la genèse de l'État et de la bureaucratie. Parmi

---

[126] Schawrtz, R., « Les stratégies adoptées par les vérificateurs des administrations publiques pour sortir du dilemme de l'efficacité », *RISA*, 1999, vol. 65, n° 4, p. 605.

[127] Moor, P., *op. cit.*, p. 630.

celles-ci, les plus célèbres sont celles de Max Weber et d'Émile Durkheim. Selon ce dernier, l'État est l'organe de réflexion et de délibération dont la fonction essentielle est de penser. Ainsi, « son rôle n'est pas d'exprimer la pensée irréfléchie de la foule mais de surajouter à cette pensée irréfléchie une pensée plus méditée »[128]. Il semble donc que l'État dispose de la capacité réflexive d'opérer la synthèse de ce qui se trouve au sein de la société en le rendant plus intelligible à l'ensemble.

La bureaucratie wébérienne, dans sa plus pure dénomination, est qualifiée de rationnelle-légale. Elle regroupe des fonctionnaires qui occupent une position liée à leurs compétences mesurables, notamment, selon des critères méritocratiques. La rationalité constitue un principe qui

> oriente l'activité du monde occidental, elle représente par excellence le processus de dissociation d'avec la sphère de propriété, à l'œuvre dans ces sociétés développées et conduisant à un nouveau type de légitimité.[129]

Depuis l'époque à laquelle ces théories ont été formulées, l'État a multiplié ses interventions, à un point tel qu'il n'apparaît plus, à ce jour, capable d'opérer seul un questionnement sur ses missions et son fonctionnement. Or, de l'aveu d'un fonctionnaire, « on a besoin de chiffres sur n'importe quoi pour faire face à n'importe quelle question qu'un parlementaire peut nous poser »[130]. Cependant, « l'accumulation de données ne sert à rien si elle ne débouche pas sur des recommandations »[131]. D'autant plus qu'il ne faut pas perdre de vue que, malgré les apparences de scientificité, les indicateurs ne sont neutres ni dans leur définition ni dans leur usage. Ainsi, il est nécessaire de se demander « quel intérêt les acteurs ont-ils à connaître des chiffres sur la réalité à laquelle ils œuvrent ? »[132].

Cette réflexivité de l'État passe notamment par la production de données sur la conduite de la gestion publique. En raison de la complexification de la conduite des affaires publiques, l'État est devenu un grand consommateur et commanditaire d'expertises[133]. La fourniture de

---

[128] Badie, B. et P. Birnbaum, *Sociologie de l'État*, Paris, Grasset, 1979, p. 32.

[129] Badie, B. et P. Birnbaum, *op. cit.*, p. 47.

[130] Cité par Jean-Louis Chomel lors des troisièmes journées françaises de l'Évaluation, les 14 et 15 juin 2001 à Issy-les-Moulineaux.

[131] Baubeau, D., « Indicateurs statistiques et besoins sociaux », Communication présentée lors du colloque *Statistique publique, évaluation et démocratie*, Ministère de l'Emploi et de la solidarité, le 21 mars 2001.

[132] Arthuis, J., de Kervasdoue, J., Thoenig, J.-C. et J.-M. Saussois, « Les nouvelles exigences de responsabilité publique : pourquoi l'émergence de ce thème aujourd'hui ? », *PMP*, 2001, vol. 19, n° 3, p. 7.

[133] Jacob, S. et J.-L. Genard (dir.), *Expertise et action publique*, Bruxelles, Éditions de l'Université de Bruxelles, 2004.

ces informations s'effectue selon une procédure régulière à laquelle participe un grand nombre d'acteurs provenant du secteur public ou qui lui sont extérieurs. Ainsi, en s'appuyant sur ces avis extérieurs, l'État apparaît plus ouvert et démocratique tout en légitimant ses décisions même si l'on accorde, en général, peu d'attention à la nature de ces relations et à la qualité des intervenants à qui il est fait appel.

La prise de recul nécessaire à cette réflexion peut s'accomplir par l'intermédiaire de l'évaluation. La question fondamentale reste de savoir à qui il appartient de réaliser ces investigations. Une double relation s'instaure entre les producteurs du savoir et ses destinataires. D'une part, l'expertise est autonome dans le processus de production de la connaissance évaluative et dépendante des questions posées par le commanditaire. Ceci représente une garantie puisque l'évaluateur ne peut substituer d'autorité ses propres préoccupations et ses propres questions, que ce soit de façon ouverte ou subreptice, aux questionnements qui motivent le commanditaire à initier un processus évaluatif. D'autre part, l'expert est nécessairement amené à collaborer dans la recherche évaluative avec ceux qui sont au cœur de l'action publique. Pour l'expert, ceux-ci ne sont donc pas seulement des clients et des objets mais bien des partenaires dans le processus évaluatif[134]. En règle générale, nous constatons qu'il existe une logique des « ex-pairs » privilégiant la logique sectorielle aux experts en évaluation[135]. Cependant, en ce qui concerne l'évaluation des politiques publiques, les administrations adoptent le rôle, en fonction des cas, de commanditaires ou d'objets. Dans ce dernier cas, elles perçoivent parfois l'évaluation comme une « sorte d'inquisition douce habillée du langage participatif »[136]. Comme le précise très justement Luc Rouban,

> la réflexion sur l'évaluation a permis d'isoler la présence de structures normatives régissant le fonctionnement des administrations. Si l'on s'est empressé de lui retirer son aspect gênant (l'évaluation comme contrôle), pour lui donner un visage plus souriant (l'évaluation comme analyse), c'est parfois sans s'être départi d'une tendance à oublier le milieu socio-politique dans lequel elle est appelée à intervenir. C'est cependant à travers la question de l'évaluation que l'on a le mieux perçu les limites de l'import-export de solutions organisationnelles « clé en main » comme les effets liés à la traduction de techniques managériales en techniques de gouvernement. Il est clairement apparu que la définition des normes de l'action administrative dépendait du positionnement institutionnel des évaluateurs et que l'évalua-

[134] Leca, J., « L'évaluation comme intervention : sciences sociales et pratiques administratives et politiques » dans Finger, M. et B. Ruchat, *op. cit.*, pp. 227-228.

[135] Monnier, É., *op. cit.*, pp. 240-242.

[136] Tenzer, N., *op. cit.*, p. 39.

tion elle-même consacrait un certain rapport de force autour de l'information disponible.[137]

1.5.2. Des fonctions publiques entre mouvement et inertie

L'administration centrale *hollandaise* emploie environ cent mille agents[138]. Les observateurs considèrent son organisation comme

> highly pluralist, with strong traditions of autonomy for individual departments and services, and with only limited effect of central rules or decisions.[139]

Les Pays-Bas se caractérisent par l'absence de cabinet ministériel même s'il arrive qu'un ministre s'entoure de quelques conseillers (*adviseurs*) qui ne gèrent pas les dossiers mais qui s'occupent de la communication et des relations avec le Parlement, le parti ou la presse[140]. Le monde politique attend des fonctionnaires qu'ils participent au processus d'élaboration des politiques[141]. Sur ce point, une recherche réalisée par Jan van Putten met en évidence le rôle prépondérant que joue l'administration dans la production législative et réglementaire[142]. Ceci ne signifie pas que les ministres ne recourent pas à une expertise externe *ad hoc* ou permanente. Il arrive que les pouvoirs publics instituent une sorte de *think tank* public. Ainsi, depuis les années 1970, les Pays-Bas sont dotés d'un Conseil scientifique de la politique gouvernementale (*Wetenschappelijke Raad voor het Regeringsbeleid*) composé de professeurs d'université qui constituent un réseau de filières d'enseignement et de recherches sur l'administration publique (Twente, Rotterdam, Leiden, etc.)[143].

---

[137] Rouban, L., « La modernisation de l'État et la fin de la spécificité française », *RFSP*, 1990, vol. 40, n° 4, pp. 525-526.

[138] Nomden, K., « La modernisation administrative aux Pays-Bas » dans Corte-Real, I., Nomden, K., Kelly, M. et F. Petiteville, *Les administrations en mouvement. Les réformes de modernisation administrative dans quatre pays : Portugal, Pays-Bas, Irlande et France*, Maastricht, IEAP, 1999, p. 29.

[139] Daalder, H., *How Much Change?*, Londres, Frank Cass, 1989, p. 8.

[140] Eymeri, J.-M., *Pouvoir politique et haute administration. Une comparaison européenne*, Maastricht, EIPA, 2001, pp 89-90.

[141] Soeters, J., « Cultures gouvernementales et administratives en Belgique et aux Pays-Bas : de la divergence à la convergence ? », *RISA*, 1995, vol. 62, n° 2, p. 302.

[142] Cette conclusion se fonde sur l'étude approfondie de huit législations et réglementations dans des secteurs politiques différents. J. van Putten, *Haagse machten: verslag van een politicologisch onderzoek naar de totstandkoming van acht regeringsmaatregelen*, La Haye, Staatsuitgeverij, 1980.

[143] Eymeri, J.-M., *op. cit.*, p. 102.

L'entrée dans la fonction publique n'est pas conditionnée par la réussite d'un concours général mais est laissée à l'appréciation de chaque ministère qui détermine les compétences dont il a besoin en n'hésitant pas à les recruter au sein du secteur privé et associatif si nécessaire[144]. Il n'est pas rare de voir des dirigeants d'associations organisées autour d'un pilier, intégrer l'administration pour l'élaboration et la mise en œuvre de politiques pour lesquelles ils bénéficient d'une expertise reconnue au sein du secteur associatif. Les relations administratives sont structurées sous forme de réseaux qui « tendent à être organisés autour de questions particulières. Ils sont habituellement décrits comme des réseaux sectoriels, des "triangles de fer" »[145]. Ainsi, « l'élite politique, administrative et sociale fonctionne comme une sorte d'amicale : chaque fois qu'un poste élevé est à pourvoir, les candidats sont choisis en son sein »[146]. À titre d'exemple, Wim Kok, président du plus grand syndicat des Pays-Bas, a occupé successivement les postes de député (1985-1988), de ministre des Finances (1988-1994) et de Premier ministre (1994-1998).

Le ministère de l'Intérieur est formellement considéré comme le sommet de l'appareil administratif. Dans les faits, cette prééminence ne vaut que lors des négociations avec les syndicats au sujet des rémunérations et des charges de travail. En pratique, nous avons observé qu'un autre département pouvait se positionner comme l'interlocuteur central sur une question particulière. C'est le cas du ministère des Finances en ce qui concerne l'évaluation des politiques publiques. Ce ministère bénéficie sans doute de l'expérience acquise durant les années 1970 en matière d'analyse des politiques publiques. Ensuite, il met à profit cet avantage pour se positionner comme l'élément pivot du dispositif institutionnel d'évaluation.

Il s'agit là de particularismes puisqu'en raison de la relative autonomie de chaque département en matière d'organisation et de recrutement de ses dirigeants, certains considèrent que nous ne pouvons pas parler d'un service public unifié aux Pays-Bas. Ainsi, selon Éduard Van Thijn, ancien ministre de l'Intérieur, les Pays-Bas « are no longer the Republic of the Seven United Provinces, but now form the Republic of the Fourteen Disunited Departments »[147]. Malgré les propositions formulées,

---

[144] Andeweg, R. et G. Irwin, *op. cit.*, 1993, pp. 176-177.

[145] van der Meer, F. et J. Raadschelders, « Politisation ou pratiques politiques habituelles ? Les Pays-Bas », *RFAP*, 1998, n° 86, p. 288.

[146] van der Meer, F. et J. Raadschelders, *op. cit.*, p. 288.

[147] Cité par Van den Berg, J., « De Regering » dans Andeweg, R., Hoogerwerf, A. et J.-J. Thomassen (eds.), *Politiek in Nederland*, Alphen aan den Rijn, Samsom, 1985, p. 247.

durant les années 1970, par plusieurs commissions[148] et la désignation, en 1982, d'un Commissaire à la réorganisation administrative (*Regeringscommissaris Reorganisatie Rijkdienst*)[149], il n'existe pas de procédures de coordination entre les différents départements. Une des conséquences de cette fragmentation est la faible mobilité interdépartementale et la forte sectorialisation de l'administration. La création, en 1995, de l'*Algemene Bestuurdienst* (ABD) qui est une structure unifiée de la haute fonction publique apparaît donc comme une révolution dans le paysage administratif. Les membres de l'ABD sont mandatés, au sein d'un ministère, pour exercer une mission temporaire. Les buts assignés à l'ABD sont multiples. Ils visent à encourager la mobilité, à réduire la compartimentation et à insuffler une dose de généralistes au sommet de l'appareil administratif[150].

Toutefois, malgré cette innovation, dont on ne perçoit pas encore tous les effets, il faut reconnaître que d'une manière générale, les fonctionnaires accomplissent leur carrière au sein d'un seul département, ce qui favorise les relations régulières et continues avec les différents groupes d'intérêts des politiques publiques mises en œuvre.

Le fait que les fonctionnaires jouent un rôle considérable dans l'élaboration des politiques explique en partie leur motivation à disposer d'une information de qualité sur la conduite de leur action afin de prendre les bonnes décisions sans être face aux effets d'annonce de ministres ou d'une temporalité politique à court terme. Ainsi, *l'autonomie de l'administration à l'égard du pouvoir politique semble encourager, dans une perspective de suivi et de réaménagement, une évaluation managériale plutôt qu'orientée vers le contrôle.*

Cet aspect se combine avec une évolution générale qui concourt à mettre en avant le principe de responsabilité à l'ensemble du secteur public, y compris aux entités qui historiquement bénéficiaient d'une très grande autonomie. Par exemple, l'administration hollandaise se compose

[148] Van Veen Commissie, *Rapport van de Commissie Interdepartementale Taakverdeling en Coördinatie: Bestuursorganisatie bij de Kabinetsformatie 1971*, La Haye, Staatsuitgeverij, 1971; Voorlopige Wentenschappelijke Raad voor het Regeringsbeleid, *De organisatie van het openbare bestuur*, La Haye, Staatsuitgeverij, 1975; MITACO, « Rapport van de Ministeriële Commissie Interdepartementaal Taakverdeling en Coördinatie », dans *Proceedings of the Second Chamber*, TK 1977, 14649, n° 1-2; Vonhoff Commission, *Rapport van de Commissie Hoofdstructuur Rijksdienst: Elk kent de laan die derwaart gaat*, La Haye, Ministère de l'Intérieur, 1980; Regeringscommissaris Reorganisatie Rijkdienst, *Jaarbericht 1983*, La Haye, Staatsuitgeverij, 1983.

[149] Regeringscommissaris Reorganisatie Rijkdienst, *Jaarbericht 1983*, La Haye, Staatsuitgeverij, 1983.

[150] van der Meer, F. et J. Raadschelders, *op. cit.*, p. 205.

également d'organismes administratifs autonomes (*Zelfstandige Bestuur-organen* – ZBO) qui remplissent des missions de services publics en étant autonomes vis-à-vis du pouvoir central[151]. Les statuts et les modes de financement de ces organismes ne sont pas homogènes. Le trait commun réside dans l'absence de contrôle ministériel qui pose la question du contrôle politique de leurs activités. C'est dans cette perspective, qu'à partir de 1996, des lignes directrices sont discutées. Elles alimentent le projet de loi sur les organismes administratifs autonomes déposé au Parlement en septembre 2000 qui prévoit la remise d'un rapport d'activités, la notification d'un budget au ministre et la possibilité d'annuler ou de modifier une décision. Ainsi, cette prise de position de

> la classe politique néerlandaise de modifier la législation dans le sens d'une prise de contrôle accrue par le pouvoir politico-administratif ministériel « classique » sur des entités publiques traditionnellement autonomes illustre que la « modernité » administrative n'est pas caractérisée de façon unilatérale et homogène dans tous les pays et tous les secteurs par une tendance à l'autonomisation croissante des structures publiques, comme la mode généralisée des thématiques du *New Public Management* tend un peu vite à le faire croire.[152]

Cet exemple ne doit pas occulter le processus de création d'agences initié aux Pays-Bas à partir de 1994. Ce mouvement vise à réduire la taille des administrations centrales et surtout à opérer une distinction entre les tâches d'élaboration et conception des politiques de celles de mise en œuvre. Ce processus transforme les modalités de gestion publique sans pour autant en accroître l'autonomie, étant donné que les agences demeurent sous l'autorité gouvernementale. Il n'y a donc pas de déresponsabilisation politique à l'égard des missions remplies par les agences.

En *Suisse*, la Constitution de 1848 précise que l'administration se structure en sept départements. Cette disposition constitutionnelle limite les réorganisations structurelles de l'appareil d'État en dépit de l'évolution des compétences. Depuis 1979, les ministères sont supervisés par un Secrétaire Général qui est « le plus proche collaborateur du ministre »[153]. Chaque département est subdivisé en offices dont l'évolution quantitative reflète la croissance et la complexification de la sphère d'action publique puisque la moitié d'entre eux sont créés après la Seconde Guerre mondiale. La majorité des soixante-dix offices emploie environ

---

[151] À titre d'exemples, mentionnons l'agence nationale pour l'emploi, la Banque centrale, la Bibliothèque royale, l'Office des forêts et la Commission centrale des statistiques.

[152] Eymeri, J.-M., *op. cit.*, pp. 94-95.

[153] Germann, R., *op. cit.*, p. 37.

une centaine de fonctionnaires. À ceci il convient d'ajouter que le statut de fonctionnaire vient d'être récemment abandonné par décision référendaire et que l'administration fédérale n'emploie pas un nombre élevé de fonctionnaires puisqu'elle compte environ cent quarante mille agents dont près de la moitié est engagée au sein du seul département militaire[154].

La Suisse, tout comme les Pays-Bas, se caractérise également par une autonomisation marquée de l'administration fédérale. Cependant, elle se différencie de la situation hollandaise par l'absence de procédure centralisée en termes d'évaluation. À l'exception bien sûr de la récente clause générale d'évaluation contenue dans l'article 170 de la Constitution dont les modalités de mise en œuvre sont en train d'être définies. Ainsi, chaque département détermine le chemin qu'il va emprunter pour réaliser ses évaluations. Un élément utile à signaler est le fait que la mise en œuvre des lois fédérales est, dans de nombreux domaines[155], confiée aux cantons (fédéralisme d'exécution).

En raison des particularités concernant les relations entre le Parlement et le Gouvernement, sur lesquelles nous nous sommes déjà attardé, les observateurs suisses considèrent que l'administration fédérale bénéficie d'un pouvoir grandissant. Cette situation s'explique par le fait que les hauts fonctionnaires sont les intermédiaires privilégiés des décideurs puisqu'ils préparent les projets de lois pour les ministres et que le Parlement dépend largement des informations que lui transmet l'administration fédérale[156].

Les hauts fonctionnaires suisses bénéficient d'une certaine influence dans le processus de décision en raison de la surcharge de travail des ministres fédéraux[157]. Même si les procédures sont moins formalisées qu'aux Pays-Bas, une étude d'André-Noël Roth met en évidence l'existence

> d'affinités d'habitus entre représentants administratifs et organisations d'intérêts [qui] facilitent l'interpénétration mutuelle des intérêts en vue de la définition de la politique légitime régissant le domaine.[158]

---

154 Roth, A.-N., « Les hauts fonctionnaires fédéraux en Suisse : profil socio-politique, pouvoir et recrutement », *RFAP*, 1994, n° 71, p. 537.

155 Sur 158 domaines de compétence fédérale, 62 % prévoient une compétence cantonale d'exécution. Pfeiffer, K. et L. Weber, « Le fédéralisme suisse à l'épreuve du temps : un modèle pour l'Europe ? », *PMP*, 1991, vol. 9, n° 2, p. 105.

156 Kriesi, H., *op. cit.*, p. 205-206.

157 Roth, A.-N., *op. cit.*, p. 2.

158 Roth, A.-N., *op. cit.*, p. 132.

Ces collaborations informelles sont développées aux niveaux fédéral et cantonal.

En *France*, l'élément déterminant de l'administration est son organisation en corps et son mode de formation. La majorité des hauts fonctionnaires français sont diplômés de l'École nationale d'Administration (ENA)[159]. La formation dispensée dans cette école est générale (histoire politique, droit public, sciences économiques, relations internationales, etc.) et, de l'avis même des anciens élèves, faiblement professionnalisée, c'est-à-dire peu orientée vers les techniques les plus récentes de la GRH, du management d'équipe, de la conduite de projets, ou de l'analyse financière et comptable[160]. Ceci explique sans doute pourquoi les hauts fonctionnaires français apparaissent comme particulièrement frileux à l'égard de nouvelles pratiques de management public.

Ceci induit également un attentisme à l'égard des nouvelles pratiques qui, paradoxalement, conduit à un « phagocytage » des nouveaux dispositifs mis en place. En effet, rétifs à l'introduction de nouvelles techniques, les hauts fonctionnaires et, plus généralement, les grands corps ne peuvent pas se permettre d'être non impliqués quand apparaît une innovation. Lorsque le premier dispositif d'évaluation interministériel voit le jour, les grands corps s'activent voire luttent pour y être associés. Ils ne sont pas nécessairement convaincus de la pertinence de la démarche mais ne veulent pas « rater le train » d'autant plus qu'au départ, nul ne sait quelle sera sa destination. Très rapidement, le premier dispositif montre des signes de faiblesse. Ainsi, lors de la réactivation du second dispositif institutionnel, les enjeux ne sont plus les mêmes et les grands corps se sont rendus compte des limites de l'exercice évaluatif. En conséquence, ils se désinvestissent de cette pratique et en condamnent le développement puisque l'évaluation ne jouira plus du prestige de ces partenaires peu concernés et ne profitera plus des relais nécessaires auprès des ministères tant lors de l'élaboration de projets évaluatifs que de la reprise et de l'appropriation des résultats finaux.

Comme nous venons de le voir, l'administration française est structurée en corps[161] dont les membres demeurent à la disposition de l'autorité hiérarchique qui décide d'affectations, parfois de longues périodes,

---

[159] Une présentation détaillée de l'influence de l'ENA sur la socialisation des hauts fonctionnaires français est fournie par Eymeri, J.-M., *La fabrique des énarques*, Paris, Économica, 2001. Une description plus anthropologique de cette école est rédigée par Bellier, I., *L'ENA comme si vous y étiez*, Paris, Seuil, 1993.

[160] Eymeri, J.-M., *Pouvoir politique et haute administration. Une comparaison européenne*, Maastricht, EIPA, 2001, p. 22.

[161] Kessler, M.-C., *Les grands corps de l'État*, Paris, Presses de Sciences Po, 1986. Kessler, M.-C., *Les grands corps de l'État*, Paris, PUF, Que sais-je ?, 1994.

dans d'autres administrations[162]. Certains corps plus prestigieux que les autres (Conseil d'État, Inspection des finances et Cour des comptes) constituent le cœur de la haute fonction publique et sont considérés comme « l'élite de l'élite »[163]. Ainsi, les corps développent des stratégies afin de placer l'un des leurs au sein des lieux sinon de pouvoir au moins d'influence[164].

Par exemple, au sein du ministère de l'Économie et des Finances, la direction du budget fait office, en raison de ses effectifs limités (deux cent quarante agents), de

> petit commando [...] où la hiérarchie est courte, directe et opérationnelle, une administration avec une très forte interconnaissance qui renforce la grande continuité culturelle des énarques budgétaires et une administration où l'on est toujours proche de la décision politique.[165]

C'est à cet « étage avec deux couloirs » qu'incombe un champ d'action très large puisqu'il « surplombe l'ensemble de l'appareil d'État »[166]. En effet, la direction du budget est omniprésente étant donné qu'elle intervient sur tous les sujets ayant une incidence financière.

Depuis 1999, les centres d'intérêts de la direction du budget se concentrent principalement autour du contrôle de gestion. En partenariat avec la Direction générale de la comptabilité publique et la Délégation interministérielle à la Réforme de l'État, elle consacre son énergie à l'élaboration et la mise en œuvre d'une stratégie à moyen terme au développement de cet outil de pilotage de l'action publique. Ceci passe par la construction d'une doctrine commune sur le contrôle de gestion et de sa diffusion[167], la création et la dynamisation permanente d'un réseau

---

[162] Eymeri, J.-M., *op. cit.*, p. 12.

[163] Il s'agit du Conseil d'État, de la Cour des comptes, de l'Inspection des finances, des ingénieurs des Mines et des ingénieurs des Ponts et Chaussées. Suleiman, E., « Les élites de l'administration et de la politique dans la France de la Ve République : homogénéité, puissance, permanence » dans Suleiman, E. et H. Mendras (dir.), *Le recrutement des élites en Europe*, Paris, La Découverte, 1995, p. 34.

[164] Dreyfus, F., *L'invention de la bureaucratie : servir l'État en France, en Grande-Bretagne et aux États-Unis (XVIIIe-XXe siècle)*, Paris, La Découverte, 2000, p. 234.

[165] Sine, A., « L'ordre des budgétaires, organisation et culture de la direction du Budget », communication présentée lors du VIIe congrès de l'AFSP, Lille, 18 au 21 septembre 2002, p. 3.

[166] Sine, A., *op. cit.*, pp. 3-4.

[167] À travers la rédaction d'un guide d'auto-évaluation du contrôle de gestion et de l'organisation d'une journée de dialogue entre praticiens et universitaires. www.minefi.gouv.fr/minefi/publique/budget_etat [consulté le 12 septembre 2002].

de professionnels de haut niveau[168]. Ceci n'est pas sans nous rappeler les balbutiements de l'évaluation des politiques publiques.

En l'absence d'ENA, la *Belgique* voit

> les sommets de son État colonisés par les élites issues de ses mondes sociologiques, en même temps que ses appareils l'étaient par les organisations syndicales qui en sont également issues.[169]

D'une manière générale, l'administration se caractérise par une

> strict division of labour between civil servants and politicians, a strong hierarchy, a clear compartmentalization of ministries and services, long careers based both on seniority and, paradoxically, partisan patronage, a very technocratic culture, and a surprising degree of alienation from politics and political actors.[170]

À la suite d'une étude empirique des relations politico-administratives au niveau fédéral, Christian de Visscher constate que la haute fonction publique est fragmentée, peu élitiste et qu'elle ne développe pas un esprit de corps par lequel ses membres défendraient ses intérêts. Dans cette situation, le Secrétaire Général apparaît comme un « gestionnaire proactif qui se consacre au pilotage stratégique de son organisation »[171]. Cependant, un certain nombre d'auteurs s'accordent à reconnaître que les hauts fonctionnaires disposent de capacités de production de savoirs experts limités. Cette situation induit une double conséquence. D'une part, les réflexions stratégiques sont initiées au départ des bureaux d'étude des partis et d'autre part, les travaux standardisés des organisations internationales constituent la source principale d'informations des hauts fonctionnaires qui tentent d'en reproduire les méthodes[172].

Il n'existe pas de procédure de coordination permettant de surmonter la fragmentation, même si, durant les années 1980, les hauts fonctionnaires belges se regroupent au sein d'un collège des secrétaires généraux. Ce conseil édicte des avis sur les questions administratives à caractère général qu'il transmet au ministre en charge de la Fonction publique[173].

---

168 Viala, J.-J., « Le développement du contrôle de gestion dans les administrations de l'État », *La lettre du management public*, 2002, n° 40, pp. 2-3.

169 Seiler, D.-L., « Un système consociatif exemplaire : la Belgique », *RIPC*, 1997, vol. 4, n° 3, p. 614.

170 Dierickx, G., « Senior Civil Servants and Bureaucratic Change in Belgium », *Governance*, 2003, vol. 16, n° 3, pp. 324-325.

171 de Visscher, C., « La relation entre autorité politique et haute fonction publique suite au plan Copernic », *Les cahiers des sciences administratives*, 2003, n° 2, p. 61.

172 Dierickx, G., *op. cit.*, pp. 336-341.

173 Il est rare qu'un ministre ne soit en charge que du seul portefeuille de la Fonction publique.

Cet organe de coordination informel[174] n'est que faiblement sensibilisé aux questions évaluatives. D'ailleurs, l'exemple du Secrétaire Général du ministère de l'Emploi et du Travail suscite des réactions plutôt empreintes de curiosité en raison du caractère frondeur de la manœuvre que d'un réel enthousiasme à l'égard de l'exercice réalisé.

Les relations politico-administratives sont étroitement imbriquées. Certains considèrent d'ailleurs qu'une « séparation entre ces deux univers, tenue pour évidente par une grande partie de la doctrine classique, ne correspond pas aux faits et est impraticable »[175]. C'est ainsi que la subordination de l'administration au pouvoir politique conduit en Belgique à son « asservissement ». À ce sujet, certains hommes politiques considèrent que l'inverse est également possible et que des dossiers font l'objet d'une obstruction de la part de l'administration[176]. Dans cette situation, l'attitude qu'adopte le ministre est de s'appuyer sur son cabinet et, éventuellement, sur un certain nombre d'experts pour contourner les résistances internes de l'administration. En Belgique, le cabinet ministériel remplit de multiples fonctions[177]. Plus qu'un simple pont[178] entre l'administration et le politique,

> il assume le secrétariat personnel du ministre, il soutient le ministre dans sa politique, ce qui le place en concurrence avec l'administration, il est un médiateur entre les groupes d'intérêts, enfin, il joue aussi un rôle important dans les services du ministre envers les citoyens.[179]

Dans les deux cas, le lien politico-administratif particulièrement étroit est influencé par le fait que l'administration est largement politisée. D'ailleurs, « le souci de dépolitiser l'administration est pratiquement aussi vieux que celle-ci »[180]. Depuis les années 1960, il existe des procédures de répartition des postes au sein de la haute fonction publique qui centralisent la répartition des charges entre les mains des partis

---

[174] Ces responsabilités sont élargies et officialisées en 1993.

[175] Stenmans, A., *La transformation de la fonction administrative en Belgique. Administration publique et société*, Bruxelles, CRISP, 1999, p. 83.

[176] Stenmans, A., *op. cit.*, p. 45.

[177] Suetens, M. et S. Walgrave, « Belgian Politics without Ministerial Cabinets? On the Possibilities and Limitations of a New Political Culture », *Acta Politica*, 2001, vol. 36, n° 2, pp. 180-205. Sur ce sujet, voir : Wilwerth, C. *et al.*, *Les cabinets ministériels et autres : statuts, rôles et pouvoirs*, Bruxelles, Bruylant, 2001.

[178] Pelgrims, C., « Ministeriële kabinetten als flexibele brug tussen politiek en administratie. Een onderzoek naar de instroom in de ministeriële kabinetten », *Res Publica*, 2002, vol. 44, n° 4, pp. 627-650.

[179] Hondeghem, A., « La politisation de l'administration en Belgique : vers une nouvelle culture ? », *RFAP*, 1998, n° 86, p. 259.

[180] Daurmont, O., « Introduction », *Pyramides*, 2001, n° 3, p. 12.

de la coalition. Chaque parti dispose, en fonction de sa représentativité, d'un certain nombre de crédits qu'il échange en fonction d'une grille d'attribution selon laquelle un Secrétaire Général vaut cinq points, un directeur général trois points et ainsi de suite[181].

En étudiant les relations politico-administratives, Christian de Visscher et Gauthier le Bussy considèrent que la politisation engendre la marginalisation des hauts fonctionnaires dans le processus de décision. Cette carence en termes d'influence relègue, dans la plupart des cas, l'administration à un rôle de simple exécutant[182]. À l'inverse des situations française, suisse et hollandaise,

> la haute administration belge n'est guère associée au processus de prise de décision politique, en partie parce que les ministres ont des idées assez rudimentaires sur le rôle des hauts fonctionnaires, en partie parce que ces derniers restent eux-mêmes attachés au modèle bureaucratique traditionnel et ont de l'aversion pour la politique.[183]

À de rares exceptions près, l'administration belge évite de s'interroger sur l'efficacité de son action et, étant donné que les contrôles de l'opportunité suivent la voie hiérarchique jusqu'au ministre en fin de course, il est rare de voir se développer des pratiques autoréflexives. De plus, alors que la Belgique se caractérise par « les "sommets", les "conclaves", les pactes, les accords et autres tables rondes »[184], il n'en est rien de l'évaluation qui est, pour une large part, monopolisée par l'administration.

2. Le système d'associations d'intérêts

Dans la plupart des États occidentaux, la conduite de l'action publique connaît de multiples évolutions[185] qui font dire à certains que nous sommes entrés dans l'ère de la démocratie fonctionnelle qui vise à

> organiser le rapport social sans injonctions autoritaires […] [et à] faire surgir les normes par le bas sans le détour d'un pouvoir situé au dessus de la société.[186]

---

181 Dierickx, G., *op. cit.*, p. 332.

182 de Visscher, C. et G. Le Bussy, « La politisation de la fonction publique : quelques réflexions d'ordre comparatif », *Pyramides*, 2001, n° 3, p. 70.

183 Stenmans, A., *op. cit.*, pp. 105-106.

184 Seiler, D.-L., *op. cit.*, p. 616.

185 Jobert, B. et P. Muller, *L'État en action : politiques publiques et corporatismes*, Paris, PUF, 1987.

186 Thuot, J.-F., *La fin de la représentation et les formes contemporaines de la démocratie*, Montréal, Éd. Nota Bene, 1998.

C'est principalement l'amenuisement de l'unilatéralité[187] et le fait que les décideurs privilégient l'accord et le contrat à la contrainte qui nous intéressent dans cette section. Ceci se matérialise, entre autre, par l'association d'acteurs représentatifs de la société au cours de la phase d'élaboration des politiques, étant donné que les groupes cibles peuvent ensuite entraver, voire empêcher, la mise en œuvre de ces politiques. Nous sommes donc les témoins d'un changement de paradigme où nous assistons à un « glissement de l'État tuteur vers un État partenaire »[188].

2.1. Consociativité

Étant donné que trois des quatre pays que nous étudions sont présentés comme des exemples-types de démocraties consociatives, il est intéressant de s'attarder quelque peu sur cette notion et de chercher à savoir si cet élément intervient dans la configuration des dispositifs institutionnels d'évaluation.

Dans les années 1960, Arend Lijphart, théoricien à l'origine de cette notion, s'oppose aux théories pluralistes dominantes aux États-Unis selon lesquelles l'instabilité politique d'un État résulte de l'hétérogénéité ou de la fragmentation de la culture politique qui distingue différents modèles démocratiques. Le point de départ de ses travaux, en 1968, cherche à comprendre « le paradoxe hollandais », c'est-à-dire comment une société idéologiquement et socialement fragmentée est stable et repose sur une politique de conciliation et de compromis[189].

Ainsi, sur la base d'un certain nombre de variables, il distingue le modèle majoritaire du modèle consociatif. Le modèle majoritaire se caractérise par un gouvernement unitaire, un exécutif fort, un Parlement unicaméral et une bipolarisation de l'échiquier politique. Dans ce modèle, les partis d'opposition bénéficient de très peu de ressources, d'influence et de pouvoir. Ils sont donc cantonnés dans un rôle d'opposition à l'action gouvernementale. Dans ce cas, l'évaluation peut être un moyen d'alimenter leurs critiques.

---

[187] Genard, J.-L. et S. Jacob, « Dispositifs et modalités de rupture de l'unilatéralité administrative en Belgique », *Éthique publique. Revue internationale d'éthique sociétale et gouvernementale*, 2002, vol. 4, n° 1, pp. 119-126.

[188] Duran, P., « Les difficultés de la négociation institutionnalisée, le parc national des Pyrénées occidentales ou la coopération contrariée » dans Knoepfel, P. (dir.), *Solution de conflits environnementaux par la négociation*, Bâle, Helbing et Lichtenhan, 1995, p. 127.

[189] Lijphart, A., *The Politics of Accommodation. Pluralism and Democracy in the Netherlands*, Berkeley - Los Angeles, University of California Press, 1968.

Les démocraties consociatives se caractérisent par des clivages culturels profonds à portée politique. Au fil de ses recherches[190], Arend Lijphart définit les caractéristiques d'une démocratie consensuelle. Parmi celles-ci se trouvent l'existence de larges coalitions gouvernementales, la séparation des pouvoirs, le bicaméralisme et la représentation des minorités, la multipolarité, l'entrecroisement des clivages, le fédéralisme et la décentralisation, l'autonomie des différents groupes composant la société, le droit de veto mutuel sur les décisions et la proportionnalité dans la représentation[191].

Parmi les démocraties consociatives, la Belgique et les Pays-Bas sont traversés par des piliers. De son côté, la Suisse est structurée autour de quelques clivages (religieux et linguistique)[192] et où, en raison de procédures de démocratie directe, « la vie politique est véritablement déterminée par [ces] institutions »[193].

Les piliers hollandais n'apparaissent pas en une seule fois mais se constituent sur plusieurs générations entre la fin du XIXe siècle et la Seconde Guerre mondiale. Des milliers d'associations tissent une toile économique et sociale très large de sorte que « the pillars became more and more elaborate over time, increasing the extent to wich people lived in a strictly pillarized subculture »[194].

Cependant, la pilarisation ne se réduit pas à l'adhésion à un certain nombre d'associations. C'est un état d'esprit, résumé dans la formule *levenbeschouwing*, par lequel sont interprétés les intérêts d'un individu. C'est pour cette raison que certains estiment que

> the essence of consensus democracy in the Netherlands, though, does not lie in the country's governmental institutions. Rather, consensus democracy in the Netherlands is most purely expressed through a policy process rooted in consultation with the leaders of political, economic, and social organizations.[195]

[190] L'évolution des éléments retenus par A. Lijphart entre 1977 et 1999 est présentée par Knappskog, T., « Consociationalism: Theoretical Development Illustrated by the Case of Belgium », *Res Publica*, 2001, vol. 43, n° 4, p. 535.

[191] Knusel, R., *op. cit.*, p. 79.

[192] Pour une étude sur l'influence politique de ces clivages voir Trechsel, A., « Clivages en Suisse. Analyse des impacts relatifs des clivages sur l'électorat suisse lors des élections fédérales », *Études et recherches*, Genève, 1995, n° 31.

[193] Kriesi, H., *op. cit.*, p. 80. Les institutions de démocraties directes sont les référendums facultatifs ou obligatoires et la faculté d'initiative populaire.

[194] Rochon, T., *op. cit.*, p. 33.

[195] Rochon, T., *op. cit.*, p. 157.

La société est divisée – sur une base religieuse (catholiques et protestants) et de classe (socialistes et libéraux) – en quatre piliers (*zuilen*) qui structurent la vie sociale de la population par l'intermédiaire d'associations (par exemple : les syndicats ou les organisations philanthropiques) ou de moyens de communication tels que la presse ou la radio. À la fin du XIXe siècle, ces blocs s'affrontent sur les questions relatives à l'éducation, au droit de vote et aux conventions collectives. C'est en 1917 qu'est initiée une politique de conciliation suite à l'adoption de « l'accord pacifique », c'est-à-dire l'instauration d'une négociation entre les dirigeants des différents piliers[196]. L'institutionnalisation de cet accord se matérialise par la mise sur pied d'instances officielles et permanentes de négociation. Selon Arend Lijphart, ce processus de conciliation repose également sur des règles officieuses telles que la proportionnalité de la répartition des ressources aux piliers, la dépolitisation des enjeux en recourant à des principes économiques et constitutionnels pour élaborer une solution et le droit du Gouvernement de travailler sans « être harcelé par les partis au sein du Parlement »[197].

La pilarisation de la société qui est observée en Belgique et aux Pays-Bas tend à réduire le degré d'ouverture des dispositifs institutionnels d'évaluation des politiques publiques aux représentants officiels de la société. Même si de nombreux politologues constatent depuis quelques années un recul de ce phénomène de pilarisation dans ces deux pays, force est de constater que le degré d'ouverture reste faible dans le cas de la Belgique mais également aux Pays-Bas où le passage du premier dispositif vers le second ne donne pas lieu à un élargissement substantiel des partenaires associés aux travaux évaluatifs.

2.2. *Corporatisme*

Au-delà de la théorie consociative, il nous semble intéressant de prendre en considération le point de vue (néo-)corporatiste afin d'intégrer la France à notre comparaison mais également de regarder plus en détail la structuration du système d'associations d'intérêts et son influence. Toutefois, à ce sujet, certains considèrent qu'une application étroite des concepts induit le risque

> d'appliquer le label néo-corporatiste à des modèles de consultation et de concertation et de préjuger du fond à partir des formes. La France, pour ne prendre que cet exemple, est généralement perçue comme n'entrant guère

[196] Pennings, P., « Les Pays-Bas : déclin partiel de la démocratie consociative ? », *RIPC*, 1997, vol. 4, n° 3, pp. 562-565.

[197] Pennings, P., *op. cit.*, p. 566.

dans le modèle néo-corporatiste alors même que les institutions de rencontre et de collaboration État/partenaires sociaux prolifèrent.[198]

Il existe plusieurs définitions de la notion de néo-corporatisme qui apparaît comme un mode de production économique distinct du capitalisme et du socialisme pour Jack Winkler[199], comme un mode d'élaboration et de mise en œuvre des politiques publiques pour Gerhard Lehmbruch[200], comme une nouvelle forme d'État différente de la démocratie libérale et du fascisme pour Bob Jessop[201], comme un système de régulation des conflits entre l'État, les syndicats et le patronat pour Colin Crouch[202], comme un système de représentation des intérêts pour Philip Schmitter[203]. Cette dernière conception, certes plus générale, nous convient dans le sens où elle s'inscrit dans les explications du degré d'ouverture d'un dispositif.

Les théoriciens du néo-corporatisme dépassent l'individualisme méthodologique du modèle pluraliste en recourant à une approche organisationnelle des groupes d'intérêts dans leurs relations avec l'État. La structuration des intérêts n'est pas déterminée une fois pour toute mais résulte d'un processus dynamique. Dans ce modèle, l'État n'est pas un acteur parmi d'autres mais l'organisateur des arrangements. L'État accroît la légitimité de ses actions tandis que les groupes obtiennent un « monopole de la représentation »[204].

Comme nous l'avons dit, la structuration de la société hollandaise est fortement pilarisée et encourage les procédures de consultation, de négociation et de concertation. Cette combinaison influence l'élaboration et la mise en œuvre des politiques publiques[205]. Selon Steven Wolinetz qui

---

[198] Meny, Y., « La légitimation des groupes d'intérêts par l'administration française », *RFAP*, 1986, n° 39, pp. 484-485.

[199] Winkler, J.T., « Corporatism », *European Journal of Sociology*, 1976, vol. 17, n° 1, pp. 100-136.

[200] G. Lehmbruch, « Consociational Democracy: Class Conflict and the New Corporatism » dans Schmitter P. et G. Lehmbruch, *Trends Toward Corporatist Intermediation*, Londres, Sage, 1979, pp. 53-61.

[201] Jessop, B., « Corporatism, Parliamentarism and Social Democracy » dans Schmitter P. et G. Lehmbruch, *op. cit.*, pp. 285-312.

[202] Crouch, C., *The Politics of Industrial Relations*, Londres, Fontana, 1979.

[203] Schmitter, P., « Still the Century of Corporatism » dans Schmitter, P. et G. Lehmbruch, *op. cit.*, pp. 7-51.

[204] Arcq, É. et B. Marques-Pereira, « Néo-corporatisme et concertation sociale en Belgique », *PMP*, 1991, vol. 9, n° 3, pp. 160-161.

[205] Cette influence s'avère parfois prépondérante : « Special interest groups co-operating across sub-cultural lines jointly represented powerful political and social forces. Successive governments found it profitable to share with such interests in the elaboration

étudie les formes de coopération entre le patronat, les syndicats et le Gouvernement, celles-ci se sont renforcées dans l'immédiat après-guerre tout en favorisant l'autonomisation voire l'indépendance des différents acteurs impliqués[206]. À la même époque, les Pays-Bas créent, pour une courte période, un ministère des Organisations corporatistes. S'ensuit la création en 1950 d'un Conseil économique et social (*Socio-Economische Raad* – SER) qui constitue l'exemple le plus illustratif du néo-corporatisme hollandais puisque le patronat, les syndicats et des membres nommés par le Gouvernement (*Crown members*) (par exemple : le gouverneur de la banque nationale, le directeur du Bureau central du Plan, des professeurs d'université[207]) disposent chacun de quinze sièges dans cette organe consultatif[208]. Durant les années 1950 et 1960, ce conseil joue un rôle important dans l'élaboration des politiques socio-économiques. Un avis de ce conseil pouvait être difficilement ignoré par le Gouvernement. Certains estiment qu'une variable culturelle présentée sous le vocable de « family-feeling » explique la nature corporatiste de la politique hollandaise. D'ailleurs, un ancien ministre des Affaires économiques et des Finances, Jelle Zijlstra, estime que le SER se maintiendra

> as long as they are not shooting. That is not because Holland is Holland, but because Holland is a small country. It is such a terribly small country. You forget this when you are living abroad, but we are just like a village. You meet each other at the village pump each evening, and you talk.[209]

Cependant, la multiplication des conflits opposant syndicats et patronat empêche la formulation d'avis unanime et affaiblit l'influence de ce conseil[210]. Au-delà de cet exemple, c'est l'ensemble du modèle de partenariat qui s'effrite à partir des années 1970. À partir des années 1980, le SER voit son influence s'éroder. Ceci se concrétise dans l'abolition de l'obligation de consultation du SER en 1995[211].

---

of new policies, and often to leave them a substantial share of practical execution and daily administration ». Daalder, H. et G. Irwin (eds.), *op. cit.*, p. 15.

206 Wolinetz, S., « Socio-economic Bargaining in the Netherlands: Redefining the Post-war Policy Coalition » dans Daalder, H. et G. Irwin (eds.), *op. cit.*, pp. 79-98.

207 Wolinetz, S., *op. cit.*, p. 96.

208 Andeweg, R. et G. Irwin, *op. cit.*, p. 167.

209 Andeweg, R. et G. Irwin, *op. cit.*, p. 171.

210 Andeweg, R., « Institutional Conservatism in the Netherlands: Proposals for and Resistance to Change » dans Daalder, H. et G. Irwin (eds.), *op. cit.*, p. 46.

211 Rochon, T., *op. cit.*, p. 172.

Le corporatisme hollandais repose également sur les Commissions consultatives externes qui sont impliquées dans le processus politique[212]. La comitologie y est considérablement développée à un point tel que

> politicians never take the reforms into their own hands, but they set up a Commission to study and recommend institutional improvements. Once the Commission publishes its proposals, the original impetus for reform has been lost, or politicians realise that the reforms do not really solve their problems.[213]

Il est intéressant de constater que la crise économique des années 1970 n'a pas induit une diminution du recours à ce mode collectif de gestion publique en raison d'une réduction du « gâteau » à répartir. Le nombre d'organes de consultation n'a cessé de croître que durant le premier Gouvernement dirigé par Ruud Lubbers (1982-1986) qui décide délibérément d'ignorer les partenaires sociaux dans l'élaboration et la mise en œuvre de son programme d'austérité. Toutefois, dès 1989, la déclaration gouvernementale du Gouvernement Lubbers III précise explicitement que

> the social partners will be given more say over and will be closely involved, also financially, in important parts of socio-economic policy making.[214]

Une des conséquences de ce néo-corporatisme est une sectorialisation avancée des groupes d'intérêts qui se spécialisent dans la défense d'enjeux pointus en ayant moins qu'avant une vision globale des avancées souhaitables pour la société dans son ensemble.

La situation des Pays-Bas évolue considérablement depuis une décennie. Les groupes d'intérêts participent de moins en moins à l'élaboration des politiques publiques. Ce phénomène s'explique d'une part en raison d'un mouvement de dépilarisation de la société et d'autre part parce que la population hollandaise est moins favorable à la participation qui est considérée « davantage comme une procédure que comme une interaction »[215]. D'ailleurs, selon une étude réalisée en 1990-1991, 44,6 % des politiciens et gestionnaires publics locaux considèrent que la participation crée des conflits indésirables[216].

---

212 van Delden, A., « Externe adviesorganen van de centrale overheid » dans Andeweg, R., Hoogerwerf, A. et J.-J. Thomassen (eds.), *Politiek in Nederland*, Alphen aan des Rijn, Samsom, p. 155.

213 Andeweg, R., *op. cit.*, p. 57.

214 Andeweg, R. et G. Irwin, *op. cit.*, p. 175.

215 de Vries, M., « La gestion de la participation publique dans le processus politique : l'exemple des Pays-Bas », *RISA*, 1997, vol. 63, n° 2, p. 163.

216 de Vries, M., *op. cit.*, p. 167.

La Belgique se caractérise également par un environnement néo-corporatiste où chacun cherche à asseoir durablement ses positions dans des dispositifs administratifs ou à leur périphérie. Ceci conduit à une prolifération institutionnelle assez impressionnante pour un observateur extérieur. En réalité, l'État cherche le plus souvent à s'adresser à des « représentants fiables », ce qui conduit généralement à un processus encadré politiquement qui induit

> une sur-représentation d'associations périphériques aux partis politiques (un des effets de la pilarisation) ; une sur-représentation de représentants ou d'experts étiquetés politiquement [...] Ce que la situation belge ajoute au modèle général [...], c'est donc une cooptation, un cadenassage de la représentation.[217]

La clé de voûte du modèle social belge, dans lequel l'État joue un rôle secondaire voire subsidiaire, est le paritarisme. Cette situation repose sur le postulat d'une reconnaissance des interlocuteurs sociaux (patronat et syndicats) qui négocient directement des conventions sectorielles[218] et qui gèrent paritairement la sécurité sociale.

À ces procédures de négociations collectives s'ajoute une évolution récente de la gestion politique belge selon laquelle il est régulièrement fait appel à des commissions d'avis ou à des conseils consultatifs afin de tâter le pouls de la population avant de prendre une décision qui de la sorte bénéficierait d'une plus grande légitimité[219].

En Suisse, le poids des syndicats dans les processus d'élaboration des politiques publiques est moins important qu'il ne peut l'être dans les autres pays en raison « de leur structure fort fragmentée et [de] leur taux d'organisation relativement médiocre »[220]. Par contre, de nombreuses associations d'intérêts prennent part au processus politique. Ceci s'explique en grande partie par la possibilité d'initiative populaire que ces groupes peuvent actionner lorsque des points de vue qu'ils estiment fondamentaux ne sont pas pris en compte par les décideurs. En raison de cette épée de Damoclès que font pendre les associations à l'égard des différents projets, leur consultation contribue à une maîtrise de l'incertitude dans le chef des décideurs[221]. De plus, ces associations jouent également un rôle actif durant la phase de mise en œuvre des politiques en

---

217 Genard, J.-L., « À propos d'une sociologie de l'État », communication inédite.

218 Alaluf, M., « Le modèle social belge » dans Delwit, P., J.-M. De Waele et P. Magnette (dir.), *Gouverner la Belgique. Clivages et compromis dans une société complexe*, Paris, PUF, 1999, p. 232.

219 Éraly, A., *op. cit.*, p. 153.

220 Kriesi, H., *op. cit.*, p. 235.

221 Papadopoulos, Y., *op. cit.*, p. 81.

raison de leur insertion dans l'administration para-étatique, c'est-à-dire des réseaux de collaboration entre l'administration fédérale et les associations d'intérêts qui prennent la forme de procédures de consultation, de coopération et parfois même de délégation où les acteurs privés se substituent à l'État dans la gestion de tâches publiques.

Certaines associations, parmi lesquelles figure l'association des banques suisses, disposent d'une véritable capacité d'influence politique leur permettant, dans certains cas, d'infléchir la position gouvernementale[222]. D'une manière plus directe, les associations voient leurs intérêts défendus au Parlement en raison du fait que la plupart des secrétaires des grandes associations siègent dans une des deux assemblées[223].

Comme nous l'avons vu, l'administration suisse est habituée à bénéficier du concours d'experts externes par l'intermédiaire de commissions dites extra-parlementaires. Ce phénomène concerne l'ensemble de l'administration fédérale qui bénéficie de leur soutien dans des tâches d'élaboration législatives et réglementaires, dans les travaux de planification, dans des missions de surveillance ou de contrôle voire dans des fonctions de type judiciaire en première instance ou sur recours. Leur développement fait même dire à certains que ces organes d'assistance technique sur des problèmes complexes se sont transformés en « quasi-parlements des intérêts économiques »[224]. En matière d'évaluation, nous avons régulièrement été confronté à cette aversion de la privatisation de l'expertise ou tout simplement de son recours. Ce sujet mériterait à lui seul d'être l'objet de recherches approfondies. En ce qui concerne nos préoccupations, *cette mobilisation régulière d'une expertise externe explique le degré d'ouverture du dispositif suisse et plus particulièrement l'engagement des chercheurs lors de la phase initiale du développement de l'évaluation des politiques publiques au niveau fédéral.*

Le pays où la situation contraste le plus avec ce que nous venons de présenter est la France, même si, en ce qui concerne l'élaboration des politiques publiques, le Gouvernement peut s'appuyer sur un réseau élargi d'organes consultatifs, d'expertise qui participe plus ou moins formellement au processus de décision. Le Gouvernement français est celui qui sollicite le plus un savoir expert ponctuel à des personnalités

---

222 Par exemple, l'abandon d'une mesure visant à limiter l'augmentation du taux hypothécaire à la suite d'une campagne de presse.

223 Knapp, B., « Groupes de pression et administration en Suisse », *Annuaire européen d'administration publique*, 1992, vol. 15, p. 164.

224 Papadopoulos, Y., *op. cit.*, p. 73.

ou institutions reconnues à un point tel que certains parlent de « l'État au rapport »[225].

Il semble donc qu'*il existe une volonté politique de recourir à des dispositifs au sein desquels les opinions peuvent être présentées, discutées et même disputées. Dans ce cas, étant donné que ces instances satisfont cet objectif, il n'est pas nécessaire d'ouvrir les dispositifs institutionnels d'évaluation aux représentants de la société civile. L'évaluation peut donc se concentrer à un niveau plus technique au sein des ministères et auprès de spécialistes de la Cour des comptes.*

[225] Oberdorff, H., *op. cit.*, p. 42.

CHAPITRE VII

Les influences conjoncturelles et le jeu des acteurs

Après avoir présenté le terreau institutionnel dans lequel les dispositifs d'évaluation des politiques publiques cherchent à s'enraciner, nous souhaitons dans ce chapitre mettre l'accent sur le rôle que les acteurs jouent dans la construction et les aménagements de ces dispositifs. Dans cette optique, ce chapitre présente les éléments conjoncturels qui influencent le processus d'institutionnalisation. La combinaison de ces facteurs est nécessaire à l'initiation d'un mouvement en faveur de l'évaluation et de sa pérennisation. Dans ce cas, l'évaluation des politiques peut alimenter le réservoir des solutions à une situation perçue comme problématique, ou présentée comme telle par certains acteurs, à laquelle tente de répondre un entrepreneur politique. Dans cette perspective, nous tenons compte de l'action des acteurs qui interviennent dans des arènes ou lieux formels et informels, en étant conscient qu'il est nécessaire que des décideurs politico-administratifs s'approprient ces travaux pour en garantir la concrétisation. Ce chapitre trouve sa source dans l'affirmation selon laquelle « actors may consciously attempt to change the institutional architecture, and thus engage in institutional designing »[1].

Ce chapitre s'articule autour de trois sections. La première prend en compte l'influence de la situation politique et administrative (déficit public, confiance dans les institutions, etc.) sur les constructions institutionnelles. Dans ce cas, nous cherchons à identifier de quelle manière l'évaluation peut être présentée comme une solution à ces problèmes par certains acteurs qui se mobilisent plus ou moins ouvertement autour de cet enjeu. La deuxième met l'accent sur le paysage institutionnel dans lequel doit s'intégrer et évoluer le dispositif institutionnel ainsi que sur les tensions internes ou externes qui s'en suivent. En effet, l'intégration de l'évaluation dans un système politico-administratif donné ne suscite pas toujours l'enthousiasme de tous ses participants puisque l'évaluation

1 Timmermans A. et I. Bleiki, « Institutional Conditions for Policy Design: Types of Arenas and Rules of the Game », communication présentée lors de la *Joint Session* de l'ECPR (26-31 mars 1999), p. 10.

peut induire un déplacement des zones de pouvoir, ce qui, dans certains cas, suscite une certaine résistance. Pour cela, nous mettons l'accent sur les Cours des comptes et les conflits au sein des dispositifs interministériels en France. Le choix de la France s'explique principalement par le fait que nous avions conçu l'étude de ce cas en affinant la prise en compte du positionnement des différents acteurs dès qu'il nous est apparu que l'institutionnalisation s'y déroulait dans un cadre relativement conflictuel. Enfin, la dernière section s'intéresse aux influences exogènes et aux rôles que jouent les communautés épistémiques en ce qui concerne la diffusion de référentiels en termes de finalité ou d'ou–verture des dispositifs institutionnels.

1. Situation politique et administrative

Le point de départ de cette section réside dans les macro-hypothèses couramment énoncées dans la littérature relative à l'évaluation des politiques publiques qui prétend que l'évaluation se développe dans une période nécessitant une réduction des dépenses publiques ou une légitimation de l'action publique. Nous cherchons à en vérifier la validité et à déterminer les conséquences de ces facteurs sur les configurations institutionnelles.

1.1. L'état du service public

1.1.1. Les déficits publics

La figure suivante présente l'évolution du solde financier dans les quatre pays étudiés. Nous constatons que les situations sont fortement contrastées au début des années 1980 et qu'elles convergent à la fin des années 1990 en raison, probablement, de l'adoption du pacte européen de stabilité[2].

Au cours des années 1980, la Belgique est le pays qui connaît le déficit public le plus marqué. Elle est suivie par les Pays-Bas et la France. La Suisse par contre, demeure pratiquement en première position sur l'ensemble de la période. Elle rivalise avec les Pays-Bas au cours des années 1990 durant lesquelles le modèle hollandais (*poldersmodel*) représente une référence pour de nombreux économistes. À cette époque, le mouvement d'assainissement des finances publiques est généralisé à l'ensemble des pays européens en raison de l'application des critères de Maastricht qui constituent le principal guide d'action des décideurs européens qui entendent intégrer la zone euro.

---

[2] La situation suisse est différente puisqu'elle n'a pas signé le pacte de stabilité.

En examinant la figure suivante et en la confrontant aux réactions des pouvoirs publics, nous constatons que le déficit budgétaire n'est pas un problème pour tout le monde. À titre d'exemple, mentionnons la situation belge du début des années 1980 où le déficit élevé ne suscite pas de décisions sur les économies à réaliser ou les changements à apporter en ce qui concerne la gestion publique[3]. À la même époque, une situation moins alarmante conduit les Pays-Bas à débusquer les sources d'économies potentielles. Cet exemple illustre le fait que les mêmes causes ne produisent pas les mêmes effets et que la phase de construction d'un problème public demeure une des clefs d'interprétation de l'action.

Figure 8 : Évolution du solde financier en % du PIB nominal[4]

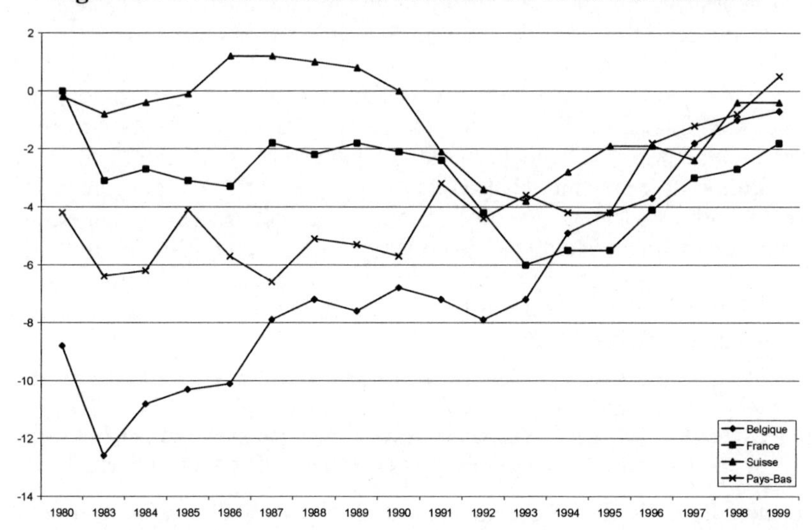

Ainsi, durant les années 1970, la plupart des économistes hollandais estiment qu'un déficit public évoluant autour de quatre ou cinq pourcents était tolérable[5]. C'est pour cette raison que, lorsque le déficit s'accroît de manière considérable, au début des années 1980, ils tirent la sonnette d'alarme et qu'ils pressent le Gouvernement de prendre des mesures appropriées. Celui-ci décide de réagir afin de juguler le déficit

---

[3] C'est en 1986 qu'est désigné un Secrétaire d'État chargé, auprès du Premier ministre, de la modernisation et de l'informatisation des services publics. Legrand, J.-J., *op. cit.*, pp. 177-178.

[4] OCDE, *Perspectives économiques de l'OCDE*, n° 67, juin 2000, p. 296.

[5] Andeweg, R. et G. Irwin, *op. cit.*, p. 209.

qui atteint un niveau perçu comme « intolérable ». Parmi les solutions préconisées et mises en place, figure la procédure de reconsidération, présumée par beaucoup comme la réglementation qui dessine les prémices de l'évaluation aux Pays-Bas.

En Suisse, la détérioration des finances publiques est jugée problématique dès le milieu des années 1970. Pour y faire face, le Parlement adopte, le 4 octobre 1974, une loi instituant des mesures destinées à améliorer les finances fédérales[6]. Parmi celles-ci, figure l'interdiction de l'augmentation des effectifs fédéraux pour une durée de trois ans. Cette mesure est régulièrement reconduite jusqu'à être définitivement ancrée dans une nouvelle loi en 1983. À la fin des années 1980, le Parlement s'interroge sur les effets de cette mesure. Les conclusions auxquelles il parvient affirment de façon sibylline que le plafonnement « a généralement eu des effets positifs, hormis les diverses insuffisances et difficultés qu'il a entraînées »[7]. Au-delà de cet exemple, il est intéressant de constater que les prémices évaluatives apparaissent dans un contexte où une attention particulière est portée sur l'assainissement des dépenses publiques sans que l'évaluation n'ait été présentée comme une source de résolution du problème. Dans cette optique, le Parlement suggère différentes mesures telles que l'adoption de la méthode de l'analyse de l'utilité des frais généraux développée par le consultant McKinsey ou le lancement du projet EFFI (*Effizienzsteigerung*) relatif à l'augmentation de l'efficacité dans l'administration. En raison de l'émergence d'une demande de plus en plus forte,

> plusieurs entreprises-conseils ayant travaillé auparavant pour le secteur privé se sont attaquées au marché des administrations publiques, en se familiarisant avec les spécificités de la gestion publique et en faisant des offres promotionnelles. Certains projets ont été entourés de grande publicité.[8]

Cette externalisation des compétences durant une période délicate jette les bases d'une diffusion des principes managériaux dont se nourrissent les débats plaidant en faveur de l'évaluation.

Le développement de l'évaluation en France émerge au début des années 1990. Il ne s'inscrit pas dans une situation où les déficits publics sont considérés comme le principal argument de la modernisation entamée par Michel Rocard. C'est sans doute pour cette raison que le premier dispositif français est relativement déconnecté de la procédure budgétaire puisque « les évaluations soit ignorent la question, soit se contentent de

---

[6] RS 611.010.

[7] Conseil fédéral, *Rapport sur les conséquences du blocage des effectifs dans l'administration* fédérale, Berne, 1988, p. 1.

[8] Germann, R., *op. cit.*, p. 196.

citer des données fournies notamment par la direction du budget [...] sans examiner leur validité et leur signification »[9]. D'ailleurs, les résultats d'évaluation sont très faiblement utilisés par le ministère des Finances et n'ont pratiquement aucune incidence sur les orientations budgétaires[10].

En conclusion, nous constatons que le déficit public ne représente pas à lui seul une explication du développement de l'évaluation des politiques publiques puisque d'autres solutions peuvent être préconisées pour y remédier. Ceci signifie qu'il est nécessaire que l'état des finances publiques soit érigé en problème public pour que l'évaluation puisse, éventuellement, apparaître comme une source de connaissance permettant la réalisation d'économies. Pour que cette situation se produise, il est donc nécessaire que des acteurs plaident en faveur de l'évaluation au moment où la situation budgétaire est considérée comme intolérable. Dans cette perspective, l'évaluation concourt à une rationalisation budgétaire.

1.1.2. La légitimité institutionnelle

Une autre assertion fréquemment avancée pour justifier le développement de l'évaluation des politiques publiques est la quête de légitimité poursuivie par des pouvoirs publics soucieux de se « réconcilier » avec les citoyens. En cherchant à (in)valider cette hypothèse, nous devons tout d'abord formuler une mise en garde sur la notion même de légitimité. Il est extrêmement difficile de définir un concept aussi général même s'il est nécessaire d'identifier des éléments concourant à son objectivation. Selon Isabelle Orgogozo et Hervé Serieyx, un État légitime est

> un État dont on accepte qu'il intervienne là où il intervient. Il est accepté s'il est compris, c'est-à-dire si l'on voit à quoi il sert ; s'il est clair qu'il est le meilleur acteur possible (le privé ferait-il mieux ?) ; si l'on est convaincu qu'il fait toujours le meilleur usage des responsabilités qu'on lui a déléguées et des moyens – financiers entre autres – qu'on lui a fournis ; qu'on a le sentiment qu'il s'efforce de faire toujours mieux en pesant toujours moins.[11]

Cette présentation, certes connotée idéologiquement, a le mérite de poser un certain nombre d'éléments utiles à la clarification du concept. Telle qu'elle apparaît ici, la notion de légitimité institutionnelle semble difficilement objectivable et mesurable.

---

9 Lamarque, D., « Évaluation et budget », *PMP*, 1999, vol. 17, n° 2, p. 177.

10 Trosa, S., *Moderniser l'administration. Comment font les autres ?*, Paris, Les éditions d'Organisation, 1995, p. 166.

11 Orgogozo, I. et H. Serieyx, *Changer le changement. On peut abolir les bureaucraties*, Paris, Seuil, 1989, p. 54.

En préambule de cette section, signalons que, sur la base des résultats d'une enquête réalisée par la Commission européenne sur l'opinion des Européens vis-à-vis des services publics, Luc Rouban constate qu'une majorité de citoyens européens souhaitent qu'ils se développent et que des chantiers prioritaires (par exemple : l'augmentation de la qualité, la baisse des prix ou la modernisation) soient entrepris[12]. À la lecture de ces résultats, il apparaît que la notion de service public jouit d'une image positive alors que, dans le même temps, les organisations publiques et étatiques se couvrent d'un voile de défiance et que leur gestion, débouchant parfois sur des « dysfonctionnements », est contestée.

L'érosion de la légitimité envers les organisations publiques risque d'aboutir à une crise aux conséquences multiples telles qu'une

> diminution du soutien des contribuables aux activités du service public, une diminution de ses ressources financières et humaines nécessaires à l'accomplissement de ses différentes fonctions et donc un déclin de sa capacité à traiter les questions et problèmes socio-économiques essentiels.[13]

Dans le même temps, les attaques à l'encontre de la bureaucratie semblent être devenues un argument politique utilisé dans de nombreux pays occidentaux pour justifier des réformes de déréglementation voire de privatisation. Ces prises de position tendent à renforcer le degré de méfiance de la population envers les institutions en accréditant le sentiment d'un « délabrement institutionnel ». Ainsi, au-delà de cette vision stratégique à court terme, les décideurs politiques, qui tentent de remédier à cette crise de légitimité, ambitionnent parfois de réinventer le Gouvernement[14].

Toutefois, comme le précise Patrice Duran,

> réfléchir sur la capacité à agir des autorités publiques, autrement dit leur pouvoir, ne dispense pas en fait d'un questionnement sur leur identité et leur légitimité, c'est-à-dire leur autorité.[15]

C'est d'ailleurs sur la base du constat d'une érosion du sentiment de légitimité de l'État que sont entamées des réflexions relatives à l'imputabilité (*accountability*). Dans cet esprit, l'évaluation des politiques constitue une des voies privilégiées pour convaincre les citoyens que

---

[12] Rouban, L., *Le service public en devenir*, Paris, L'Harmattan, 2001, p. 46.

[13] Haque, S., « Crise de légitimation : un défi à relever par les services publics au cours du siècle prochain », *RISA*, 1998, vol. 64, n° 1, p. 14.

[14] Le *Government performance and results act* est élaboré par Al Gore, vice-président des États-Unis, en 1993. Ce document fait écho à l'ouvrage de Osborne, D. et T. Gaebler, *Reinventing Government: How the Entrepreneurial Spirit Is Transforming the Public Sector?*, Meulo Park, Addison-Wesley, 1992.

[15] Duran, P., *Penser l'action publique*, Paris, LGDJ, 1999, p. 16.

« government performance is not an oxymoron »[16], du nom de cette figure rhétorique constituée par l'association de deux termes contradictoires ou incongrus.

La mesure du degré de confiance dans les institutions est difficile à réaliser, étant donné qu'il est rare de disposer d'enquêtes systématiques couvrant une longue période et s'appuyant sur les mêmes éléments. C'est pourquoi, dans cette section, nous nous basons sur des données provenant de sources diverses afin d'esquisser l'évolution de ce sentiment et d'en tirer des enseignements sur l'élaboration et la construction de dispositifs institutionnels d'évaluation des politiques publiques, étant entendu que nous postulons que le degré d'ouverture tend à être plus important si le degré d'adhésion de la population envers les institutions est faible et que cette situation est inscrite à l'agenda politique. Dans ce cas, l'inclusion de membres de la « société civile » aux travaux évaluatifs doit permettre de favoriser la transparence et encourager le sentiment de reliance qui fait défaut.

À un intervalle régulier, la Commission européenne commande une étude statistique mesurant l'opinion publique dans la Communauté européenne (Eurobaromètre). Parmi les questions récurrentes, il s'en trouve une qui interroge les citoyens sur leur degré de satisfaction quant au fonctionnement de la démocratie[17]. Cette question nous est utile pour appréhender la manière dont les populations, d'une manière générale, adhère ou non, aux institutions nationales[18]. Le schéma ci-dessous représente l'évolution de ce sentiment dans trois pays étudiés depuis trente ans[19].

---

[16] Behn, R., *Rethinking Democratic Accountability*, Washington, Brookings Institution Press, 2001, p. 119.

[17] La question posée est : « Dans l'ensemble, êtes-vous très satisfait(e), plutôt satisfait(e), plutôt pas satisfait(e) ou pas du tout satisfait(e) du fonctionnement de la démocratie en (NOTRE PAYS) ? ».

[18] Schiffino, N. et A.-M. Aish, « La démocratie en Wallonie : une analyse de la satisfaction de l'électorat wallon à l'égard de la démocratie et de la politique » dans Frognier, A.-P. et A.-M. Aish, *Élections : la rupture ? Le comportement des Belges face aux élections de 1999*, Bruxelles, De Boeck, 2003, pp. 94-96.

[19] CEE, *Eurobaromètre : l'opinion publique dans la Communauté européenne. Trend variables 1975-1992*, Bruxelles, CEE, avril 1993, pp. 19-31.

Figure 9 : Évolution de la légitimité institutionnelle

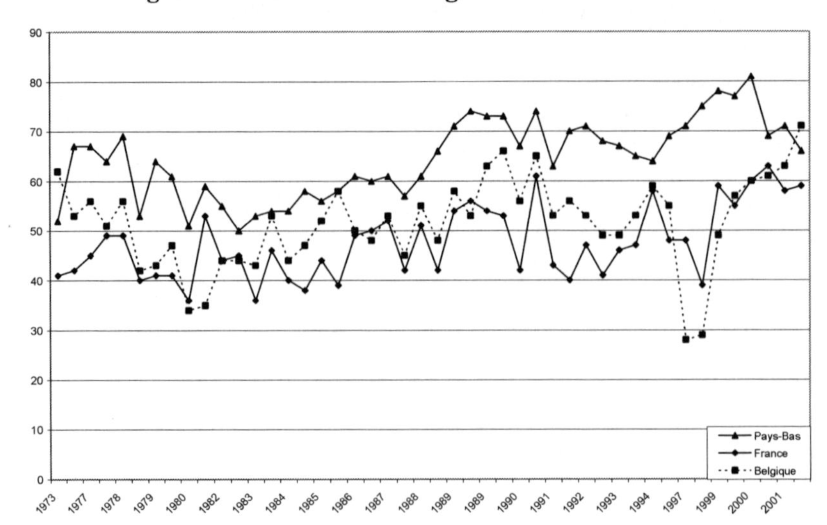

Sur l'ensemble de la période, les citoyens hollandais sont ceux qui font le plus confiance à leurs institutions. Le taux le plus élevé s'élève à 81 % avec une moyenne de 65 % sur cette période. Dans cette perspective, on suppose que l'évaluation ne remplit pas une fonction « thérapeutique » et il est moins utile d'en ouvrir les dispositifs institutionnels même si le premier dispositif voit le jour au cours de la période où le degré de confiance est le plus faible.

La France se situe à l'opposé de cette situation puisque sur l'ensemble de la période, le taux de satisfaction est inférieur à 50 % même si nous constatons une « pointe d'optimisme » lors de l'élection de François Mitterrand à la présidence (1981). Ensuite, le taux évolue en dents de scie en se situant tout de même très régulièrement sous la barre des 50 %. C'est peut être pour cette raison qu'au moment où l'évaluation est inscrite à l'agenda, certains partisans plaident pour une orientation démocratique/pluraliste. Au milieu des années 1990, la confiance atteint un de ses niveaux les plus bas. Pour rappel, à cette époque, les projets sociaux du Gouvernement Juppé sont vivement contestés par la population. C'est sans doute pour cette raison que le « retour » de la gauche à la faveur de la dissolution ratée se caractérise par un sursaut de confiance. En ce qui concerne le dispositif qui est réformé durant cette législature, il est intéressant de constater que son degré d'ouverture est renforcé, de sorte qu'il peut apparaître comme le palliatif de la crise de légitimité que la France a traversée.

En Belgique, le taux de confiance reproduit, sans grande surprise, le cycle des crises qui traversent ce pays. Les seuils inférieurs représentent les conséquences des tueries du Brabant wallon (début des années 1980) et de l'affaire Dutroux (1996). Sur l'ensemble de la période, le taux de satisfaction est supérieur à 50 % avec quelques pointes au-delà de 60 %. Dans ce contexte, il n'est guère étonnant que le degré d'ouverture des dispositifs soit faible et qu'un vain sursaut se soit produit au lendemain de l'affaire Dutroux qui met au jour des dysfonctionnements des appareils administratif et judiciaire. Ce scandale témoigne du « lent pourrissement » de l'État dont les nombreux symptômes que sont la particratie, la corruption et la politisation de l'appareil administratif et judiciaire attestent d'un « anétatisme amoral »[20].

Ces données européennes peuvent être comparées à celles de la Suisse qui n'apparaît pas dans les Eurobaromètres.

Tableau 7 : La confiance dans les institutions en Suisse[21]

	1989	1996	Évolution	N : 1989/1996
Assemblée fédérale (Parlement)	76 %	44 %	-32 %	1301/1146
Conseil fédéral (Gouvernement)	81 %	52 %	-29 %	1320/1168
Administration	72 %	46 %	-26 %	1334/1138
Grandes entreprises	52 %	40 %	-12 %	1292/1124

Le principal enseignement de ce tableau est que la confiance dans les institutions diminue de manière significative entre 1989 et 1996. Les tentatives d'explications énoncées par les politologues suisses sont multiples. La principale semble être la perception au sein de la population de l'incapacité des autorités à trouver des solutions aux problèmes, principalement économiques, qui se posent. Ensuite, en ce qui concerne le Gouvernement, la multiplication de scandales aux niveaux fédéral et cantonal (par exemples : l'affaire Kopp[22], l'affaire des fiches et l'affaire Dorsaz) se répercute dans le sentiment de la population suisse peu habituée à ce genre de pratiques.

---

[20] Seiler, D.-L., « Un État entre importation et implosion : consociativité, partitocratie et lotissement dans la sphère publique en Belgique » dans Delwit, P., J.-M. De Waele et P. Magnette (dir.), *op. cit.*, p. 17.

[21] Brunner, M. et L. Sgier, « Crise de confiance dans les institutions politiques suisses ? Quelques résultats d'une enquête d'opinion », *RSSP*, 1997, vol. 3, n° 1, pp. 105-113.

[22] Du nom du membre du Conseil fédéral qui a dû démissionner parce qu'elle avait prévenu son mari qu'il pourrait faire l'objet d'une enquête menée contre une société privée dont il était l'un des administrateurs et lui avait demandé d'en démissionner.

En ce qui concerne l'évaluation des politiques publiques, il est intéressant de constater que son développement est amorcé à un moment où le degré de satisfaction est encore élevé. À cette époque, le dispositif associe à ses travaux des partenaires externes à l'administration. Toutefois, son ouverture va se renforcer dans la seconde moitié des années 1990 à un moment où la légitimité des institutions vacille mais aussi parce qu'en se développant, l'évaluation aboutit dans chacun des pays à un élargissement des acteurs impliqués et à la constitution d'une communauté épistémique pluraliste.

En conclusion, nous constatons que l'évaluation ne constitue pas le « remède miracle »[23] *à une crise de la gouvernance mais qu'elle contribue à donner du sens et à approfondir le mouvement de transparence des administrations publiques.* À l'inverse de ce que nous avons observé pour les déficits publics, il n'est pas nécessaire de s'appuyer sur des acteurs qui se saisissent du problème pour que la crise de légitimité fasse du sens dans l'explication de la configuration des dispositifs. Sans doute est-ce dû au fait que ce type de crise parle directement à l'homme politique qui se doit d'être attentif au pouls de la population.

1.2. La modernisation administrative

1.2.1. L'évaluation face à la modernisation

Les diverses mutations qu'a connues le service public de manière récurrente, ces dernières décennies, résultent notamment d'une – prétendue – crise de confiance dans la qualité des prestations publiques, combinée avec l'introduction d'une logique managériale au cœur de la fonction publique (Nouvelle Gestion Publique) d'une part, et des principes de libre concurrence entre prestataires de service public voire de privatisation des opérateurs historiques (par exemple dans les secteurs des télécommunications, de l'électricité, de la poste ou des chemins de fers) d'autre part. Le service public passe donc de la force gouvernante de Léon Duguit aux relations de service considérées comme un élément central de la modernisation administrative[24]. Au-delà de cette prise en compte des attentes légitimes de l'administré (usager, client ou citoyen selon les obédiences) et des modalités de production du service public (libéralisation, privatisation), les Gouvernements tendent aussi à rationa-

---

23 Perret, B., « L'évaluation des politiques publiques », *Informations sociales*, 2003, n° 110, p. 25.

24 Warin, P., « Les relations de service : miroirs des décalages entre politique de modernisation administrative et attentes sociales » dans Rouban, L. (dir.), *Le service public en devenir*, Paris, L'Harmattan, 2000, pp. 63-82.

liser en interne leur action, afin de juguler l'interventionnisme croissant des décennies précédentes et les déficits structurels des budgets publics.

Les réformes de modernisation de l'administration se sont multipliées au cours des dernières décennies. Toutefois, si le paradigme réformateur semble dominant, il ne se matérialise pas de la même manière dans l'ensemble des pays au sein desquels il se répand. Ces réformes du secteur public donnent lieu à de nombreuses publications nationales et/ou internationales qui se répartissent en deux catégories. Les premières présentent des cas nationaux et décrivent certaines techniques tandis que les secondes proposent des mesures, des prescriptions et des recommandations pour accompagner le changement.

La modernisation de l'administration est couramment présentée comme la solution aux deux problèmes sur lesquels nous nous sommes attardé dans les sections précédentes. À cet égard, de nombreux pays de l'OCDE placent l'évaluation au centre des réformes de modernisation de la Fonction publique. D'ailleurs, le fait même de déclarer une intention d'évaluation peut apparaître comme une figure rhétorique attestant, dans certains cas, de la volonté de changement[25]. Ainsi, la question de l'imputabilité publique est devenue une question centrale dans de nombreuses démocraties occidentales où il est communément admis que les fonctionnaires doivent rendre compte aux citoyens de l'utilisation des deniers publics[26]. Les réformes dites de Nouvelle Gestion publique ne se produisent pas au même moment et avec la même intensité. Toutefois, lorsqu'elles sont mises en œuvre, ces réformes, se revendiquant plus ou moins ouvertement du paradigme managérial, induisent généralement un développement de la pratique évaluative qui poursuit une finalité managériale. Le point commun de ces réformes est qu'elles

> visent à modifier la culture et le contexte dans lequel les gestionnaires publics accomplissent leurs tâches pour augmenter l'efficacité du gouvernement, son rendement et son imputabilité. Parmi les stratégies adoptées, citons la décentralisation du gouvernement, la réduction des effectifs et de la paperasse, l'augmentation de la discrétion administrative, l'octroi de pouvoirs aux travailleurs, l'encouragement de l'esprit d'entreprise, la gestion en vue des résultats ainsi qu'une attention accrue accordée à l'évaluation des performances afin de rendre l'imputabilité plus transparente.[27]

---

[25] Lacasse, F., *Mythes, savoirs et décisions politiques*, Paris, PUF, 1995, p. 190.

[26] Haque, S., « Importance de l'imputabilité dans la nouvelle approche de la gouvernance publique », *RISA*, 2000, vol. 66, n° 4, p. 711.

[27] Romzek, B., « Les dynamiques de l'imputabilité du secteur public en temps de réforme », *RISA*, 2000, vol. 66, n° 1, p. 23.

Dans les pays que nous étudions, les administrations sont marquées, à des époques différentes, par des réformes plus ou moins ambitieuses. Du point de vue de la rhétorique employée, ce mouvement modernisateur met partout en valeur des principes et concepts tels que : « service aux usagers », *accountability*, « meilleure utilisation des deniers publics », etc. Au-delà de cette sémantique, dont les effets performatifs ne sauraient bien entendu être négligés, ces réformes induisent une réflexion sur les missions de service public ainsi que sur la meilleure manière de les remplir. Parmi les nombreuses solutions proposées, l'évaluation des politiques publiques a connu des appréciations et des degrés de mises en œuvre différents selon les pays.

Une des principales modifications apparues récemment, réside dans le phénomène d'inversion normative qui s'est produit à la suite de l'extension des missions prises en charge par les pouvoirs publics. De nos jours,

> la norme fournit certes des directives à l'administration, mais c'est son application qui lui donne son sens plein et entier. D'ailleurs, parallèlement, on peut observer un phénomène d'inversion hiérarchique : l'information dont disposent les autorités inférieures, leur présence constante sur le terrain, leur familiarité avec l'environnement social et technique les munissent de ressources dont les autorités supérieures sont tributaires.[28]

Ainsi, un critère d'efficacité se juxtapose à l'ancien critère de légalité. C'est sans doute cette évolution qui encourage, depuis une trentaine d'années, l'administration à développer des savoirs et des pratiques destinés à se gouverner elle-même[29]. En effet, dès le milieu des années 1960, l'administration française devient un objet d'enquête interne et externe (à l'initiative principale de Michel Crozier[30]). C'est dans ce contexte qu'émerge, parmi les hauts fonctionnaires, une concurrence afin de déterminer où seront élaborés et décidés les principes et pratiques « d'administration de l'administration »[31]. À cet égard, mentionnons les propos de Jean Saint-Geours, responsable d'une instance d'expertise du ministère français des Finances, qui sont toujours d'actualité près de quarante ans plus tard :

---

[28] Moor, P., *op. cit.*, p. 637.

[29] Pecheur, B., « France : un processus continu relayé par un projet politique », *RFAP*, 1992, n° 61, pp. 71-74.

[30] Les travaux de Michel Crozier sur la bureaucratie débutent en 1964 avec le programme intitulé « L'administration face au changement ». En prenant comme point de départ la réalité administrative, cet auteur développe ensuite des bases scientifiques à la réforme de sa conduite.

[31] Bézès, P., « Aux origines des politiques de réforme administrative sous la Ve République : la construction du "souci de soi de l'État" », *RFAP*, 2003, n° 102, p. 311.

> Il est normal que l'État se demandât si ses interventions et si ses activités répondent au souci de rentabilité que l'on doit avoir dans une économie caractérisée par la pénurie des facteurs et des moyens [...], d'où l'idée qui, progressivement, imprègne une partie de l'administration française, d'essayer de calculer aussi strictement que possible, les coûts et les avantages d'un certain nombre de services et de décisions.[32]

Il est évident que, de nos jours, les méthodes diffèrent même si les techniques coûts-avantages n'ont pas totalement disparu et que certains objectifs demeurent identiques.

L'évaluation des politiques publiques assure-t-elle une gestion publique de meilleure qualité ? S'il n'existe aucune réponse claire, précise et définitive à cette question, force est néanmoins de constater que l'évaluation s'affiche depuis plusieurs années comme une préoccupation des Gouvernements de nombreux pays industrialisés souhaitant moderniser leur administration publique. Selon Éric Monnier, le développement graduel de la pratique évaluative s'explique par la convergence de trois éléments : la complexification de l'action publique, les difficultés de pilotage et de légitimation de celle-ci, ainsi que la professionnalisation de l'analyse des politiques publiques qui en facilite l'intelligibilité[33]. À ces facteurs, il faudrait peut-être ajouter les divers mouvements de réforme du secteur public qui, éventuellement, (entre)ouvrent une fenêtre d'opportunité pour institutionnaliser l'évaluation. Pareille analyse étudie le lien, peut-être ténu *in fine*, mais dans tous les cas sous-étudié à notre connaissance, entre les réformes du secteur public d'un côté et le développement de l'évaluation des politiques publiques de l'autre.

Dans la plupart des cas, le développement de l'évaluation des politiques publiques apparaît comme une conséquence et non une cause du mouvement de réforme de l'administration. L'évaluation est donc un outil des réformes du service public. Cela signifie qu'elle doit ensuite être traduite par des processus et des dispositifs, comme l'atteste le témoignage de Michel Crozier :

> Comment innove-t-on ? Il faut tout d'abord réaliser un diagnostic. Ensuite, investir dans la connaissance et dans l'évaluation, afin d'analyser les orientations de re-développement qui paraissent essentielles étant donné la résistance du système. La réflexion sur les expériences étrangères est tout à fait essentielle. Elle constitue une voie d'avenir. Aux États-Unis, une évaluation rationnelle des politiques publiques est mise en œuvre et le rôle du *General Accounting Office* – qui accomplit des progrès considérables depuis une douzaine d'années – est impressionnant. *J'ai essayé d'introduire en France*

---

[32] Cité par Bézès, P., *op. cit.*, p. 314.

[33] Monnier, É., *op. cit.*, p. 54.

les réflexions tirées de cette expérience, avec un certain résultat puisque l'évaluation est passée à l'ordre du jour.[34]

L'évaluation trouve certes sa place parmi les réformes de rationalisation de la gestion publique[35] où la logique juridique a cédé le pas devant la nécessité d'un pilotage plus précis axé, sur la généralisation d'une culture des résultats et de la performance. Dès lors, « l'évaluation permet ainsi de rendre relativement cohérente une action publique en miettes et donc de redonner un sens à la notion de contrôle démocratique »[36].

La plupart des auteurs s'accordent sur le fait que l'évaluation, productrice d'informations et de connaissances, participe de la modernisation de l'administration[37].

Ci-dessous, nous décrivons brièvement ces réformes que nous présentons sur une base chronologique. Même si elles ne mettent pas toutes en évidence le jeu des acteurs, elles permettent de présenter le cadre dans lequel l'évaluation trouve sa place et donc de comprendre l'adoption de l'une ou l'autre finalité puisque la configuration des dispositifs institutionnels est empreinte du climat dans lequel ils voient le jour.

1.2.2. Des réformes variées

Aux *Pays-Bas*, l'arrivée au pouvoir, en 1982, d'une coalition de centre-droit, dirigée par Ruud Lubbers, constitue l'amorce du tournant néo-libéral[38]. En réalité, la prise de conscience date de 1980 avec la publication d'un rapport[39] dénonçant les problèmes de l'industrie hollandaise, publié par le Conseil scientifique pour la politique gouvernementale (*Wetenschappelijke Raad voor het Regeringsbeleid*). Cette étude non sollicitée est réalisée à l'initiative de cette institution composée de scientifiques et qui a pour mission de transmettre des conseils au Gouvernement. Ainsi, peu de temps après la réforme *next steps* en Grande-Bretagne, les Pays-Bas s'engagent sur le sentier de l'autonomisation des tâches d'exécution, de la restructuration de l'État providence et du

---

[34] C'est nous qui soulignons. Crozier, M., « Le changement dans les organisations », *RFAP*, 1991, n° 59, pp. 353-354.

[35] Perret, B., « Évaluation des politiques publiques : l'état des lieux », *La revue administrative*, 1992, n° 265, p. 75.

[36] Rouban, L., *La fin des technocrates ?*, Paris, Presses de Sciences Po, 1998, p. 113.

[37] Thoenig, J.-C., « L'évaluation, source de connaissances applicables aux réformes de la gestion publique », *RFAP*, 1999, n° 92, p. 681.

[38] Jobert, B. (dir.), *Le tournant néo-libéral en Europe : idées et recettes dans les pratiques gouvernementales*, Paris, L'Harmattan, 1994.

[39] Wetenschappelijke Raad voor het Regeringsbeleid, *Plaats en toekomst van de Nederlandse industrie*, Rapporten aan de regering, La Haye, Staatsuitgeverij, 1980, n° 18.

renforcement de l'efficacité administrative. La poursuite de ces objectifs aboutit à une transformation des fonctionnaires hollandais en acteurs politiques[40]. Les deux ministères qui portent ces différents projets sont ceux des Finances et de l'Intérieur.

La coalition emmenée par Ruud Lubbers instaure une politique d'austérité afin de juguler la croissance des dépenses publiques[41]. Celle-ci se traduit par une réforme du système de protection sociale qui se matérialise principalement par une réduction des dépenses de sécurité sociale et une limitation des allocataires[42]. En ce qui concerne les réformes de l'administration, le Gouvernement Lubbers considère la privatisation[43] comme le meilleur mode de réduction des dépenses publiques et du nombre de fonctionnaires. Dans cette optique, « chaque organisation départementale du gouvernement central néerlandais fit l'objet d'une examen quant à sa possible privatisation »[44].

Après les élections de 1989, est créé un comité parlementaire sur la réforme constitutionnelle et administrative dirigé par Wim Deetman, président de la seconde Chambre du Parlement et composé des présidents des principaux groupes parlementaires. Suite à la remise, en 1991, du rapport de ce groupe parlementaire, plusieurs comités de suivi, dont l'un est dirigé par Hans Wiegel, sont mis en place. Ce dernier publie un rapport intitulé *Vers des ministères centraux souples et de qualité*. Toutefois, avant qu'il ne formule ses conclusions, le collège des secrétaires généraux rédige un rapport au contenu similaire à celui du comité Wiegel préconisant la création d'agences d'exécution autonomes et le recentrage de l'administration sur l'élaboration des politiques[45].

---

40 van der Meer, F. et J. Raadschelders, « Politisation ou pratiques politiques habituelles ? Les Pays-Bas », *RFAP*, 1998, n° 86, p. 281.

41 Entre 1970-71 et 1981-82, les dépenses publiques sont équivalentes à un montant passé de 45 % à 61,5 % du PIB néerlandais.

42 Wolinetz, S., *op. cit.*, p. 79.

43 Les privatisations mises en œuvre se répartissent en trois catégories. Tout d'abord, les entreprises d'État : la poste, les télécommunications, l'autorité portuaire et la monnaie. Ensuite, certains services gouvernementaux tels que le bureau des achats de l'État, les asiles psychiatriques, la radio et télévision publique, le centre automobile. Enfin, certains services des administrations tels que la comptabilité, l'activité de conseil en matière d'organisation, les services de sécurité, les bureaux d'imprimerie, etc. Kickert, W. et F. Verhaak, « L'autonomisation des tâches d'exécution au sein du gouvernement central néerlandais », *RISA*, 1995, vol. 61, n° 4, p. 617. Sur ce point, voir également Van de Ven, A., « Le rôle changeant du gouvernement au sein des entreprises publiques : expériences hollandaises », *RISA*, 1994, vol. 60, n° 3, pp. 441-457.

44 Kickert, W. et F. Verhaak, *op. cit.*, p. 617.

45 Kickert, W., « Réformes administratives et gestion publique aux Pays-Bas », *RFAP*, 1995, n° 75, p. 404.

Actuellement, il existe différentes formes d'agence en fonction de leur degré d'autonomisation : l'introduction au sein d'un département d'une forme de gestion propre (*zelfbeheer*) qui concerne certaines activités (par exemple : la gestion du personnel), la création d'agences (*agentschap*) qui demeurent dans le giron du département ministériel mais qui bénéficient d'une certaine autonomie quant à leurs finances et à leur personnel ou la création d'organes administratifs indépendants (*Zelfstandig bestuurorgaan* – ZBO)[46] qui sont des organisations créées par la loi et qui exécutent des missions de service public sans être hiérarchiquement et totalement soumises à un ministre. À la demande du collège des secrétaires généraux, est mise en place une commission chargée de l'examen des avantages et inconvénients du processus d'autonomisation. Les conclusions de la commission Sint[47] (1994) soulignent la nécessité d'une orientation sur les résultats afin de permettre le contrôle et le suivi du travail des entités autonomes.

Les réformes administratives exécutées à partir des années 1980 attestent du changement du cadre cognitif. À cette époque, la principale motivation de la vague de privatisation est de nature économique et financière. À la fin de la décennie, le processus d'autonomisation qui met l'accent sur l'amélioration de la gestion publique est guidé par des préoccupations plus managériales. Ainsi,

> l'idée d'un Gouvernement qui dirige centralement, qui contrôle son secteur politique du sommet vers la base et qui se tient à l'écart et au-dessus de la société, a été remplacée par la croyance en une direction plus autonome du secteur. Le Gouvernement est devenu un acteur qui codirige, dans un réseau politique sectoriel composé d'une multitude d'autres acteurs sociaux [...]. L'illusion selon laquelle le Gouvernement est le directeur central de la scène a été remplacée par l'image plus réaliste d'un Gouvernement qui est l'un des acteurs du jeu, ou qui en est sans doute l'arbitre. Il s'agit d'une évolution de la notion de direction vers celle de méta-direction.[48]

En *Suisse*, les principes de la Nouvelle Gestion Publique s'appliquent à l'administration dès la fin des années 1980. Ils se caractérisent par une autonomie managériale consacrée par des contrats de prestations, une décentralisation, une autonomisation et un désenchevêtrement du secteur public. Ce mouvement tend à rationaliser la conduite de l'action publique, étant donné que « les contrats de prestations requièrent la définition *ex ante* d'indicateurs de performance quantitatifs et qualitatifs

---

[46] Kickert, W. et F. Verhaak, *op. cit.*, p. 615.

[47] Du nom d'un haut fonctionnaire du ministère de l'Intérieur responsable du travail de cette commission.

[48] Kickert, W. et F. Verhaak, *op. cit.*, pp. 632-633.

lors de la négociation du contrat ainsi que leur mesure *ex post* à la fin de la période contractuelle »[49]. Ceci constitue des prémices favorables au développement de la pratique évaluative puisque l'objectivation de l'action devient une préoccupation centrale des décideurs, même s'il existe alors le risque de se focaliser uniquement sur les produits administratifs plutôt que sur les effets des politiques.

Au début des années 1990, le Conseil fédéral souhaitant réformer en profondeur le secteur public entame un vaste chantier en la matière. Ces changements sont contenus dans la loi sur l'organisation du Gouvernement et de l'administration. Le texte initial s'articulait autour de quatre priorités. Il s'agit du renforcement de la capacité de direction du Conseil fédéral, du transfert du Parlement au Conseil fédéral de la compétence d'organiser l'administration fédérale, de l'application des principes de nouvelle gestion publique à l'administration fédérale et de la mise en place de secrétaires d'État supplémentaires[50]. Cette dernière priorité cristallisa une telle opposition que le peuple rejeta l'ensemble des propositions lors d'une votation populaire organisée en juin 1996. Le texte épuré des éléments contestés est ensuite adopté par le Parlement en mars 1997 sans qu'aucune validation référendaire ne soit réclamée.

En ce qui concerne les membres de la Fonction publique, la loi sur le personnel adoptée par les Chambres le 24 mars 2000 abolit le statut en lui substituant l'engagement contractuel. Dès lors, les fonctionnaires deviennent des employés dont les rémunérations varient sur la base d'un système de prime à la performance. Celui-ci implique la formulation d'objectifs clairs et précis qui donnent lieu ensuite à une quantification de ces réalisations et à une appréciation de l'activité de l'agent et de son administration.

En *France*, le discours sur la réforme est une constante des responsables politiques depuis de nombreuses décennies[51]. Toutefois, dans le cadre qui nous occupe, il est intéressant de mentionner les principes généraux qui sous-tendent les réformes dans le courant des années 1980. Le programme de modernisation initié par Michel Rocard plaide pour la substitution d'une « administration de procédure à une administration de responsabilité ». Si la circulaire « Renouveau du service public » repré-

---

[49] F. Varone et D. Giauque, « Pilotage des politiques publiques et rémunération à la performance. Analyse comparée de quelques contrats de prestations en Suisse », *RISA*, 2001, vol. 67, n° 3, p. 620.

[50] Bellanger, F., « Vingt-cinq ans de réformes administratives en Suisse : bilan et perspectives », *Annuaire européen d'administration publique*, 2002, vol. 25, p. 313.

[51] Bézès, P., « Gouverner l'administration : une sociologie des politiques de la réforme administrative en France (1962-1997) », Thèse inédite de doctorat dirigée par Jacques Lagroye, IEP de Paris, 2002.

sente l'élément le plus connu du processus de réforme, il est utile de rappeler que, dès l'arrivée de la gauche au pouvoir avec François Mitterrand, celle-ci entend améliorer la gestion publique afin de permettre à l'État de jouer un rôle prépondérant dans la régulation économique et sociale. Dans le même temps, elle privilégie une « démocratisation » de l'administration afin de contrebalancer le poids de la technocratie[52]. Dans cette perspective, nous comprenons la mise à l'écart des propositions d'une évaluation gestionnaire développée autour du rapport Deleau et le déploiement du paradigme démocratique contenu dans le rapport Viveret. Ainsi, le premier dispositif institutionnel est clairement animé d'une ambition d'amélioration de la gestion publique. C'est sans doute pour cette raison que les évaluations réalisées mettent davantage

> l'accent sur des processus et le comportement des différents acteurs [...]. L'évaluation des années 1990 en France est ainsi plus orientée vers les sciences sociales que vers le management.[53]

En *Belgique*, le mouvement managérial est plus récent. Ce « retard » s'explique en partie par l'attention apportée aux réformes constitutionnelles[54], même si, comme c'est le cas ailleurs depuis de nombreuses années, le thème de la modernisation de l'administration publique est devenu récurrent. À la fin des années 1980, Raymond Langendries creuse les fondations d'un chantier de modernisation de l'administration qui, au fil des législatures, est repris par de nouveaux entrepreneurs. Ainsi, en 1992-1993, Louis Tobback commande une radioscopie des services publics qui entraîne une légère modification organisationnelle par certains regroupements ministériels. À la même époque s'amorce un large mouvement induisant des transformations profondes dans l'ancienne culture administrative empreinte de lenteur et d'opacité. Parmi les principales initiatives, mentionnons la loi sur la motivation des actes administratifs (29 juillet 1991), la loi sur la publicité de l'action administrative (11 avril 1994) et celle développant la fonction de médiateur[55].

---

[52] De Montricher, N., « France: in Search of Relevant Changes » dans Olsen, J. et B. Guy-Peters (eds.), *Lessons from Experience: Experiential Learning in Administrative Reforms in Eight Democracies*, Oslo, Scandinavian University Press, 1996, p. 246.

[53] Lamarque, D., « Évaluation et budget », *PMP*, 1999, vol. 17, n° 2, p. 176.

[54] Celles de 1993 consacrent le caractère fédéral du pays en octroyant une autonomie très large à l'organisation des administrations régionales qui, dans certains cas, deviennent des laboratoires et sont l'objet d'une attention plus grande que l'administration fédérale. Dierickx, G., *op. cit.*, p. 322.

[55] Damar, M., « La réforme de l'administration » dans de Callatay, É. (dir.), *La fin du déficit budgétaire. Analyse de l'évolution récente des finances publiques belges (1990-2000)*, Bruxelles, De Boeck, 2002, pp. 309-326.

C'est depuis 1996, et plus particulièrement suite à l'affaire Dutroux, que les discours portant sur l'action des services publics intègrent la notion de « dysfonctionnement ». Il est donc naturel que, lors de la campagne électorale précédant les élections législatives de 1999, l'ensemble des programmes des partis comporte des propositions visant à la réforme et à la modernisation de l'administration publique, étant donné que les citoyens attendent des changements radicaux. Ainsi, le premier chapitre de la déclaration gouvernementale prononcée devant le Parlement le 14 juillet 1999 par le Premier ministre vise à reconstruire « une administration efficace et attentive »[56]. Durant cette législature (1999-2003), le ministre de la Fonction publique et de la modernisation de l'administration, Luc Van den Bossche, par son projet faisant référence à l'astronome polonais, Nicolas Copernic, entend opérer une révolution destinée à pallier les insuffisances du système administratif fédéral et à « mener vers une modernisation accélérée de la fonction publique »[57].

Le ministre de la Fonction publique envisage une réforme totale, c'est-à-dire qui modifie en profondeur tant les structures que les mentalités de l'administration fédérale. La réforme de la structure administrative a pour but d'opérer « une délimitation plus claire entre le politique et l'administration »[58] et d'évoluer « vers une nouvelle structure de management »[59] proche des recommandations contenues dans les études de l'OCDE. C'est dans cette optique que sont créés des conseils stratégiques, des comités de direction, des cellules stratégiques et de nouveaux départements.

Afin d'atteindre son idéal, le ministre de la Fonction publique considère qu'il est primordial d'encourager l'évaluation de la politique, la transparence et le contrôle de l'action administrative. L'administration de son côté doit s'organiser autour de valeurs fondamentales comme la serviabilité, l'objectivité, le respect, l'intégrité, les possibilités d'épanouissement du fonctionnaire et la qualité du cadre de travail. De plus, le projet lorsqu'il affirme « qu'on se préoccupe d'avantage de l'« esprit » que de la lettre sur le plan des aspects légalistes de la performance dans un environnement en mutation »[60] encourage le développement du

---

[56] *La voie vers le XXIe siècle. Déclaration gouvernementale prononcée devant le Parlement le 14 juillet 1999 par le Premier ministre Guy Verhofstadt et accord de gouvernement*, Bruxelles, SFI, 1999, p. 20.

[57] Van den Bossche, L., *Fondements de la modernisation de l'administration fédérale*, slnd, p. 1.

[58] Van den Bossche, L., *op. cit.*, p. 1.

[59] Van den Bossche, L., *op. cit.*, p. 2.

[60] Gouvernement fédéral, *op. cit.*, p. 25.

management au détriment de l'État de droit[61]. Toutefois, l'adaptation de la structure administrative à une culture du management s'inspire d'une philosophie qui considère « l'administration plutôt apolitique, qui exécute fidèlement et loyalement des objectifs politiques, esquissés et fixés par un Gouvernement »[62], ce qui cadre mal avec la situation belge que nous avons présentée dans le chapitre précédent.

En conclusion et suite à la présentation des situations nationales contrastées, nous constatons que l'utilité de l'évaluation quant à la réforme de l'État, considérée comme une réforme de la distribution des pouvoirs politiques, apparaît moins évidente du fait que l'évaluation nous informe peu sur les structures et les facteurs organisationnels concourant à une meilleure gestion. Conscient de ces limites de l'instrument, nous sommes contraint de prendre acte de la portée de l'évaluation qui favorise la mise à jour des dysfonctionnements politico-administratifs pouvant conduire à un processus réformateur, s'il est dûment pris en main par le pouvoir politique. Preuve que l'évaluation ne se substitue pas à la décision et que, en l'absence d'une reprise politique, ses enseignements sont d'une portée limitée.

L'évaluation des résultats de la Nouvelle Gestion Publique constitue un autre défi auquel s'est attaqué Geert Bouckaert qui met en évidence les difficultés conceptuelles à définir la performance publique, à mesurer des indicateurs signifiants, à interpréter les niveaux de satisfaction des hauts fonctionnaires et des citoyens vis-à-vis des changements induits, et en fin de compte, à imputer telle responsabilité à tel acteur[63].

Ainsi, derrière le simplisme des apparences, de nombreuses difficultés doivent être surmontées pour permettre une évaluation de la modernisation de la gestion publique allant au-delà des clichés réducteurs. Parmi les questions qui trouvent difficilement une réponse, mentionnons celles du niveau auquel il faut analyser les résultats[64] et la manière qui permette de dépasser l'illusion de contrôler ce qui est le plus contrôlable ou d'obtenir les meilleures performances sur des questions secondaires[65].

---

[61] Sur ce point, voir le numéro consacré à la relation entre les notions de management et d'État de droit de la revue *Pyramides*, n° 2, 2000.

[62] Gouvernement fédéral, *op. cit.*, p. 19.

[63] Bouckaert, G., « Techniques de modernisation et modernisation des techniques : évaluer la modernisation de la gestion publique » dans Rouban, L. (dir.), *Le service public en devenir*, Paris, L'Harmattan, 2000, pp. 107-128.

[64] Knoepfel, P. et F. Varone, « Mesurer la performance publique. Méfions-nous des terribles simplificateurs », *PMP*, 1999, vol. 17, n° 2, pp. 123-145.

[65] Ce sont à ces questions que Colin Talbot a soumis les politiques de modernisation des services publics britanniques entreprises depuis 1979. D'après cet auteur, il sem-

En résumé, le développement de l'évaluation des politiques publiques dépasse amplement la simple modernisation administrative et doit prendre en compte une nouvelle manière d'aborder la politique par ses professionnels. En effet, selon Luc Rouban, l'évaluation signifie « que la classe politique se soumet à un contrôle permanent, que l'élection n'est plus le seul moment de la vie politique »[66]. Ainsi, l'évaluation est « une des pièces d'une administration en mouvement »[67] qui se révèle d'une utilité marginale en l'absence d'un architecte qui en utilise les résultats dans le cadre d'une réforme de l'État. Le constat porté par Bernard Perret sur le fait que « les apports de l'évaluation à la modernisation administrative ne peuvent être évoqués qu'au titre de potentialités »[68] nous incite néanmoins à la prudence dans notre appréhension de l'évaluation comme outil des réformes du management public.

2. L'intégration dans le paysage institutionnel : les tensions, les frictions et les conflits

L'exercice du pouvoir et l'émergence de conflits durant le processus de changement organisationnel sont considérés comme essentiels par Will Mac Whinney[69]. Selon lui, la modification des perceptions de la réalité est impossible en leur absence. Nous ne nous situons pas dans une perspective aussi radicale, même si nous acceptons que le conflit soit présenté comme un facteur important pour l'explication de la configuration des dispositifs.

Sur ce point, Nicolas Tenzer, estime que l'évaluation se situe

> dans un champ de pouvoirs et de conflits ; elle ne produit pas de résultats incontestables qui pourraient être drapés dans la toge de la science [...]. Si l'on pose la question naïve : « Qui a intérêt à une évaluation ? », on aura généralement comme réponse : « L'autre ». Pas le ministère dépensier mais le budget, pas la majorité mais l'opposition, etc.[70]

---

blerait que le thatchérisme fut plus jugé sur les apparences que sur les effets concrets. Talbot, C., « La gestion des services publics au Royaume-Uni (1979-2000) : évolution ou révolution ? » dans Rouban, L. (dir.), *op. cit.*, pp. 129-156.

[66] Rouban, L., *La fin des technocrates ?*, Paris, Presses de Sciences Po, 1998, p. 116.

[67] Tenzer, N., « L'évaluation l'âge de la maturité » dans Bahu-Leyser, D. et P. Faure, *Nouvelles technologies. Nouvel État*, Paris, La Documentation française, 1999, p. 118.

[68] Perret, B., *L'évaluation des politiques publiques*, Paris, La Découverte, 2001, p. 82.

[69] Mac Whinney, W., *Path of Change: Strategic Choices for Organizations and Society*, Newbury Park, Sage, 1992, p. 61.

[70] Tenzer, N., « Une politique peut-elle être évaluée ? Libres réflexions sur une question occultée », *Informations sociales*, 2003, n° 110, pp. 63-64.

Dans de telles conditions, nous pouvons donc nous attendre à l'apparition de tensions entre les différents acteurs qui cherchent à obtenir le contrôle d'un dispositif institutionnel en raison du pouvoir résultant de la maîtrise de l'information produite. L'évaluation peut également apparaître comme menaçante dès lors qu'elle introduit une incertitude. Dans ce cas,

> l'évaluation est davantage une ressource de pouvoir que la production d'une connaissance et d'une expertise. Contrôler les procédures d'évaluation, c'est déterminer les cadres du débat. Les aspects techniques ou cognitifs sont dès lors subordonnés aux considérations stratégiques ou, à tout le moins, nécessairement affectés par les luttes d'institutions.[71]

Durant nos entretiens, nous avons été impressionné par le nombre d'acteurs qui affirment que le dispositif est apaisé, tout en insistant sur la nécessité de se positionner à l'égard de l'évaluation afin de ne pas perdre les compétences octroyées en la matière. Ainsi, si l'évaluation ne suscite pas le conflit, du moins ouvertement, les organisations et les individus demeurent attentifs à leur intégration au sein d'un dispositif. Cette minimisation du conflit s'explique principalement par le fait qu'une « forme d'amnésie de leur genèse entoure souvent les institutions. Sont ainsi oubliés ou euphémisés les conflits qui [en] ont structuré l'émergence »[72].

Dans les pages qui suivent, nous nous concentrons sur le positionnement des institutions de contrôle quant à l'intégration de l'évaluation aux côtés des instruments traditionnels de vérification. Ensuite, sur la base de l'exemple français, nous nous attardons sur les conflits pouvant exister à l'intérieur d'un dispositif institutionnel.

2.1. Les institutions de contrôle

Comme nous l'avons mentionné dans la présentation théorique, il est nécessaire qu'un nouveau dispositif trouve sa place dans un paysage institutionnel déterminé et le plus souvent stabilisé. Il arrive donc qu'un élément extérieur qui tente de s'insérer dans un espace défini doive trouver sa place. Cette situation peut engendrer des frictions voire des conflits ouverts. Dans cette section, nous cherchons à identifier la nature du paysage institutionnel dans lequel s'insèrent les dispositifs afin de mesurer le degré de conflictualité existant.

Nous ne revenons pas sur les éléments du système politique que nous avons largement décrits dans le chapitre précédent et préférons concen-

---

[71] Gaxie, D. et P. Laborier, *op. cit.*, p. 219.

[72] Benoît, O., « Les chambres régionales des comptes face aux élus locaux. Les effets inattendus d'une institution », *RFSP*, 2003, vol. 53, n° 4, p. 537.

trer notre attention sur les Cours des comptes, c'est-à-dire des institutions classiques suffisamment instituées pour ne plus être remises en cause[73] et analyser leur positionnement vis-à-vis de l'évaluation, étant donné que plusieurs observateurs s'accordent à reconnaître que les corps de contrôle se mobilisent contre l'évaluation qu'ils perçoivent comme une « concurrence possible de leur propre expertise »[74].

2.1.1. Du contrôle ...

Historiquement, dans tous les pays, les Cours des comptes sont les garantes du contrôle des dépenses des autorités publiques[75]. Dans cette courte section introductive, nous nous appuyons sur le cas belge pour présenter ces missions « classiques ». Puisque celles-ci diffèrent peu entre les États[76], il n'est pas très utile de s'attarder sur les différences à ce niveau de l'analyse[77].

Existant depuis l'indépendance de la Belgique[78], la Cour est considérée comme un

> « chien de garde » vis-à-vis du Gouvernement. La Cour surveille l'usage que fait le Gouvernement des deniers publics et informe la Chambre de ses constatations. La Chambre a besoin de ces informations pour remplir correctement sa mission de contrôle du gouvernement.[79]

Les membres composant la Cour sont nommés et révoqués par la Chambre pour un mandat renouvelable de six ans qui est pratiquement toujours renouvelé. De plus, la composition de la Cour des comptes reflète la représentation parlementaire des principales forces politiques et linguistiques en distinguant deux chambres l'une francophone, l'autre

---

73 Benoît, O., *op. cit.*, p. 545.

74 Duran, P., « L'évaluation au risque de son institutionnalisation », *PMP*, 2002, vol. 20, n° 4, p. III.

75 Summa, H., « Definitions and Frameworks » dans Pollitt, C. *et al.* (eds.), *Performance or Compliance? Performance Audit and Public Management in Five Countries*, Londres, Oxford University Press, 1999, p. 11.

76 La principale différence réside dans le fait que les autorités de contrôle en France, aux Pays-Bas et en Suisse sont rattachées au Parlement mais qu'elles déclarent être aussi liées à l'exécutif. Pour cela, elles affirment bénéficier d'un statut spécifique ou de relations avec le gouvernement qui garantissent leur indépendance.

77 Nous renvoyons le lecteur intéressé aux ouvrages de présentation des autres institutions. Wojciechowski, J., « L'indépendance et la responsabilité de l'institution supérieure de contrôle. Qui contrôle les contrôleurs ? », *RFAP*, 1999, n° 90, pp. 271-283.

78 Mattijs, H. et É. Vandenbossche, *La Cour des comptes*, Bruxelles, CRISP, 1990, p. 10.

79 http://www.lachambre.be/fiches_parlementaires.html [consulté le 2 février 2000].

néerlandophone, chacune comprenant un président, quatre conseillers et un greffier.

Les missions de la Cour des comptes sont contenues dans la loi du 29 octobre 1846, et ont été modifiées à plusieurs reprises. Selon l'article 180 de la Constitution, la

> Cour est chargée de l'examen et de la liquidation des comptes de l'administration générale et de tous les comptables envers le trésor public. Elle veille à ce qu'aucun article des dépenses du budget ne soit dépassé et qu'aucun transfert n'ait lieu. La Cour exerce également un contrôle général sur les opérations relatives à l'établissement et au recouvrement des droits acquis par l'État, y compris les recettes fiscales. Elle arrête les comptes des différentes administrations de l'État et est chargée de recueillir à cet effet tout renseignement et toute pièce comptable nécessaire. Le compte général de l'État est soumis à la Chambre des représentants avec les observations de la Cour des comptes.

La Cour des comptes remplit quatre missions traditionnelles. En matière financière, le pouvoir législatif par le vote du budget autorise la levée des impôts et leur emploi tandis que le pouvoir exécutif procède à la collation des recettes et la gestion des dépenses[80]. Le contrôle budgétaire est un des moyens classiques de contrôle de l'action gouvernementale. À cet égard, la Cour des comptes joue un rôle d'information et de contrôle. L'adoption du budget est une des tâches les plus importantes du Parlement puisqu'il estime et autorise les recettes et les dépenses de l'année. Bien que d'apparence technique, l'adoption est un véritable acte politique affichant les orientations et priorités gouvernementales. De plus, c'est « par le vote du budget, précédé d'un large débat, que le Parlement marque sa confiance à l'égard de la politique générale du Gouvernement, dont le budget est la concrétisation en termes financiers »[81]. Enfin, le Parlement ne se contente pas d'adopter le budget, il vérifie également sa correcte exécution en votant chaque année la loi des comptes qui opère une comparaison entre les prévisions et leur effectivité.

Durant cette procédure parlementaire, la Cour des comptes remet un avis à la Commission des Finances de la Chambre concernant la fiabilité des estimations et projections déposées par le Gouvernement dans son projet de loi et réalise une préfiguration de l'exécution du budget. Ce rapport, appelé le *Cahier d'observations*, consigne les éventuelles infractions aux règles budgétaires ainsi que les erreurs commises par les

---

80 Magnet, J., « Classification des institutions de contrôle financier », *Revue française de finances publiques*, 1991, n° 36, pp. 9-10.

81 Ergec, R., *op. cit.*, p. 164.

pouvoirs publics. Il est à noter que les remarques formulées par la Cour des comptes portent uniquement sur la légalité et la régularité des dépenses et non sur l'opportunité ou l'utilité de celles-ci.

Ensuite, en matière de dépenses, la Cour exerce une mission administrative, c'est-à-dire qu'avant toute dépense, le Gouvernement doit obtenir le visa préalable[82] qui vérifie « s'il existe des crédits en suffisance pour la dépense en question ; si la dépense a été imputée au crédit approprié du budget ; si la créance existe réellement et peut être prouvée au moyen de pièces justificatives [et] si toutes les dispositions légales ont été respectées »[83]. Sur ce point, le contrôle de la Cour des comptes s'attache également à une mesure partielle de l'efficacité, « sans pour autant empiéter sur le domaine des opportunités politiques, [elle] signale encore les insuffisances caractérisées d'organisation ou de procédure, les anomalies ou lacunes de la réglementation qui conduisent à des situations anormales ou risquent de créer problème »[84].

La troisième mission de la Cour est de nature juridictionnelle[85]. Elle juge la responsabilité des comptables des services de l'État, c'est-à-dire des fonctionnaires chargés de la gestion des deniers publics. Dans ce cadre, elle formule des arrêts, exécutoires au même titre que n'importe quels arrêts ou jugements des cours et tribunaux, arrêts qui ne sont toutefois pas susceptibles d'appel[86]. Signalons que ce contrôle externe de la Cour des comptes ne porte pas préjudice au contrôle interne que

---

82 Le visa n'est toutefois pas requis pour les dépenses récurrentes (loyers, traitements, pensions) qui constituent 80 % des dépenses ou pour les menues dépenses, c'est-à-dire inférieures à 2.500 euros. La Cour des comptes de Belgique est une des dernières institutions supérieures de contrôle occidentales à encore octroyer un visa préalable. Cette obligation devrait disparaître avec la réforme de la comptabilité publique applicable au 1er janvier 2005.

83 http://www.lachambre.be/fiches_parlementaires.html [consulté le 2 février 2000]. En cas de refus de la Cour des comptes d'octroyer son visa, le conseil des ministres peut exiger d'autoriser la dépense. Dans ce cas, la Cour des comptes accorde son autorisation « sous réserve » et en informe immédiatement la Chambre. Il est à noter que l'absence de visa pour les différentes raisons que nous venons d'invoquer ne signifie pas que le contrôle n'a pas lieu. Il sera effectué *a posteriori* lors de l'examen des comptes des comptables.

84 *Cour des comptes. Contrôle administratif des dépenses. Contrôle juridictionnel des comptables*, Bruxelles, 1987, p. 12.

85 Des pays que nous étudions, seule la Cour des comptes française dispose également de ce statut juridictionnel.

86 Ils peuvent faire l'objet d'un pourvoi en cassation en cas de violation de la loi ou des formes légales.

l'Administration peut exercer[87] ou à une procédure disciplinaire qui peut être engagée à l'encontre des comptables des services de l'État[88].

Enfin, au niveau international, la Cour des comptes remplit deux types de mission. La première résulte de l'application des traités européens qui prévoient une collaboration entre les Cours des comptes des différents États membres et la Cour des comptes des Communautés européennes. C'est dans ce contexte qu'est constitué un Comité de contact permanent des institutions concernées et que la Cour des comptes de Belgique vérifie l'utilisation des subventions européennes versées par les fonds structurels. La seconde est moins systématique. Il arrive que la Cour des comptes détache, à titre temporaire, et même parfois définitif, des auditeurs auprès d'organisations internationales (ONU, UNESCO, OTAN, Union européenne, etc.) pour en contrôler, de manière externe, les dépenses[89].

2.1.2. ... à l'évaluation

Durant les dernières décennies, toutes les Cours des comptes voient leurs missions évoluer. Ainsi, actuellement, ces organisations sont confrontées à la question de l'évaluation qu'elles pratiquent parfois. Cette situation les oblige en tout cas à se positionner à l'égard de cet outil, ce qui ne manque pas d'en effrayer certaines.

En 1999, Patrick Dunleavy, lors du congrès de l'Organisation européenne des institutions supérieures de contrôle des finances publiques (EUROSAI), plaide pour une évolution de ces instances de contrôle qui

> ont besoin de se renforcer afin d'assurer leurs nouveaux rôles. Elles doivent être en mesure d'avoir une vue d'ensemble sur la manière dont les administrations communiquent, interagissent et s'intègrent les unes aux autres. Elles doivent appréhender la manière dont la coordination globale des programmes est réalisée, et avoir une capacité d'anticipation. Ce sont là des rôles nouveaux qui ont encore peu d'assise historique, mais qui sont très importants. Ils présentent de grandes potentialités, et devront faire partie de la politique d'influence des institutions supérieures de contrôle.[90]

À l'aune de nos travaux empiriques, force est de constater qu'à cette époque, les situations sont très contrastées entre les différents pays de notre comparaison. Dans le chapitre 3, nous distinguons les Cours des

---

[87] *Cour des comptes. Contrôle administratif des dépenses. Contrôle juridictionnel des comptables*, Bruxelles, 1987, p. 35.

[88] Mattijs, H. et É. Vandenbossche, *op. cit.*, p. 19.

[89] Mattijs, H. et É. Vandenbossche, *op. cit.*, p. 24.

[90] Dunleavy, P., « Les institutions supérieures de contrôle dans un environnement en mutation », *RFAP*, 1999, n° 90, p. 290.

comptes en fonction de leur « enthousiasme » ou de leur « frilosité » à l'égard de la pratique évaluative. Cette échelle croissante nous sert ici à présenter le positionnement de chacune des Cours des comptes.

Comme nous venons de le voir, historiquement, la Cour des comptes joue un rôle de comptable public. Au fil du temps, officiellement ou tacitement, ses missions se sont étendues et ses méthodes adaptées. Par exemple, en Belgique, la vérification du « bon usage des deniers publics » recourt à des concepts proches de ceux utilisés lors de l'évaluation des politiques publiques (analyse de la finalité, coûts-bénéfices). Ceci participe du même processus que celui décrit par Jean-Claude Thoenig à propos du corps des Ponts et chaussées[91] qui a, peu à peu, étendu son influence.

En *France*, la Cour des comptes est composée de sept Chambres « sectorielles » qui opèrent, avec des pouvoirs juridictionnels, un contrôle de conformité *a posteriori* sur les opérations de l'État, des entreprises et établissements publics. Elle est progressivement chargée du contrôle de la Sécurité sociale, des entreprises publiques et de la tutelle sur les nouvelles Chambres régionales des comptes[92]. C'est durant les années 1980, sous l'impulsion d'André Chandernagor, que la Cour des comptes s'ouvre sur l'international en jouant un rôle moteur dans la création de l'Organisation européenne des institutions supérieures de contrôle que la France a présidée de 1999 à 2002.

Selon un président de Chambre de la Cour des comptes, « l'évaluation ne s'improvise pas et elle ne peut être réalisée que par des organismes qui présentent des garanties de permanence et de continuité »[93]. Sur ce point, François Logerot, premier président de la Cour, est conscient de l'élargissement du champ des missions de l'institution qu'il préside. Il affirme que

> la demande d'évaluation devient toujours plus forte. En même temps, si la Cour peut et doit faire des analyses de gestion, elle ne peut que contribuer à l'évaluation des politiques publiques. En effet, par notre positionnement en tant que contrôleurs, *nous ne pouvons pas être des évaluateurs au plein sens du terme, car cela relève d'une démarche fondamentalement différente.*[94]

---

[91] Thoenig, J.-C., *L'ère des technocrates : le cas des Ponts et chaussées*, Paris, L'Harmattan, 1987.

[92] Quermonne, J.-L., « Le corporatisme et la haute fonction publique » dans Colas, D. (dir.), *L'État et les corporatismes*, Paris, PUF, 1988, p. 208.

[93] Propos d'entretien.

[94] C'est nous qui soulignons les propos de François Logerot issus d'un entretien publié dans *La lettre du management public*, 2002, n° 40, p. 2.

Dans la même interview, le président de la Cour des comptes estime que celle-ci n'a pas à devenir le « bras séculier » du Parlement, même si l'article 47 de la Constitution dispose que ses Commissions des finances peuvent bénéficier de l'assistance de la Cour dans le contrôle de l'exécution des lois de finances. Toutefois, sur ce point, Alain Lambert, président de la Commission des finances du Sénat, estime que

> la Cour des comptes est chargée du contrôle du Gouvernement, de l'administration et des organismes publics, mais sous un angle juridique et comptable, tandis que le contrôle parlementaire est par nature, un contrôle essentiellement politique, assorti de jugements de valeur. Ce sont donc deux modes de contrôle complémentaires.[95]

Nous constatons qu'il existe donc bien une différence entre les intentions affichées, les actions observées et les attentes des membres du Parlement à l'égard de la Cour lorsque celle-ci se positionne sur le terrain évaluatif. C'est probablement en raison des divergences existant à ce niveau que la Cour éprouve certaines difficultés à afficher un positionnement clair et unanimement partagé par ses membres. Concrètement, lorsqu'un membre de la Cour des comptes se trouve à la tête d'une instance d'évaluation, il applique son cadre de référence en ne s'interrogeant pas sur les finalités de la loi qui est prise comme un donné mais en analyse la proportionnalité et les effets pervers, ce qui va au-delà du contrôle de l'efficience. Toutefois, cette recherche des effets pervers est symptomatique de la conception qu'ont les membres de la Cour et qui est éloignée d'un cadre idéal de l'évaluation qui s'interroge sur tous les effets de la politique, c'est-à-dire premiers, induits et pervers.

En *Belgique*, la Cour des comptes s'est vue doter d'une nouvelle compétence en 1998. Dans un premier temps, la Cour empreinte d'une longue tradition de contrôle hésite à faire usage de cette nouvelle attribution. C'est sans doute pour cette raison que, jusqu'à présent, les évaluations qu'elle réalise concernent principalement des politiques secondaires[96]. Il faudra voir dans le futur quelles seront les orientations prises lorsque la Cour aura dépassé le stade de l'apprentissage et qu'elle se sera familiarisée entièrement avec cette nouvelle compétence[97]. La

---

[95] Lambert, A., « Renforcer le contrôle du Parlement sur l'exécutif », communication présentée lors de la Réunion des Présidents des commissions parlementaires des finances des pays membres de l'OCDE, Paris, 24-25 janvier 2001, pp. 1-2.

[96] Par exemple, les thèmes retenus par la Cour des comptes portent sur « les accises sur les huiles minérales - une radiographie du contrôle », « l'octroi du minimum des moyens d'existence » ou « l'aide aux victimes d'actes intentionnels de violence ».

[97] Sur ce point, l'exemple français des Chambres régionales des comptes est éclairant. Celles-ci se heurtent aux intérêts des acteurs politiques qui dénoncent « un possible

question primordiale sera de voir si la Cour parvient à se désinhiber de la crainte de contrôler l'opportunité des politiques qui constitue l'élément le plus sensible d'une évaluation.

L'attitude de la Cour des comptes peut s'apparenter à de la frilosité ou de la prudence. Il ne nous appartient pas de juger. Toutefois sur la base de l'exemple britannique, il nous semble, au vu de la suspicion de politisation généralisée en Belgique, que la Cour des comptes ferait l'objet de critiques si elle s'aventurait sur cette voie. En effet, au début des années 1990, les rapports du *National Audit Office* (NAO) contenaient de sévères critiques à l'encontre de la politique gouvernementale. Les ministres se sont défendus en dénonçant la politisation de l'action du NAO et la perte de son indépendance du fait de son entrée dans l'arène politique[98].

Nous ne nous attardons guère sur le cas du Contrôle fédéral des finances suisse dont les compétences en évaluation sont trop récentes pour être expliquées. Toutefois, dans ce cas, c'est précisément un élément conjoncturel, l'adoption de l'article 170 de la Constitution, qui fait prendre conscience aux membres de cette institution de la nécessité de se positionner clairement à l'égard de cette pratique. C'est ce qu'elle fait en envoyant un signal fort et visible à travers la création du CC-EVAL doté de moyens financiers et humains lui permettant de réaliser en peu de temps un certain nombre d'évaluations[99].

Dans le chapitre 3, nous avons défini l'audit de performances qui est réalisé depuis une décennie par un certain nombre de Cours des comptes. Cet audit complète les traditionnelles missions de contrôle des Cours des comptes. Dans une de ces études, le NAO britannique identifie quatre types d'institutions supérieures de contrôle en Europe : les cours dotées de pouvoirs juridiques (la Cour des comptes française ou belge), les institutions collégiales sans fonction juridique (*Algemene*

---

gouvernement local des juges et le risque d'un égarement vers le contrôle d'opportunité ». Pour contourner cet obstacle, les Chambre régionales des comptes s'appuient sur la publicité de leurs travaux pour en asseoir la pratique en mobilisant l'attention d'un large public sur leurs conclusions. Ceci leur permet de justifier leur existence voire leur nécessité. Sur ce point, Olivier Benoît considère qu'une « institution a besoin des médias pour s'établir, s'instituer, se protéger et perdurer ». Benoît, O., *op. cit.*, pp. 545-547.

[98] Glynn, J., Gray, A. et B. Jenkins, « Auditing the Three Es: The Challenge of Effectiveness », *Public Policy Administration*, 1992, vol. 7, n° 3, p. 56.

[99] Sans être exhaustif, mentionnons quelques thèmes qui ont été retenus : « Efficacité de l'adjudication des mandats par la Direction du développement et de la coopération » (en cours), « Politique en matière d'asile Évaluation du programme d'aide au retour au Kosovo » (2003), « Aide aux pays de l'est. Évaluation du programme de coopération en Roumanie » (2002).

Rekenkamer hollandaise), les agences de vérifications indépendantes dirigées par un vérificateur général (*National Audit Office* britannique) et les agences de vérification de l'État (*Riksrevisionsverket* suédois)[100].

Cette nouvelle forme d'audit implique des changements méthodologiques dans la conduite du travail des membres des Cours des comptes. Le cas hollandais illustre ce point de vue. Une analyse de l'évolution des méthodes utilisées entre 1980 et 1990 laisse apparaître les changements suivants : augmentation de la pratique des entretiens, des questionnaires et des sondages dans la récolte d'informations, réduction dans les échanges de courriers avec l'organisme audité, implication de tierces parties ou de groupes d'experts. Ainsi, l'*Algemene Rekenkamer* élargit son champ de consultation à l'extérieur de l'organisme audité en recourant de plus en plus à des méthodes des sciences sociales[101]. De plus, elle veille à une utilisation de ses travaux puisqu'elle considère que

> le rapport d'audit doit fournir des informations accessibles, concises et récentes que le gouvernement, les assemblées générales et les comités des entités auditées peuvent utiliser pour améliorer leur fonctionnement.[102]

Il est intéressant de souligner que l'*Algemene Rekenkamer* veille par son activité à influencer les pratiques gouvernementales, y compris par l'intermédiaire des parlementaires qui peuvent encourager les ministères à appliquer certaines mesures contenues dans ses rapports. Sur ce point, elle estime que 70 % de ses recommandations sont acceptées par le Gouvernement[103].

En résumé, les institutions de contrôle observées se positionnent à l'égard de l'instrument évaluatif en fonction du rôle qu'elles entendent jouer dans le nouvel environnement qui se construit autour de cet outil de pilotage de l'action publique.

2.2. Les tensions internes au dispositif

Comme nous l'avons vu, un dispositif institutionnel se compose d'éléments de nature différente. S'ils poursuivent la même finalité, c'est-à-dire réaliser des évaluations, ils n'en partagent pas tous les mêmes conceptions ou rôles. Comme nous l'avons mis en évidence dans la présentation des dispositifs institutionnels, ceux-ci résultent, la plupart du temps, de l'agrégation d'acteurs provenant d'horizons très diffé-

---

100 NAO, *State Audit in the European Union*, London, NAO, 1996, p. 234.

101 Lonsdale, J., « L'évolution des méthodes d'audit de l'optimisation des ressources – impacts et implications », *RISA*, 2000, vol. 66, n° 1, pp. 88-89.

102 Lonsdale, J., *op. cit.*, p. 98.

103 NAO, *op. cit.*, p. 149.

rents. Cette mise en réseau devant déboucher sur un travail partenarial et parfois collectif n'est pas sans engendrer des tensions plus ou moins grandes, étant donné que chaque individu intègre le dispositif en étant imprégné d'habitus de l'institution à laquelle il appartient.

Pour illustrer cet élément, nous nous appuyons sur la situation française qui, de tous les pays que nous étudions, est celle où les dispositifs sont les moins apaisés. À ce sujet, Pierre Moscovici considère que la situation française est engoncée dans « des enjeux bureaucratiques, bien minces, des querelles de boutiques, en l'occurrence aussi courtoises que sont petites les échoppes »[104].

2.2.1. L'intégration dans un système administratif fermé

Au sein du premier dispositif interministériel, le Conseil scientifique de l'évaluation (CSE) est parfois présenté comme le juge de l'évaluation. Cette impression transparaît d'ailleurs des avis qu'il émet sur des évaluations qui s'éloignent des « canons » ou de la doctrine qu'il entend élaborer. À titre illustratif citons quelques extraits de ses travaux : « les défauts relevés dans la structure et la rédaction de ce rapport, [...] le Conseil scientifique regrette le peu de précisions de ses conclusions »[105], « le Conseil scientifique a constaté que le dossier dont il était saisi ne présentait pas le caractère d'une évaluation au sens du décret du 22 janvier 1999 »[106]. Un ancien membre de cette instance considère que cette position de « tribunal méthodologique »[107] n'était pas opportune dans la phase d'apprentissage de l'évaluation. Ce point de vue est partagé par Jean-Claude Thoenig pour qui « le moyen certain de tuer l'évaluation dans son œuf [c'est] de l'enfermer dans le ghetto de la méthodologie »[108].

D'ailleurs, certains considèrent que le CSE « s'est présenté en une sorte de pape de la méthodologie [...] et il intervenait beaucoup trop tard. Il donnait un avis à la fin qui était une sorte de sanction et qui était

---

[104] Moscovici, P., *Premier bilan du dispositif interministériel d'évaluation des politiques publiques – Pour une évaluation ouverte*, Rapport au Commissaire au Plan (document interne), 1994.

[105] CSE, *L'évaluation en développement 1993 : rapport annuel sur l'évolution des pratiques d'évaluation des politiques publiques*, Paris, La Documentation française, 1994, cité par Audebrand, É., *op. cit.*, p. 23.

[106] CSE, *L'évaluation en développement 1996 : rapport annuel sur l'évolution des pratiques d'évaluation des politiques publiques*, Paris, La Documentation française, 1997, p. 51.

[107] Propos d'entretien.

[108] Thoenig, J.-C., « L'évaluation, source de connaissances applicable aux réformes de la gestion publique », *RFAP*, 1999, n° 92, p. 688.

assez mal vécu et ça se comprend »[109]. L'avis le plus révélateur à cet égard est celui rendu sur le rapport relatif à la politique de la montagne qui a été rédigé par des inspecteurs des finances et qui donna lieu à de vifs échanges épistolaires. Cet épisode témoigne de la sensibilité des grands corps à l'égard de leur travail mais est également révélateur du fait que l'évaluation est une discipline à part entière qui ne peut être confiée à des généralistes fussent-ils issus de « la botte » de l'ENA.

Une autre difficulté qui surgit lorsque des dispositifs institutionnels sont créés est leur alimentation. En effet, comme le mentionne Jean Leca à l'égard de l'institution qu'il préside,

> certains acteurs hésitent à passer devant un Conseil scientifique de l'Évaluation, nommé, dira-t-on, on ne sait trop par qui, en dehors du Président de la République, sur la base d'on ne sait quelles compétences. Pourquoi ? Parce qu'ils voient déjà dans cette évaluation une évaluation politique.[110]

Cette distinction entre l'évaluation politique et l'évaluation de la politique est plus importante qu'il n'y paraît, surtout aux yeux des hommes politiques pour qui l'évaluation nourrit le débat politique. Ce raisonnement devient parfois fallacieux lorsque le commanditaire d'une évaluation en critique les conclusions et recommandations au nom de la méthodologie alors qu'en réalité « je suis face à une évaluation qui ne me convient pas. Que puis-je faire d'autre si ce n'est juger mon juge afin de démontrer que l'évaluation repose sur des erreurs d'appréciation de sa part »[111].

2.2.2. *Un conflit autour de l'expertise légitime : les grands corps*

Soucieux de maintenir une spécialité fonctionnelle, les dispositifs interministériels n'entendaient pas donner aux corps de contrôle une compétence générale en matière d'évaluation[112].

Comme nous venons de le voir, la Cour des comptes adopte vis-à-vis de l'évaluation une attitude défensive assimilable au corporatisme tel que le définit Bruno Jobert. Selon lui, la formation de groupes corporatistes résulte d'un mécanisme de légitimation par différenciation qui repose soit sur la mobilisation sociale soit sur l'expertise. Dans le cas de

[109] Propos d'entretien recueillis par Audebrand, É., *op. cit.*, p. 27.

[110] Leca, J., « L'évaluation dans la modernisation de l'État », *PMP*, 1993, vol. 11, n° 2, p. 169.

[111] Propos d'entretien.

[112] Tenzer, N., « L'évaluation : de la modernisation de l'administration à la réforme de l'action publique », *Revue française des affaires sociales*, 2000, n° 1, p. 38.

la Cour des comptes, c'est à cette dernière qu'il est fait appel. À de nombreuses reprises, les magistrats cherchent à démontrer la spécificité du contrôle, monopole sur lequel ils veillent jalousement, en s'appuyant sur les origines lointaines et prestigieuses de leur institution. Ainsi, nous nous trouvons face à une organisation qui parvient à « accumuler un savoir propre que ni l'administration, ni le politique ne peut aisément contrôler »[113]. À l'inverse, ce corporatisme peut freiner les membres de la Cour qui entendent faire preuve d'innovation ou qui cherchent à « promouvoir une démarche évaluative dans la recherche de la mesure »[114]. Selon la typologie d'Albert Hirschman, ceux-ci ont le choix entre la *loyalty*, la *voice* ou l'*exit*. La mise en place du premier dispositif institutionnel de l'évaluation propose une voie médiane à ces trois possibilités. La solution intermédiaire consiste à intégrer, à la marge du dispositif mis en place, des éléments proches de l'évaluation, ce qui entretient une confusion sur la spécificité de la démarche évaluative souvent confondue avec le contrôle ou l'audit. Sur ce point, rappelons simplement les pressions exercées lors des discussions préalables sur la composition du CSE. À cette époque, il apparaît comme une menace éventuelle pesant sur la légitimité de la Cour. Il s'agit donc d'un conflit d'intérêt où la Cour cherche à préserver les frontières de sa sphère de compétences. Cette attitude dans cette « compétition » semble donner raison à Michel Crozier lorsqu'il explique que les hauts fonctionnaires

> fournissent chaque fois que c'est nécessaire les personnalités capables d'imposer des réformes aux diverses unités administratives qui en ont besoin, tout en respectant autant que possible l'ensemble de leurs règles et en minimisant les aspects autoritaires du rôle qui leur est imparti, grâce à la réputation d'impartialité et au prestige que leur valent leur éloignement et leur appartenance à une élite soigneusement sélectionnée.[115]

Ainsi, les membres de la Cour des comptes[116] n'ont pas de contact avec le milieu de l'évaluation en France dont ils connaissent approximativement les dispositifs. Ils sont tout de même actifs au niveau international par l'intermédiaire de l'Organisation internationale des institutions supérieures de contrôle des finances publiques où ils confrontent les méthodes et concepts des différents États. À l'intérieur de cette organi-

[113] Jobert, B., « La version française du corporatisme : définition et implications pour la modernisation de l'État dans une économie en crise » dans Colas, D. (dir.), *L'État et les corporatismes*, Paris, PUF, 1988, p. 10.

[114] Propos d'entretien.

[115] Crozier, M., *Le phénomène bureaucratique*, Paris, Seuil, 1963, p. 260.

[116] À l'exception d'une Présidente de Chambre régionale qui est membre du Conseil national de l'évaluation après avoir participé aux travaux du Conseil scientifique de l'évaluation.

sation, à côté des missions de contrôle de régularité et de conformité, il semble qu'il existe un consensus plaidant en faveur de l'évaluation des politiques publiques afin de guider le législateur dans son travail.

De plus, au début des années 1990, le développement de l'évaluation des politiques publiques est ressenti par certains grands corps comme une remise en question du monopole de leur « expertise légitime » acquise dans le domaine du contrôle de l'action publique. En effet, la procédure du Comité interministériel de l'évaluation (CIME) paraît inhabituelle d'autant plus que, dans certains cas, les travaux de membres des corps de contrôle sont pointés du doigt. Or, ces grands corps n'entendent pas voir leur influence réduite par la mise en place de ce dispositif. C'est pourquoi la composition du CSE fait l'objet d'une attention particulière de leur part. Cependant, comme nous allons le voir, le Commissariat général du Plan (CGP), à la même époque, entend recentrer son action sur l'évaluation or,

> face à cette offensive des grands corps, le CGP comprend qu'il ne contrôlera pas vraiment le dispositif, et qu'il ne peut pas prendre la direction du CSE, qui doit avoir un chercheur à sa tête pour pouvoir justifier de son caractère scientifique. Prenant acte du tournant corporatiste du Conseil, le Commissaire demande et obtient la nomination d'un administrateur de l'INSEE au CSE.[117]

Nous voyons donc que très vite, l'évaluation est rattrapée voire phagocytée par les contingences des équilibres administratifs nationaux.

À ceci, il convient d'ajouter les revendications du Conseil d'État et de la Cour des comptes de disposer d'un droit de saisine sur le CIME[118]. Il apparaît donc que des luttes ont lieu à tous les niveaux du dispositif pour ne pas en être écarté. Cette volonté d'échapper à une marginalisation témoigne soit de l'importance accordée par les acteurs à l'évaluation des politiques publiques soit d'une volonté de s'immiscer dans le dispositif pour le tempérer, voire le paralyser.

La faible implication de la Cour des comptes dans le second dispositif contraste avec l'effervescence qui avait marqué la composition du CSE lors de la mise en place du premier dispositif. D'ailleurs à cette époque, le premier président de la Cour considérait qu'elle s'était « délibérément orientée vers l'évaluation des politiques publiques, s'inspirant de l'évolution en cours dans plusieurs organismes étrangers homolo-

---

[117] Audebrand, É., *op. cit.*, p. 21.

[118] La revendication de l'Inspection des finances a été rejetée car elle était considérée comme trop liée au Ministère. Audebrand, É., *op. cit.*, p. 21.

gues »[119]. Faut-il considérer que cette attitude témoigne du fait que la Cour ne considère plus l'évaluation comme une menace pesant sur le monopole de l'expertise légitime dont elle jouit ? Sur ce point, Bernard Perret estime que cette attitude lui permet « de tenir sa position d'expert sans avoir à s'expliquer sur son questionnement et ses méthodes »[120]. De son côté, Étienne Audebrand pense que ce désintérêt ne vise pas l'évaluation des politiques publiques dans son ensemble mais uniquement l'évaluation interministérielle[121].

En conclusion, alors que le premier dispositif avait mobilisé l'attention et les énergies d'un grand nombre d'acteurs, la réforme de 1998 n'a plus suscité le même enthousiasme comme l'attestent la faible mobilisation des corps[122] et l'intérêt médiatique limité. Il semble, à l'exception du CGP, qu'une certaine indifférence ait entouré cette réflexion menée, il est vrai, sans beaucoup de consultations. Les tensions qui existent entre les différents acteurs impliqués dans un processus évaluatif semblent expliquer le fait que les évaluations conduites dans le cadre interministériel portent sur des politiques « secondaires » tandis que les questions les plus sensibles[123] sont reléguées à l'intérieur des ministères compétents qui ne souhaitent pas exposer la question sur la place publique.

2.2.3. De la planification à l'évaluation : un commissariat en mutation

Alors que Paul Pierson considère que les institutions politico-administratives entrent rarement en compétition directe parce qu'elles jouissent d'un monopole sur un terrain particulier[124], nous constatons qu'il n'en est rien en ce qui concerne l'évaluation des politiques publiques. Diverses institutions entretiennent des rapports pour le moins tendus[125], même si dans l'ensemble chacun donne l'impression d'avoir trouvé son

---

[119] Allocution d'André Chandernagor (24 janvier 1991) citée par Game, F., *op. cit.*, p. 31.

[120] Perret, B., « L'évaluation dans les administrations d'État : éléments pour un diagnostic. Communication au premier congrès de la SFE, Marseille, juin, 1999 », http://perso.wanadoo.fr/bernard.perret/texte3.htm [consulté le 31 juillet 2001].

[121] Audebrand, É., *op. cit.*, p. 118.

[122] Les pressions exercées, en 1990, par l'Inspection générale des finances, la Cour des comptes et le Conseil d'État pour avoir des représentants dans une instance du dispositif ne se sont pas répétées lors de la réforme.

[123] Tenzer, N., « Une politique peut-elle être évaluée ? Libres réflexions sur une question occultée », *Informations sociales*, 2003, n° 110, p. 63.

[124] Pierson, P., « The Limits of Design: Explaining Institutional Origins and Change », *Governance*, vol. 13, n° 4, 2000, p. 488.

[125] Par exemple, au sein du dispositif interministériel actuel ceux-ci concernent le CGP, la Cour des comptes et le CNE.

équilibre et de s'épanouir au sein de sa « niche »[126]. Ces tensions trouvent leur origine d'une part dans l'ambiguïté qui entoure les définitions de l'évaluation et des pratiques assimilées (contrôle, suivi, audit, etc.) et d'autre part dans l'évolution du rôle des institutions plus anciennes qui doivent parfois recentrer ou retrouver leur place au sein de l'appareil administratif. Ceci concerne particulièrement le CGP qui, après avoir connu son apogée dans l'élaboration des plans, voit, ces dernières années, son utilité remise en question.

Le CGP entendait profiter de la mise en place du dispositif Rocard pour devenir un partenaire central de l'évaluation des politiques publiques. Ainsi, Pierre-Yves Cossé, commissaire général de 1988 à 1991, souhaite que les évaluations menées dans le cadre du dispositif valorisent le rôle politico-administratif du CGP en comportant un caractère interministériel. Il précise ce point de vue en déclarant que « l'évaluation doit être un créneau d'expertise publique distinct des autres et monopolisable par le CGP, les évaluations présenteront nécessairement un intérêt technique »[127].

Depuis de nombreuses années, le CGP ambitionne de jouer un rôle dans l'évaluation des politiques nationales. À titre d'exemple, mentionnons que le « Gouvernement Chirac empêcha Henri Guillaume et le service économique du CGP de continuer à nourrir leur projet d'institutionnalisation de l'évaluation des politiques publiques sur la lancée du rapport Deleau »[128]. L'évaluation constitue d'ailleurs une des quatre dimensions mises en avant dans le rapport de Jean de Gaulle qui entend mettre fin à vingt ans de crise de la planification[129].

Les relations entre les acteurs impliqués dans le dispositif Rocard ont été analysées par une société de conseil (TECNED International) dont les conclusions sont publiées dans un des rapports annuels du CSE. Dans ce texte, nous pouvons lire qu'il existe des « ambiguïtés concernant les rôles et les responsabilités respectives du commanditaire, du conseil et de l'instance au sein du dispositif global d'évaluation »[130].

---

[126] Le principe de la niche est lié à un territoire inoccupé et à une demande qui n'est satisfaite par personne. Goodin, R., *op. cit.*, p. 527.

[127] V. Spenlehauer, *op. cit.*, p. 531.

[128] V. Spenlehauer, *op. cit.*, p. 485.

[129] Une mission de réflexion sur « l'avenir du Plan et la place de la planification dans la société française » est confiée, en décembre 1993, par le Premier ministre, Édouard Balladur, à Jean de Gaulle, député de Paris. Cette mission se concrétise par un rapport intitulé *L'avenir du Plan et la place de la planification dans la société française*.

[130] Baumier, J. et P. Allard, « Étude comparative des travaux d'évaluation des politiques publiques » dans CSE, *L'évaluation en développement 1994 : rapport annuel sur*

Ceci permet d'expliquer les tensions qui apparaissent entre le CSE et le CGP. En réalité, les relations entre ces institutions fluctuent également en fonction de la personnalité du Commissaire. Par exemple, la tension a atteint son paroxysme avec Henri Gaino qui esquisse un projet dans lequel il ambitionne de faire du Commissariat général du Plan une sorte de Cour des comptes évaluative où une technocratisation sans vision pluraliste remplacerait la régulation méthodologique[131].

À travers nos entretiens, nous avons tenté de définir le rôle joué dans ce dispositif par le Commissariat général du Plan et plus particulièrement par le Service de l'évaluation et de la modernisation de l'État (SEME).

2.2.3.1. Le rôle du CGP dans la réforme

Lors de la réforme du dispositif, ce service apporte sa participation en rédigeant un projet de réforme contenu dans un rapport[132] adressé au Commissaire au Plan. Ce projet est le résultat des réflexions d'un groupe de travail[133] qui propose une version du nouveau décret qui place le CGP au centre du dispositif[134]. Même si ce texte est ignoré par le ministre de la Fonction publique, il témoigne de l'état d'esprit dans lequel cette institution se positionne vis-à-vis de l'évaluation des politiques publiques. D'ailleurs, dans les faits il apparaît que le CGP dispose d'un moyen de pression considérable sur le CNE, étant donné que les projets d'évaluation mobilisent des chargés d'étude mis à disposition par le CGP[135].

Étienne Audebrand explique le rôle joué par le CGP dans la réforme et en matière d'évaluation en général par la perte d'influence de cette institution. Le fait que le « Commissariat général du Plan, en 1990

l'évolution des pratiques d'évaluation des politiques publiques, Paris, La Documentation française, 1995, p. 316.

131 Audebrand, É., *op. cit.*, p. 25. Pour une description détaillée du projet Gaino voir le chapitre 2 du mémoire de cet auteur, pp. 41-43.

132 CGP, *L'évaluation : une nécessité stratégique pour un État moderne. Rapport au Commissaire au Plan*, Paris, janvier 1995.

133 Les membres de ce groupe de travail sont Bernard Perret rapporteur général du CSE, Claire Guignard-Hamon, rapporteur général adjoint du CSE, Vincent Léna et Paul Tolila, chargés de mission au service de l'évaluation et de la modernisation de l'État.

134 L'article premier de ce projet de décret mentionnait : « Le CGP est chargé de développer et de coordonner les initiatives gouvernementales en matière d'évaluation des politiques publiques de l'État et des organismes placés sous sa tutelle ». Audebrand, É., *op. cit.*, pp. 91-92.

135 Propos d'entretien.

comme en 1998, a été choisi comme le cœur du dispositif »[136] se justifie en raison du caractère interministériel du CGP, de sa proximité avec le Premier ministre et de sa compétence sur la quasi-totalité des champs des politiques évaluables. Les propos du Commissaire au Plan, Jean-Michel Charpin, lors des journées françaises de l'évaluation de Rennes des 15 et 16 juin 2000, confirment cette impression : « Je veux vous dire que vous pouvez compter, autant que cela sera nécessaire, sur le CGP pour soutenir les progrès de l'évaluation [...] nous serons toujours à vos côtés pour faire progresser l'évaluation en France »[137].

2.2.3.2. Un partenariat ambigu entre le CNE et le Commissariat général du Plan

Le dispositif Rocard aboutissait à une confusion des rôles voire un conflit de compétences entre le CSE et le CGP. Pour éviter cela, la réforme d'Émile Zuccarelli, qui crée le CNE, a confié au CGP les compétences de l'ex-CSE. Ainsi, à l'exception des questions méthodologiques qui restent partagées mais sur lesquelles le CGP dispose d'un avantage, il n'y a plus de chevauchement. Toutefois, il semble que l'enjeu principal du CGP et du CNE soit l'appropriation du contrôle du dispositif[138].

Concrètement, il apparaît que le CGP remplit quatre fonctions déterminantes dans la gestion des évaluations : il assure le secrétariat du Conseil national de l'Évaluation ; un membre du Commissariat participe aux travaux de l'instance d'évaluation ; il assure la publication des travaux d'évaluation ; il gère le Fonds national de développement de l'évaluation[139]. Selon Véronique Hespel, Commissaire adjointe au Plan,

> l'adossement du CNE au Commissariat présente pour lui des avantages de proximité par rapport au cabinet du Premier ministre, d'insertion par rapport au processus de décision gouvernemental et enfin de coordination avec les grandes administrations d'études et de recherche.[140]

[136] Tenzer, N., « L'évaluation : l'âge de la maturité » dans Bahu-Leyser, D. et P. Faure (dir.), *Nouvelles technologies, nouvel État*, Paris, La Documentation française, 1999, p. 125.

[137] Charpin, J.-M., « Évaluation et gouvernance : l'expérience française », Baslé, M. et C. Guignard-Hamon (dir.), *op. cit.*, p. 30.

[138] Comme le souligne un observateur extérieur : « le dispositif actuel pourrait être supprimé ce serait très bien. L'enjeu s'est réduit à un combat de nègres dans un tunnel ». Propos d'entretien.

[139] Tenzer, N., *op. cit.*, p. 126.

[140] Hespel, V., « L'avenir institutionnel de l'évaluation des politiques publiques », *PMP*, 2002, vol. 20, n° 4, p. 61.

Il existe dans les faits une très grande proximité entre le CGP et le CNE. Ceci a pour conséquence que les actions menées par ce dernier doivent être en conformité avec la « ligne » que souhaite suivre le premier. En effet, c'est le CGP qui dispose du plus de moyens de pression sur le CNE par la mise à disposition de chargés de mission pour les évaluations et la transmission d'informations. Sans leur concours, la plupart des évaluations ne pourraient voir le jour.

La pérennité de ce nouveau dispositif est compromise en raison du rôle de « belle-mère » joué par le CGP et de la position bâtarde du CNE. Comme le résume un membre du dispositif « ce n'est pas la situation idéale qui existera encore dans quinze ans »[141]. Or, comme l'affirme un acteur ayant participé à la réforme du dispositif, il s'agit du « projet de la dernière chance »[142]. En raison des échos négatifs qui proviennent de France et du récent désengagement du CGP en matière d'évaluation, devons-nous en conclure que ce nouvel échec sonne le glas de l'institutionnalisation de l'évaluation des politiques publiques au niveau central tandis qu'elle continuera à se développer aux autres niveaux comme l'atteste l'engouement pour les journées de l'évaluation de la Société française de l'évaluation ?

3. Une évolution en réseau : les sources d'influence

Comme nous l'avons déjà précisé, l'institutionnalisation de l'évaluation des politiques publiques est également considérée comme un processus de changement. Parmi les raisons explicatives de celui-ci, il nous semble que l'étude de l'apprentissage et du transfert de politiques offre un angle d'approche intéressant. Persuadés de sa nécessité, Dolowitz et Marsh estiment que « when we are analysing policy change we always need to ask the question: is policy transfer involved? »[143].

Parmi les dispositifs que nous étudions, il n'existe pas une influence directe de l'un sur l'autre. Il est donc difficile de parler d'un véritable transfert de politique. Par contre, en termes d'apprentissage, nous avons montré l'importance de l'incrémentalisme dans l'évolution du dispositif.

Il existe encore un élément sur lequel il nous semble important de dire quelques mots. Ce sont les sources internationales et leur influence. Celles-ci permettent de comprendre la diffusion du managérialisme et donc de certaines formes d'évaluation. Celles-ci sont de deux ordres. Les premières regroupent les organisations internationales « généralistes »

---

141 Propos d'entretien.

142 Audebrand, É., *op. cit.*, p. 54.

143 Dolowitz, D. et D. Marsh, « Learning From Abroad: The Role of Policy Transfer in Contemporary Policy-making », *Governance*, 2000, vol. 13, n° 1, p. 21.

tandis que les secondes concernent plus particulièrement les organisations centrées sur l'évaluation des politiques publiques, c'est-à-dire des communautés épistémiques trans-nationales.

3.1. Les organisations internationales : un paradigme managérial

Les organisations internationales (ONU, OCDE, UNICEF, Agence de la francophonie, FMI, Banque mondiale) sont le fruit de la volonté d'États membres de les mandater dans la gestion d'une compétence particulière. Tout comme d'autres, les organisations internationales n'échappent pas aux phénomènes de bureaucratisation (par exemple en matière de recrutement du personnel) et de professionnalisation.

Elles déploient des efforts particuliers en termes d'évaluation, en vue de mesurer les effets des actions mais également dans une perspective d'auto-légimation. Ainsi, figurent en bonne place

> la construction et la diffusion de compétences techniques spécifiques, complexes et uniques (recours à la science, à l'expertise et au prestige qui leur est associé dans notre culture …) et la création d'une forte culture et d'un référentiel propre (ensemble de normes et de valeurs) qui tendent à asseoir l'autorité de l'organisation.[144]

Ces institutions se caractérisent par le recours systématique à l'évaluation de leurs politiques, programmes et projets. Celle-ci a lieu à différents moments, avant acceptation du projet, en cours de réalisation ou après l'achèvement de celui-ci. Ces évaluations sont polymorphes puisqu'il s'agit d'

> examen multilatéral, suivi, auto-évaluation, évaluation par des experts indépendants, évaluation sectorielle, transversale ou thématique, ou par pays [qui poursuivent des objectifs consensuels :] « tirer systématiquement les leçons de l'expérience », « éviter les erreurs du passé », « rendre compte fidèlement et régulièrement aux États de l'activité de l'organisation internationale », « partager avec les pays membres les fruits de l'expérience acquise par l'organisation internationale dans le cadre de sa mission », et « faire les choix stratégiques qui s'imposent ».[145]

Ces organisations internationales contribuent au développement de méthodologies appropriées. Toutefois, l'utilisation qu'elles font des résultats des évaluations réalisées semble limitée voire réduite à une

[144] Degeorges, O., Monnier, É. et V. Spenlehauer, « L'évaluation comme outil de légitimation : le cas des grandes organisations internationales », *PMP*, 1990, vol. 8, n° 4, p. 3.

[145] Degeorges, O., Monnier, É. et V. Spenlehauer, *op. cit.*, p. 4.

dimension heuristique (codification et formatage des informations, diffusion et renforcement de l'idéologie interne, restitution formalisée et cohérente d'une information complexe, etc.).

3.2. Les organisations centrées sur l'évaluation

Selon Jean-Claude Thoenig, qui fait le point sur la situation française, « l'usage de l'évaluation s'accélérerait si une communauté professionnelle digne de ce nom existait »[146].

3.2.1. Les sociétés nationales d'évaluation

Quand l'évaluation est inscrite à l'agenda et qu'elle se développe dans un pays, elle suscite de nombreux débats. À partir de ce moment, vont se multiplier les articles, ouvrages, séminaires, mémoires et thèses sur le sujet. Tous ces éléments (auto-)alimentent la réflexion sur les meilleures pratiques et formes d'institutionnalisation. Dans certains pays, ce sont donc les scientifiques qui, dans un premier temps, conditionnent le milieu administratif à ce qu'il soit réceptif à cette pratique[147].

En général, durant cette première période du développement de l'évaluation, il n'existe pas de lieu de rencontre permettant à une pensée ou une doctrine de se constituer. Il semble que les liens qui unissent les partisans de l'évaluation des politiques publiques au sein de l'administration centrale s'apparentent à une communauté proche de celle décrite par Pierre Muller et Bruno Jobert, c'est-à-dire dont les individus sont

> socialement homogènes, reliés par des chaînes d'interconnaissances relativement souples et informelles qui transgressent souvent les clivages administratifs.[148]

Par la suite, sur insistance de deux ou trois acteurs particulièrement engagés, des structures d'accueil voient le jour. C'est pour cette raison que, dans la plupart des pays étudiés, il existe une société nationale d'évaluation qui entretient des contacts informels avec les sociétés voisines et dont un certain nombre de membres sont actifs au sein de la société européenne d'évaluation.

---

146 Thoenig, J.-C., « L'évaluation en actes : leçons et perspectives », *PMP*, 2002, vol. 20, n° 4, p. 38.

147 Toulemonde, J., « Panorama des pratiques d'évaluation en Europe » dans CNE, *L'évaluation au service de l'avenir – Rapport annuel*, Paris, La Documentation française, 2000, p. 92.

148 Jobert, B. et P. Muller, *op. cit.*, p. 208.

3.2.2. Une communauté trans-nationale

Depuis quelque temps, à différents échelons, de manière formelle ou non, apparaissent des structures tendant à développer l'évaluation dans un cadre supranational. À la fin de 1994, la Société européenne d'évaluation (SEE) voit le jour à La Haye. À l'initiative de la Chambre des comptes néerlandaise, ce congrès fondateur

> marque une étape importante dans la structuration d'une communauté internationale d'experts et d'institutions concernés par l'évaluation. Bien que des représentants de pays non membres de l'Union européenne aient participé aux travaux, cette réunion s'est déroulée sous le signe de la construction communautaire.[149]

Au cours de cette conférence sont abordées les questions de la structuration nationale des politiques d'évaluation dans les différents pays sans toutefois mettre l'accent sur les aspects méthodologiques.

Le but poursuivi par la SEE

> est de favoriser la théorie, la pratique et l'utilisation de l'évaluation de haute qualité particulièrement, mais pas exclusivement, dans les pays européens. Ce but est obtenu en rassemblant les théoriciens et les praticiens provenant d'Europe et de n'importe quel secteur professionnel, créant ainsi un forum où tous les participants peuvent tirer bénéfice de cette coopération et de ce réseau.[150]

Pour cela, elle organise une conférence biennale rassemblant de nombreux participants provenant de pays, d'horizons sectoriels et professionnels très différents, elle met en place des programmes de formation à l'évaluation et publie un bulletin d'information.

À la suite des expériences nationales et européenne, émerge la volonté de création d'une entité internationale en charge de la coordination des initiatives des sociétés nationales ou régionales afin d'encourager un développement professionnel de la pratique basé sur l'échange d'expériences.

Après une première tentative initiée sous l'impulsion de la Société d'évaluation du Canada[151], s'est constituée au Pérou, en mars 2003, l'*International Organization for Cooperation in Evaluation* (IOCE). Cette organisation regroupe les représentants de trente-sept sociétés d'évaluation d'Amérique du Nord et latine, d'Asie, d'Afrique et

---

[149] CSE, *op. cit.*, p. 57.

[150] http://www.europeanevaluation.org/ [consulté le 26 décembre 2003].

[151] Long, B., « L'internationalisation de l'évaluation », *Bulletin de la Société canadienne d'évaluation*, avril 1999.

d'Europe ainsi que des observateurs d'organisations telles que l'UNICEF, la Banque mondiale, la Fondation Kellogg, etc.

L'assemblée de Lima charge les fondateurs de l'IOCE d'animer pendant une période de dix-huit à vingt-quatre mois les activités préliminaires de cette association. Celles-ci seront, dans un premier temps, virtuelles même s'il est prévu ensuite d'encourager les relations de contact.

Cette association contribue effectivement à une diffusion internationale des pratiques puisqu'elle se présente comme une occasion d'apprendre en commun :

> Those present had an opportunity to discuss different ways of organising evaluation societies and networks, experience with evaluation ethics and standards internationally, how linguistic and cultural diversity was handled by evaluators and the importance of civil society involvement and capacity building in the work of evaluation. Post Assembly workshops were organised on the role of logic models, participation in evaluation and focus group interviewing.[152]

Le comité fondateur de l'IOCE regroupe des membres actifs depuis longtemps dans la communauté internationale des évaluateurs, en témoigne la présidence qui est confiée à Élliot Stern, ancien président de la société européenne d'évaluation.

En conclusion, *ces sociétés concourent essentiellement à fédérer les membres de la communauté des évaluateurs et à édicter des modalités pratiques quant à la réalisation d'évaluations plutôt qu'à initier son développement dans les pays où l'évaluation est balbutiante. C'est sans doute pour cette raison que les sociétés d'évaluation n'apparaissent pas comme un vecteur influençant la finalité du dispositif alors qu'elles élargissent son degré d'ouverture.*

---

[152] http://www.evaluation.org.uk/ukes_new/Events/IOCE.doc [consulté le 10 octobre 2003].

CHAPITRE VIII

L'institutionnalisation de l'évaluation

Compréhension d'un phénomène complexe

Le chapitre introductif de cette partie présentait les hypothèses qui retiennent notre attention dans ce travail. La formulation de celles-ci s'appuie sur un lien de causalité assez fort. Nous sommes conscient de la difficulté qu'il existe en sciences sociales à isoler un seul facteur explicatif d'un mouvement relativement complexe où des causalités multiples voire circulaires peuvent agir. Toutefois, l'exercice entrepris nous permet de poser les éléments qui nous semblent les plus prometteurs. Ensuite, dans les deux chapitres suivants, nous avons cherché à expliquer l'influence de ces facteurs en les confrontant aux situations empiriques observées. Étant donné que nous sommes arrivé au terme de cette présentation, nous considérons que le moment est venu de dresser un certain nombre de constats quant à la compréhension de l'institutionnalisation de l'évaluation des politiques publiques. Celui-ci ambitionne de dégager les principales tendances en la matière. C'est pour cette raison que nous agrégeons certains éléments qui ont été décrits en détail au fil des pages précédentes.

Le premier constat que nous dressons apparaîtra comme tautologique aux yeux de certains lecteurs, puisqu'au terme de notre travail, nous sommes en mesure d'affirmer que les configurations des dispositifs institutionnels s'expliquent par une constellation de facteurs polymorphes. Ce premier enseignement est toutefois moins simpliste et naïf qu'il ne le laisse présager. En effet, de nombreux auteurs qui décrivent un processus national d'institutionnalisation énumèrent l'influence d'éléments conjoncturels (par exemple : la lutte contre les déficits publics, la perte de légitimité des pouvoirs publics, etc.) sans en présenter la construction ni la coordination. De la sorte, ces auteurs expliquent en partie le développement de l'évaluation des politiques publiques, c'est-à-dire sa mobilisation comme solution possible à une situation perçue ou présentée comme problématique, sans étudier l'impact de ces événements sur la configuration de l'évaluation. C'est la principale limite que nous avons tenté de surmonter dans cette étude. Pour cela, nous nous sommes focalisé sur deux éléments caractéristiques d'un dispositif institutionnel : sa finalité et son degré d'ouverture. Si dans la plupart des cas, nous pouvons identifier un élément qui influence les deux caractéristiques en même temps, il est également possible de combiner différents facteurs pour expliquer le dispositif dans sa globalité. Nous constatons que, très vite, nous sommes confronté à un besoin de gestion de la complexité. Pour cela, nous avons procédé en deux temps en mettant l'accent sur la structuration du système politico-administratif et sur les luttes d'intérêts et les enjeux que mobilisent certains acteurs autour ou au sein d'un dispositif institutionnel. Cette grille de lecture guide à nouveau notre présentation synthétique.

Comme nous venons de le spécifier, l'explication du phénomène d'institutionnalisation de l'évaluation des politiques publiques s'appuie sur des causalités multiples. Conscient de cette situation, nous souhaitons tout de même, en conclusion de chaque section, isoler quelques conditions communes propres à un certain type de dispositif. Pour cela, nous présentons un tableau récapitulatif des sous-hypothèses que nous avons formulées.

1. Le terreau institutionnel

À l'origine, les dispositifs institutionnels doivent s'intégrer au sein d'un paysage politico-administratif déterminé dont la nature et la constitution sont le résultat d'un processus historique relativement long. Cependant, ce paysage national n'en est pas pour autant figé. Des aménagements impulsés par des acteurs qui tentent de réagir à une situation particulière peuvent aboutir à une reconfiguration majeure du système politique (par exemple : l'adoption d'un nouveau mode de scrutin suite à une guerre). Dans notre cas, ce choc externe n'est pas aussi marqué, c'est pourquoi il est nécessaire d'affiner l'analyse en observant les évolutions qui interviennent dans la conduite de l'action publique.

En étudiant l'institutionnalisation d'une pratique qui peut à terme induire des adaptations du système politique, il est nécessaire de comprendre son incorporation dans un paysage national empreint d'une certaine stabilité. En effet, il est compréhensible que l'intégration d'un nouveau dispositif produise quelques appréhensions voire tensions au sein des organisations plus anciennes et que le processus d'institutionnalisation s'adapte à ces situations particulières.

Les chapitres précédents présentent d'une manière fragmentée les composantes du paysage politico-administratif et leur influence sur les constructions institutionnelles. D'une manière schématique, nous allons résumer les principaux enseignements en la matière en représentant le système politique et en déterminant les positions dominantes afin de vérifier si le dispositif institutionnel originel se superpose ou non à cette situation. En cas de réponse positive, nous pouvons considérer que le dispositif s'est adapté au système politique. Dans l'autre cas, il est nécessaire de comprendre pourquoi la pratique évaluative est en décalage avec cette situation. Une première piste est un changement de référentiel anticipé par l'évaluation et non encore reproduit dans l'ensemble des structures nationales.

En *Belgique*, les partis apparaissent comme l'élément central du système politique. Ce sont eux qui sont les véritables organisateurs de l'action publique. Ils exercent une pression et un contrôle sur la sphère politique en désignant les ministres et en utilisant le Parlement comme une chambre d'enregistrement de leurs volontés, sur la sphère administrative en désignant les hauts fonctionnaires dont les nominations dépendent d'une distribution politisée et même sur la sphère associative par l'octroi de subventions et soutiens divers aux organisations ne dépendant pas uniquement des anciens piliers mais également à celles qui sont actives auprès d'une « clientèle » possible du parti.

Sans grande surprise par rapport à ces éléments, l'évaluation des politiques publiques se développe très lentement dans ce pays. Le dispositif est orienté vers une finalité de contrôle et son degré d'ouverture est extrêmement limité aux acteurs politico-administratifs ou à des chercheurs provenant d'institutions proches de la mouvance partisane du commanditaire. Dans ce système qui semble extrêmement « cadenassé », il est intéressant de constater que des initiatives ponctuelles parviennent à émerger. Elles sont le fait d'acteurs politisés qui s'écartent des normes établies et qui initient un processus « sauvage » d'évaluation. C'est par exemple le cas de l'évaluation au sein du ministère de l'Emploi qui est coordonnée directement par le Secrétaire Général qui entend disposer d'une information pour le pilotage de l'action de son administration. En agissant de la sorte, ce haut fonctionnaire va à l'encontre du système des cabinets ministériels qui traditionnellement court-circuitent l'administration et produisent une expertise pour le ministre. En présentant cette situation, nous observons que le poids des acteurs est déterminant dans la structuration du débat en matière d'évaluation et que les parcours individuels influent, directement ou indirectement, sur les constructions institutionnelles. Nous reviendrons sur cette influence du jeu des acteurs, individuels et/ou collectifs, dans le processus d'institutionnalisation.

Aux *Pays-Bas*, la vie politico-administrative est organisée autour des ministères qui élaborent les projets de loi et de réglementation pour le Parlement et le Gouvernement. Les différents départements disposent d'une très large autonomie et sont dirigés par des hauts fonctionnaires qui, depuis 1995, sont regroupés au sein d'un collège (ABD). Toutefois, cette évolution est trop récente pour que nous puissions parler d'un véritable corps. Les hauts fonctionnaires bénéficient d'une expertise qu'ils ont accumulée au cours de leur carrière, qui se déroule parfois au sein du secteur associatif. Ces associations sont régulièrement amenées à fournir une expertise sectorielle à l'administration. Celle-ci s'appuie également sur une source académique ou sur les bureaux de conseil pour obtenir une aide ponctuelle. Les clients de ces experts ne se situent pas exclusivement au sein de l'administration puisqu'il arrive que le Gouvernement cherche, de manière régulière ou non, à obtenir des éléments précis, pour la mise en œuvre des politiques. Cette situation confirme le fait que l'évaluation apparaît comme une nouvelle source d'expertise mobilisée par des décideurs soucieux d'examiner l'action de l'État sous un angle novateur.

Ce modèle se superpose bien à la configuration du premier dispositif institutionnel d'évaluation des politiques publiques qui est faiblement ouvert sur l'extérieur et structuré autour de l'administration. À ce sujet, il est intéressant de constater que l'administration développe au fil du temps un savoir-faire de plus en plus précis en la matière. Ensuite, des réglementations générales concourent à la pérennisation du dispositif en y associant la Cour des comptes, mais en excluant d'autres partenaires extérieurs. Nous nous situons donc dans un cadre évaluatif où l'administration occupe de manière très claire la position centrale. En poursuivant le raisonnement, au-delà de la seule pratique évaluative, nous constatons que l'administration est l'acteur pivot de la plupart des phases du cycle traditionnel des politiques publiques puisqu'elle élabore, met en œuvre et évalue les politiques publiques.

En fin de compte, ce système quasiment « autarcique » est faiblement mobilisé par le Parlement, qui est marginalement impliqué dans cette démarche, et bénéficie d'une caution de la part de la Cour des comptes qui, à l'aide de méta-évaluations, veille à la qualité des évaluations et moins aux effets des politiques publiques.

Signalons également qu'en ce qui concerne l'évaluation, nous sommes face à un paradoxe. La littérature nous enseigne qu'il n'existe pas de procédure de coordination entre les administrations ; or, dans notre cas, nous avons observé un dispositif administratif informel mais fortement hiérarchisé et coordonné par le ministère des Finances. L'origine de cette centralité du ministère des Finances au sein des dispositifs institutionnels remonte au début des années 1980 et à son rôle dans l'initiation de la procédure de reconsidération pour laquelle des comités composés de fonctionnaires issus des différents départements procèdent, sous la direction de ce ministère, à l'évaluation des programmes.

Sans doute est-ce en raison de la centralité du contrôle sur les pratiques (les méta-évaluations de la Cour des comptes) que les administrations décident de collaborer afin de suivre un canevas identique lors de la réalisation d'évaluations. Il semble donc que, sur des enjeux précis, les différents départements, pourtant largement autonomes, décident de mettre leur compétence en commun afin d'avancer dans la même direction. Dans le même ordre d'idées, un intranet qui dresse un état des lieux de la pratique évaluative au niveau central concourt à une standardisation de la pratique et à un échange d'informations lors de réunions informelles de ce genre qui sont organisées par le ministère des Finances. Ceci explique sans doute plus qu'ailleurs pourquoi il n'existe pas de grandes différences sectorielles au niveau de l'évaluation, mais également la raison pour laquelle l'ensemble du dispositif évolue au même rythme sur un axe horizontal passant du contrôle à l'évaluation managériale lorsque les principes de base sont assimilés. Il semble donc exister un cercle vertueux alimenté, essentiellement par le ministère des Finances et la Cour des comptes et emprunté, ensuite conjointement, par l'ensemble des départements ministériels.

Le système politique *français* s'organise autour du pouvoir exécutif et plus particulièrement des figures du Président de la République et du Premier ministre, qui disposent du pouvoir réglementaire et d'exécution des lois. En cas de cohabitation, le Premier ministre dispose de pouvoirs plus importants dont il fait usage en l'absence d'un blocage présidentiel. Le Gouvernement soumet au Parlement la plupart des textes qui y sont adoptés et, dans les limites de ses moyens, ce dernier contrôle l'action gouvernementale. La nature de ce contrôle est variable en fonction de la composition de l'Assemblée nationale même si, d'une manière générale, il apparaît que les parlementaires souffrent d'un déficit de compétences en raison d'une extrême technicisation des dossiers. En effet, il existe un déséquilibre d'expertise entre les pouvoirs puisque l'exécutif sollicite régulièrement l'expertise d'académiques ou de hauts fonctionnaires qui consignent leurs résultats dans un rapport structurant le débat politique et dont le dépôt est parfois organisé avec un certain décorum. À côté du Gouvernement, il est un autre acteur qui jouit d'une influence considérable sur la vie politico-administrative française. Il s'agit des grands corps qui sont pour la plupart socialisés au sein des grandes écoles (ENA, Polytechnique, etc.) et qui « colonisent » les lieux du pouvoir.

Le premier dispositif institutionnel reflète la morphologie du système politique. Puisque, comme nous venons de le dire, celui-ci est alimenté par une « expertise officielle » produite, dans la plupart des cas, par les membres des grands corps. Dans cette situation, il est donc nécessaire que l'évaluation reçoive l'« accréditation » de ceux-ci. Comme nous l'avons vu, les premiers développements de cette pratique sont soutenus par le Premier ministre qui s'implique personnellement dans la démarche et par quelques hauts fonctionnaires qui cherchent à sensibiliser les corps à ce nouvel instrument. Cependant, indépendamment de ce parrainage de premier ordre, la greffe prend difficilement, probablement parce que le nouveau dispositif s'organise autour d'une instance (le Conseil scientifique de l'évaluation), dirigée par un professeur d'université, qui échappe à la tutelle des grands corps. Même si cette instance cherche par mimétisme à calquer son comportement sur les us et coutumes en vigueur. En effet, il est intéressant de constater que, dès le départ, ce Conseil reproduit la « mise en scène traditionnelle » de la commande d'expertise ministérielle lors de chaque nouvel exercice évaluatif (séance officielle d'installation de l'instance en présence d'un ministre, cérémonie de dépôt du rapport final, etc.). L'analyse de cette dramaturgie du pouvoir sur laquelle nous ne nous sommes pas attardé mériterait d'être entreprise de manière plus systématique et étendue à d'autres zones de production de savoirs experts. En tout cas, elle atteste qu'une nouvelle pratique qui cherche à légitimer son existence adopte très rapidement et presque naturellement le conformisme de son environnement.

Au-delà de cet élément, le dispositif institutionnel français est étroitement dépendant des caractéristiques du système politique que nous venons de décrire puisque sa pérennité est liée à l'intérêt que lui porte le pouvoir exécutif et à sa reconnaissance par les grands corps. Dès que celle-ci décline, nous constatons que le dispositif est paralysé avant d'être éventuellement réaménagé ou disséminé au sein des différents départements ministériels.

En *Suisse*, c'est également le pouvoir exécutif qui est considéré comme l'acteur central du système politique même si les relations entre les acteurs sont multiples et que les interactions sont variées. Celles-ci sont consacrées à l'élaboration des politiques, phase durant laquelle se joignent les associations et les experts, mais également à la mise en œuvre et au contrôle des activités des uns et des autres. Cette réciprocité assumée conduit à une fragmentation du système politique où chaque acteur intervient aux différentes étapes du cycle d'une politique.

Cette situation se reflète dans la construction institutionnelle en matière d'évaluation des politiques publiques. Le dispositif est extrêmement fragmenté non pas en raison d'une concurrence entre les différents partenaires mais d'une recherche de complémentarité que l'on observe d'une manière générale dans la vie politico-administrative suisse.

Le dispositif institutionnel n'est pas entièrement influencé par le système politique. En l'absence d'un acteur central qui supplante largement les autres pour leur « imposer » une construction institutionnelle, nous observons des phénomènes d'isomorphisme et de dépendance au sentier. Un exemple d'héritage est

> le « départementalisme » au niveau des ministères et la tendance au cloisonnement des offices fédéraux qui sont des phénomènes informels mais néanmoins bien réels. Ils confirment la règle selon laquelle chaque service administratif est porté à cultiver son particularisme et cherche à renforcer sa puissance.[1]

Dans un tel contexte, il est difficile de pouvoir introduire un dispositif volontaire d'évaluation à l'échelon fédéral. Il est donc nécessaire de travailler au sein des offices ou bien d'encourager l'adoption d'une clause évaluative générale telle que l'article 170 de la Constitution.

En conclusion, nous constatons que tous les dispositifs institutionnels trouvent leur place dans l'existant national, c'est-à-dire qu'ils témoignent de la configuration du système politique dans lequel ils voient le jour. Afin d'affiner cette affirmation, nous présentons ci-dessous le tableau récapitulatif des sous-hypothèses qui la fondent. La dichotomisation repose sur l'ensemble des enseignements que nous avons décrits en détail dans les chapitres précédents que nous répartissons sur la base des types de dispositifs élaborés. Il s'agit donc d'une interprétation synthétique qui met en perspective l'ensemble des facteurs et qui concourt à expliquer l'influence du terreau institutionnel sur le processus d'institutionnalisation de l'évaluation des politiques publiques.

À la lecture du tableau ci-dessous, nous observons une très grande similarité entre les deux dispositifs (Suisse 1 et Pays-Bas 2) qui sont regroupés dans le type corporatiste. Celle-ci est moins marquée dans le cas des dispositifs technocratiques même s'ils se caractérisent par trois traits communs : la prépondérance de l'exécutif, la faible implication du Parlement dans le contrôle de l'exécutif et l'association des groupes d'intérêts aux procédures de négociation et de concertation traditionnelles mais rarement au-delà de ce que prévoient les législations en vigueur. C'est d'ailleurs l'élément discriminant entre les dispositifs de type participatif et corporatiste.

La prépondérance de l'exécutif et la concertation des groupes d'intérêts sont deux conditions communes à l'ensemble des cas étudiés. Elles ne sont donc pas discriminantes en tant que telles mais demeurent utiles lorsque nous les combinons avec un autre facteur et notamment le contrôle parlementaire d'une part et la participation des groupes d'intérêts à l'élaboration des politiques d'autre part.

[1] Germann, R., *op. cit.*, pp. 69-70.

Tableau 8 : Aperçu récapitulatif de l'influence du terreau institutionnel

	Technocratique			Corporatiste		Participatif	Libéral
	France 1	Pays-Bas 1	Belgique 1	Suisse 1	Pays-Bas 2	France 2	Suisse 2
Prépondérance de l'exécutif	✓	✓	✓	✓	✓	✓	✓
Parlement actif dans le contrôle				✓	✓	✓	✓
Prépondérance de l'administration	✓	✓		✓	✓	✓	✓
Prépondérance des partis			✓				
Gouvernement de coalition		✓	✓	✓	✓		✓
Concertation des groupes d'intérêts	✓	✓	✓	✓	✓	✓	✓
Participation des groupes d'intérêts à l'élaboration des politiques		✓		✓	✓		✓

Au plan national, le terreau institutionnel évolue très peu au cours de la période observée. Le seul changement que l'on observe tant en France qu'aux Pays-Bas est le renforcement du contrôle parlementaire. Il semble donc que l'évaluation des politiques publiques concourt, partiellement, à la revalorisation de l'activité parlementaire. Sur ce point, l'implication du Parlement hollandais dans le contrôle des activités gouvernementales (et plus particulièrement la politique industrielle) fournit une impulsion au développement de l'évaluation. Par la suite, le Parlement s'appuie sur les travaux de la Cour des comptes pour mener à bien cette mission.

Cette faiblesse des évolutions constatées à ce niveau atteste du fait que les changements dans la configuration des dispositifs institutionnels s'expliquent pour d'autres raisons qui peuvent être liées à un phénomène conjoncturel ou à l'action d'un acteur particulier.

2. Le choix du porteur de projet

L'influence du porteur de projet dans le processus d'institutionnalisation est prépondérante. Ce concept s'inspire de celui d'entrepreneur politique théorisé par Anthony Downs qui présuppose que les partis politiques – coalition d'individus qui cherchent à contrôler l'appareil gouvernemental par des moyens légaux – définissent des politiques dans le but de gagner des élections plutôt que de vouloir gagner les élections pour définir une politique[2].

L'entrepreneur politique doit, faire face au dilemme du Gouvernement qui l'oblige à se

> montrer à la fois *responsive* (conscient des problèmes et des demandes de la population), *accountable* (susceptible de rendre compte de son action, ce qui suppose qu'il sache ce qu'il fait et quels en sont les résultats) et *problem solving* (capable de résoudre les problèmes) alors même que personne ne sait vraiment mesurer l'impact des politiques publiques sur les problèmes qu'elles veulent traiter.[3]

De plus, depuis les travaux de Joseph Gusfield[4], nous savons que la définition du problème influence le registre des solutions dans lequel on va puiser ; il n'en demeure pas moins que celles-ci sont également dépendantes de l'hypothèse causale par laquelle est envisagée la succession des causes et des effets[5].

Il est donc important de tenir compte des acteurs et plus particulièrement des porteurs de projets dans l'initiation voire la promotion de l'évaluation à ses débuts. Toutefois, à cet égard, Jean Leca édicte une mise en garde contre une trop grande personnalisation politique du porteur de projet. Il convient de

> se sortir de l'idée que l'évaluation peut être un truc inventé par un homme politique, histoire de faire un coup médiatique ou symbolique et d'embêter les autres, ce qui aboutit automatiquement alors à ce qu'un autre homme politique qui lui succédera dira « ce truc là, je le mets de côté parce que ce n'est pas ma chose » et ceci revient à quelque chose qui est extrêmement vieux : à partir du moment où une politique publique est simplement considérée comme la propriété d'un acteur politique, alors cette politique publique

---

[2] Downs, A., *An Economic Theory of Democracy*, New York, Harper and brothers publishers, 1957, pp. 22-35.

[3] Muller, P., « L'analyse cognitive des politiques publiques : vers une sociologie politique de l'action publique », *RFSP*, 2000, vol. 50, n° 2, p. 194.

[4] Gusfield, J., *The Culture of Public Problems: Drinking-driving and Symbolic Order*, Chicago, Chicago University Press, 1981.

[5] Rossi, P.H. et H.E. Freeman, *Evaluating: A Systematic Approach*, 5th ed., Newbury Park, Sage, 1993, p. 120.

> à toutes chances dans nos sociétés modernes de devenir hélas rapidement archaïque.[6]

Cette situation se produit en France à l'égard du Conseil scientifique de l'évaluation et du Conseil national de l'évaluation. Ces deux exemples sont les plus illustratifs puisque, dans les deux cas, les dispositifs sont soutenus par le Premier ministre (Michel Rocard et Lionel Jospin) dont les échecs électoraux sonnent le glas des dispositifs, non pas par une suppression radicale mais par la mise en sommeil, par le non renouvellement des membres des instances, c'est-à-dire un lent glissement vers une léthargie euthanasiante.

Ce qui nous semble tout de même mériter une attention particulière est le poids que jouent certains entrepreneurs dans la diffusion de la pratique évaluative puis dans la construction et la réorientation d'un dispositif, ainsi que la capacité d'adaptation dont font preuve les dispositifs pour transcender les conflits et les blocages éventuels qui en découlent. L'action individuelle de certains intervenants permet de comprendre les engagements organisationnels plus larges et par conséquent la configuration du dispositif institutionnel. En identifiant les acteurs individuels, il est possible d'étudier leurs relations et leur influence au sein de l'organisation qui les emploie ainsi que leur faculté à mobiliser d'autres membres de celle-ci dans la diffusion de leurs idées et/ou pratiques. Dans certain cas, cette opération s'apparente à un travail d'entomologiste puisqu'il est nécessaire d'observer leur comportement dans ses moindres détails. En effet, il est possible de trouver des indices

> dans les choix qu'ils opèrent, dans les rôles qu'ils endossent, dans les contraintes qu'ils cherchent à faire peser sur leurs partenaires, dans les petites règles qu'ils utilisent pour faire aboutir des décisions concrètes, et surtout dans les savoirs et les croyances auxquels ils recourent pour entrer dans des jeux de négociations.[7]

Nous le voyons, ce programme s'inscrit dans le cadre d'un autre dispositif de recherche qui rentrerait beaucoup plus en détail dans la vie d'un dispositif afin d'en présenter les évolutions dans toute sa précision. Cette exhaustivité est difficilement conciliable avec le choix de l'analyse comparée qui est le nôtre. Toutefois, il apparaît évident qu'une telle approche permettrait d'éclairer sous un angle original les processus d'institutionnalisation.

---

[6] Leca, J., « L'évaluation dans la modernisation de l'État », *PMP*, 1993, vol. 11, n° 2, p. 172.

[7] Nay, O. et A. Smith, « Les intermédiaires en politique. Médiation et jeux d'institutions » dans Nay, O. et A. Smith (dir.), *Le gouvernement du compromis. Courtiers et généralistes dans l'action politique*, Paris, Économica, 2002, p. 8.

Dans chaque pays, il est possible de personnaliser très clairement le processus d'institutionnalisation de l'évaluation tant dans sa phase d'initialisation que de changement. Sur la base des matériaux que nous avons récoltés durant nos entretiens, il nous aurait été possible de personnaliser, voire de dramatiser, chacune de ces étapes. Ce n'était pas l'ambition de notre propos. D'ailleurs nous sommes conscient que l'ouverture des personnes qui nous ont accueilli et la transparence dont elles ont fait preuve étaient intimement liées au respect de la clause de confidentialité annoncée en début de chaque entretien.

En identifiant les porteurs de projets au sein de chaque arène politico-administrative, nous constatons que la plupart d'entre eux appartiennent à l'organisation qui occupe une position centrale dans le dispositif. Il y a donc peu d'engagements et d'investissements en la matière qui finalement ne sont pas récompensés.

Dans cette section, nous récapitulons les variables explicatives des éléments de stabilité et de changement. Nous les présentons de façon synthétique afin de les regrouper et de déterminer quelles sont les interactionsentre les uns et les autres. En ce qui concerne le moteur du changement, force est de constater qu'il occupe une place centrale dans la rhétorique de nombreux décideurs politiques et gestionnaires publics. La littérature n'échappe pas à l'utilisation d'expressions symboliques voire incantatoires

> telles que la réinvention du gouvernement, la reconstruction, la revitalisation du service public, la transformation organisationnelle, la gestion de la qualité totale, le changement de modèle, l'esprit d'entreprise et le développement des capacités.[8]

Dans cette logique, il n'est guère surprenant de constater le développement de l'évaluation des politiques publiques. Ce qui l'est plus c'est l'impression donnée par les acteurs engagés d'un besoin d'amélioration constante passant par des mutations, une réorientation ou une redéfinition des finalités du dispositif. Nous constatons que ces évolutions sont moins justifiées par une volonté d'amélioration de l'efficacité des dispositifs que par la perspective de favoriser les repositionnements des uns et des autres. Ceci explique sans doute pourquoi les changements sont rarement « révolutionnaires » au sens où ils touchent les deux dimensions (degré d'ouverture et finalité) de la configuration institutionnelles mais qu'ils se produisent de façon incrémentale.

En conclusion, et afin d'affiner les constats que nous venons d'énoncer, nous présentons ci-dessous le tableau récapitulatif des sous-hypo-

---

[8] Thomas, P., « Au-delà des mots à la mode : faire face au changement dans le secteur public », *RISA*, 1996, vol. 62, n° 1, p. 7.

thèses, que nous avons formulées précédemment. Nous y dichotomisons l'ensemble des enseignements dans une perspective synthétique.

Tableau 9 : Aperçu récapitulatif de l'influence du choix des porteurs de projets

	Technocratique			Corporatiste		Participatif	Libéral
	France 1	Pays-Bas 1	Belgique 1	Suisse 1	Pays-Bas 2	France 2	Suisse 2
Déficit public érigé en problème		✓	✓				
Crise de légitimité	✓	✓	✓			✓	✓
Modernisation de l'administration	✓			✓	✓		✓
Implication politique	✓					✓	
Implication administrative	✓	✓	✓	✓	✓	✓	✓
Implication académique	✓			✓			✓
Implication des consultants						✓	✓

La lecture de ce tableau nous permet de tirer cinq enseignements. Le premier concerne la très grande variabilité de la situation française (France 1) en comparaison aux situations belge et hollandaise en ce qui concerne l'institutionnalisation de type technocratique. Les différences, sur lesquelles nous reviendrons ci-dessous, portent sur l'érection du déficit public en tant que détonateur du processus d'institutionnalisation, de l'intégration de l'enjeu évaluatif dans une réforme administrative et de l'implication conjointe du pouvoir politique et du monde académique. Ce cas s'éloigne donc de la configuration observée dans les deux autres situations. Cette limite s'explique en partie en raison du nombre limité de cas que nous observons dans cet ouvrage.

Deuxièmement, l'hypothèse selon laquelle l'existence d'un déficit public érigé en problème collectif encourage la construction d'un dispositif de type technocratique est partiellement validée. En effet, tous les autres types de dispositifs voient le jour en l'absence de la mise à l'agenda de cette question. Cependant, le cas du premier dispositif français ne nous permet pas de valider complètement cette hypothèse puisque dans ce pays, l'évaluation se développe en étant déconnectée des processus budgétaires.

Le troisième facteur couramment avancé pour expliquer le développement de la pratique évaluative est son intégration dans une vague de modernisation de l'administration publique et plus spécifiquement l'introduction des principes de la Nouvelle Gestion Publique. À cet égard, nous constatons que les premiers dispositifs voient le jour indépendamment de cette situation. Toutefois, si l'on considère les finalités des dispositifs telles que nous les avons présentées, la répartition des dispositifs s'explique par l'existence ou non de réformes managériales. Ainsi, les dispositifs de type corporatiste (et libéral) développent une vision managériale de l'évaluation tandis que les dispositifs du type technocratique (et participatif) cantonnent les évaluations dans une dimension de contrôle. C'est ce qui ressort de ce tableau. Seul le premier dispositif français voit le jour dans le cadre d'une vague de modernisation de la fonction publique sans que cela n'invalide notre hypothèse. En effet, le service public « à la française » est toujours resté très réservé à l'égard du courant managérial de réforme du secteur public.

Ensuite, l'hypothèse relative à l'influence d'une crise de légitimité sur le degré d'ouverture des dispositifs institutionnels est également invalidée. En considérant que le dispositif institutionnel a un degré d'ouverture plus grand (France 2 et Suisse 2) lorsqu'il y a une crise de légitimité et qu'en son absence le dispositif a tendance à se replier sur les acteurs « officiels » (Suisse 1 et Pays-Bas 2), il semble que l'hypothèse est validée. Ce serait sans compter sur les dispositifs de type technocratique qui ont un faible degré d'ouverture alors qu'ils voient le jour durant une période où les citoyens doutent de leurs institutions. En conséquence, si cette hypothèse n'est pas convaincante pour expliquer le type d'institutionnalisation, elle demeure tout de même une piste d'explication au développement de l'évaluation des politiques publiques. En effet, à l'exception de la Suisse, l'existence d'une crise de légitimité dans les institutions publiques est concomitante à l'essor de la pratique évaluative.

Enfin, en ce qui concerne les catégories d'acteurs qui se mobilisent pour encourager le développement de la pratique évaluative, nous constatons une très faible mobilisation des acteurs politiques et une très grande implication des acteurs administratifs dans la promotion de l'évaluation. En ce qui concerne les consultants privés ou les membres du milieu académique, ce tableau atteste d'une situation contrastée. Sans beaucoup de surprise, nous voyons que lorsqu'il existe un marché évaluatif, les sociétés privées se positionnent à cet égard dès lors que la pratique semble se pérenniser comme c'est le cas dans les deuxièmes dispositifs en France et en Suisse. La situation est quelque peu différente aux Pays-Bas où il est très rarement fait appel à des consultants privés ou académiques lors de la réalisation d'évaluations. Ceci explique probablement la non implication du monde académique lors du processus hollandais d'institutionnalisation de l'évaluation. À l'inverse, en Suisse, les chercheurs ont été associés dès le début aux développements et à la valorisation de l'évaluation des politiques publiques. Jusqu'à présent, cet enthousiasme ne s'est pas démenti, contrairement à la situation française où les chercheurs désinvestissent le champ évaluatif à la suite de l'échec du premier dispositif interministériel organisé autour du Conseil scientifique de l'évaluation.

3. Un processus de changement incrémental

À plusieurs reprises, nous avons insisté sur la nécessité d'identifier les facteurs explicatifs du changement institutionnel. C'est pour cette raison que nous souhaitons consacrer une section autonome à cette question même si elle est intimement dépendante des autres éléments que nous avons mentionnés ci-dessus.

Le premier constat que nous pouvons tirer de notre recherche est que tous les dispositifs institutionnels évoluent. Les dispositifs français et hollandais qui émergent sous la forme d'un dispositif technocratique évoluent respectivement vers les types participatif et corporatiste tandis que le dispositif suisse passe du type corporatiste au type libéral. Toutefois, et contrairement à ce que nous pensions, les changements institutionnels ne sont pas aussi saillants que nous l'imaginions. Le changement entre les dispositifs institutionnels est présent mais rarement radical. Les évolutions qui se produisent sont le fruit d'un aménagement du processus originel et aucun dispositif n'est supprimé. Ainsi, les thèses de l'écologie des populations trouvent peu d'échos en ce qui concerne la pratique évaluative. Ceci s'explique principalement par la durée de la période observée où les changements de finalité au sein d'un dispositif sont peu répandus. Cet élément est également mis en évidence par le courant cognitiviste de l'analyse des politiques qui admet que les changements de paradigme ou de référentiel ne peuvent s'observer qu'en prenant en compte une période relativement longue.

Les dispositifs institutionnels apparaissent donc comme les miroirs d'une réalité politico-administrative plus large. D'ailleurs, le seul cas observé d'évolution des finalités se produit aux Pays-Bas où la pratique évaluative est plus ancienne et où la conduite de l'action publique a connu de considérables réorientations au cours de la période considérée. C'est pour cette raison que l'évaluation passe d'une phase d'apprentissage orientée sur le contrôle à une étape où la finalité managériale est dominante.

Pour le reste, le changement le plus fréquemment observé consiste en un accroissement du degré d'ouverture. Il s'explique principalement par l'élargissement du nombre d'acteurs qui sont tentés de prendre part à une pratique qui jette un regard novateur sur la conduite de l'action publique, par la mise en réseau et la constitution de communautés épistémiques nationales et internationales et par la structuration progressive du marché[9] qui se constitue.

C'est donc essentiellement l'apprentissage qui découle des premières expériences qui constitue le moteur du changement. Dans certains cas, un conflit sert de détonateur pour une modification radicale (par exemple en France) ou marginale (par exemple en Suisse) de la configuration d'un dispositif institutionnel.

Afin d'affiner les constats que nous venons d'énoncer, nous présentons ci-dessous le tableau récapitulatif des sous-hypothèses formulées dans l'introduction de cette partie. Nous dichotomisons les enseignements des deux chapitres précédents dans une perspective synthétique :

Tableau 10 : Aperçu récapitulatif du processus de changement

	Technocratique			Corporatiste		Participatif	Libéral
	France 1	Pays-Bas 1	Belgique 1	Suisse 1	Pays-Bas 2	France 2	Suisse 2
Tension externe au dispositif	✓					✓	
Tension interne au dispositif	✓			✓		✓	
Institutions traditionnelles en perte d'influence	✓	✓	✓			✓	
Transfert et/ou influence externe							

Sur la base des matériaux empiriques dont nous disposons (littérature, entretien, etc.), il apparaît que les changements institutionnels ne s'opèrent pas en raison d'un processus de transfert de politique revendiqué. Toutefois, comme nous l'avons mentionné, les membres de la communauté des évaluateurs se rencontrent dans certaines réunions internationales (par exemple le colloque de la Société européenne d'évaluation) où des exemples concrets sont présentés. Il est donc évident qu'ensuite,

9 Leeuw, F., Toulemonde, J. et A. Brouwers, « Evaluation Activities in Europe: A Quick Scan of the Market in 1998 », *Evaluation*, 1999, vol. 5, n° 4, pp. 487-496.

certains acteurs tentent d'aménager le dispositif au sein duquel ils sont actifs. L'étude de ce phénomène de percolation nécessite un programme de recherche qui analyserait en détail les communications présentées lors de ces colloques en les croisant avec la liste des inscrits pour ensuite vérifier si ces derniers sont devenus les porte-parole de « bonnes pratiques » qui leur auraient été présentées.

L'explication du changement en raison de l'existence de tensions internes ou externes aux dispositifs n'est guère convaincante. Tout d'abord parce qu'il existe des dispositifs qui évoluent dans une situation complètement apaisée (Pays-Bas). Ensuite parce que des dispositifs conflictuels peuvent le demeurer malgré des aménagements qui y sont apportés (France) ou évoluer vers une situation apaisée et voir leur degré d'ouverture augmenter comme en Suisse. Les résultats à cet égard sont peu convaincants. Il nous semble nécessaire de prendre en compte la nature du conflit, les appartenances organisationnelles des acteurs en conflit, etc. C'est sur ce point qu'il nous semble que des progrès peuvent encore être entrepris dans une perspective de compréhension plus fine du processus de changement institutionnel.

Par contre, l'hypothèse relative à la mobilisation d'organisations traditionnelles en perte d'influence autour de la question évaluative semble plus prometteuse. En effet, nous constatons clairement que les dispositifs aux ambitions de contrôle avérées (technocratique et participatif) regroupent les pays au sein desquels les organes de contrôle traditionnels sont en perte de vitesse tandis que cette situation est inversée pour les dispositifs animés d'une finalité managériale (corporatiste et libéral). De plus, en considérant l'exemple hollandais, nous constatons que si la position qu'occupe cette organisation de contrôle évolue, alors le dispositif peut voir sa finalité être réorientée. Ce sont donc les buts organisationnels et l'image que véhiculent les organisations à l'égard de leur environnement qui semblent être les éléments déterminants en la matière.

En conclusion, nous partageons le point de vue d'Olivier Benoît qui, en étudiant les Chambres régionales des comptes en France, constate que les institutions « ne deviennent pas ce pour quoi elles furent créées »[10]. Selon cet auteur, les « institutions échappent partiellement ou complètement à leurs créateurs », c'est-à-dire que des changements se produisent à l'instigation de différentes impulsions. En effet, l'évaluation, en se développant, fait naître de nouvelles attentes (transition entre les finalités) et produit de nouvelles compétences qui cherchent à s'intégrer au dispositif existant (élargissement du degré d'ouverture).

---

[10] Benoît, O., *op. cit.*, p. 535.

Conclusion

Cette étude analyse dans quelle mesure l'institutionnalisation de l'évaluation des politiques publiques est influencée par les caractéristiques du système politico-administratif dans lequel elle voit le jour et par la nature des élites qui encouragent et, éventuellement, participent à ce mouvement[1]. Cette assertion présuppose que pour être appropriée, l'évaluation doit être présentée aux gestionnaires publics comme une solution à des problèmes concrets qu'ils rencontrent et leur apporter une plus-value par rapport à d'autres instruments de pilotage de l'action publique (par exemple l'audit, le *monitoring*, etc.). Certains auteurs soulignent l'influence prépondérante d'une culture administrative et, en particulier, de la formation en sciences sociales des fonctionnaires chargés de diffuser la pratique évaluative[2] comme facteur explicatif de son développement. Au terme de notre travail, nous constatons que l'institutionnalisation est un processus alimenté par de multiples facteurs que nous avons isolés afin de déterminer une éventuelle prépondérance.

Ces différentes interprétations et les considérations qu'elles véhiculent constituent le centre de notre travail qui cherche à expliquer les processus d'institutionnalisation de l'évaluation des politiques publiques dans quatre démocraties européennes. En effet, comme nous l'avons démontré, la manière d'institutionnaliser l'évaluation n'est pas une « préoccupation mondaine »[3], même si elle ne fait guère l'objet de réflexions scientifiques. En réalité, l'institutionnalisation représente un véritable enjeu dans une dimension tant structurelle que cognitive.

---

1 Duran, P., « Les ambiguïtés politiques de l'évaluation », *Pouvoirs*, Paris, PUF, 1993, n° 67, p. 137.

2 « Our evidence suggests that there is an interesting degree of correspondence between the pace in the institutionalization of evaluation and the degree to which the dominant administrative philosophies, expressed in HRM (Human Resource Management's) policies, are open to innovation. Where the administrative-legal culture is clearly dominant and HRM is hesitant (or repressed) in different values and academic specialities, the acknowledgement of evaluation is seriously hindered ». Bemelmans-Videc, M.-L., Eriksen, B. et N. Goldenberg, « Facilitating Organizational Learning: Human Resource Management and Program Evaluation » dans Leeuw, F., Rist, R. et R. Sonnichsen (eds.), *Can Government Learn? Comparative Perspective on Evaluation and Organizational Learning*, New Brunswick, Transaction Publishers, 1994, p. 179.

3 Thoenig, J.-C., « L'évaluation en actes : leçons et perspectives », *PMP*, 2002, vol. 20, n° 4, p. 47.

D'une part, l'appropriation de l'évaluation apparaît comme un enjeu pour des acteurs ou des organisations qui entendent se positionner à l'égard de cette pratique. D'autre part, indépendamment de la finalité que poursuit un dispositif institutionnel, le développement de l'évaluation véhicule l'image positive d'un État pour lequel la prise en compte du « souci de soi » passe par une réflexivité sur ses activités.

De nos jours, l'étude des institutions est empreinte d'une certaine suspicion puisqu'elles sont, traditionnellement, présentées en déclin voire en crise[4]. Depuis une trentaine d'années, les fondements des sociétés européennes ont été redessinés. Un vaste mouvement de libération anime cette évolution à laquelle l'État et ses composantes n'ont pu échapper, étant donné que leur rigidité, leur unilatéralisme et leur opacité ont été régulièrement dénoncés. Toutefois, cette critique des institutions n'a pas abouti à leur disparition (certaines d'entre-elles demeurent d'ailleurs influentes) mais a induit de profondes modifications. Celles-ci portent notamment sur un réaménagement de leurs missions ou sur leurs rapports à la société puisqu'elles interagissent de plus en plus régulièrement avec de nombreux acteurs sociaux. Dans l'ensemble des pays étudiés, l'évaluation trouve donc sa place dans ce contexte, même si elle connaît des disparités, plus ou moins affirmées, dans son mode d'institutionnalisation. Ce développement n'est guère surprenant, étant donné que cette pratique permet d'interroger l'action publique sous un angle différent des traditionnels contrôles de légitimité ou de régularité et que, dans certains cas, elle associe les bénéficiaires finaux des politiques. Ainsi, les nouveaux mouvements sociaux peuvent être associés aux différentes étapes du cycle d'une politique depuis la construction du problème jusqu'à son évaluation.

Les présentations détaillées des situations nationales attestent de l'existence d'une grande diversité en la matière. Afin de comprendre les mutations institutionnelles, nous les avons considérées dans un sens large. Pour cela, nous avons ajouté une dimension procédurale à la vision plus restrictive que nous retrouvons traditionnellement

> dans le jargon administratif, [où] institutionnaliser signifie créer des institutions, spécialiser des organisations, énoncer des pratiques standards qui soient, si possible, de bonnes pratiques, émettre des règles de conduite qui exigent de la conformité et qui exercent de la contrainte sur les ressortissants comme sur les tierces parties.[5]

L'observation des dispositifs permet d'identifier des facteurs de régulation de la pratique évaluative en Belgique, en France, aux Pays-Bas

---

[4] Dubet, F., *op. cit.*, p. 15.

[5] Thoenig, J.-C., *op. cit.*, p. 47.

et en Suisse. En résumé, nous constatons que les constructions institutionnelles diffèrent en fonction du terreau dans lequel elles fleurissent mais également en raison des enjeux qui structurent le débat et des solutions que proposent les porteurs de projets qui se mobilisent autour de cette question.

1. Une institutionnalisation multiple et polycentrique

Sans grande surprise, nous observons que l'institutionnalisation de l'évaluation des politiques publiques est un processus qui connaît des cheminements différents selon les pays. Nous avons constaté que les spécificités institutionnelles nationales induisent des différences parfois considérables du point de vue de la construction des dispositifs institutionnels d'évaluation des politiques. Chaque système politico-administratif emprunte non seulement une voie propre, mais échafaude également des dispositifs institutionnels particuliers.

Dès lors, « l'évaluation permet [...] de rendre relativement cohérente une action publique en miettes et donc de redonner un sens à la notion de contrôle démocratique »[6]. En raison de la contestation des institutions, dont nous venons de parler, nous constatons que dans la plupart des cas, les décideurs s'accordent sur le fait que l'évaluation, productrice d'informations et de connaissances, participe de la modernisation de l'administration[7].

Plus ou moins récemment, l'évaluation des politiques publiques est apparue dans l'ensemble des pays analysés comme une nécessité permettant de surmonter des difficultés conjoncturelles. Les raisons motivant son développement sont à peu près partout identiques, allant d'un souci de rationalisation budgétaire en passant par un regain de légitimité des pouvoirs publics ou encore une volonté de moderniser les services publics afin de « concurrencer » le secteur privé. Cependant, le terme « évaluation » recouvre également des réalités souvent différentes d'un point de vue tant sémantique que méthodologique et les adjectifs ne reflètent pas toujours les réalités observables. Par exemple, prise dans une optique de contrôle démocratique, l'évaluation pourrait tout de même se transformer en une procédure technocratique cautionnant certaines orientations politiques. En conséquence, dans les pays où l'institutionnalisation de l'évaluation est balbutiante ou en difficultés, il nous semble que la « désacralisation » de cette pratique pourrait encourager son développement. En effet, jusqu'à présent, l'évaluation s'inscrit dans un mode de dramatisation qui n'encourage pas son inscription dans

6 Rouban, L., *La fin des technocrates ?*, Paris, Presses de Sciences Po, 1998, p. 113.

7 Thoenig, J.-C., *op. cit.*, p. 681.

un registre « normal » de l'action publique. Une autre évolution qui pourrait favoriser la généralisation de la pratique réside dans la mobilisation de nombreux acteurs, provenant d'horizons variés au-delà du cercle restreint des initiés[8] qui, dans certains cas, cherchent à complexifier cette pratique pour s'en assurer le monopole.

Notre présentation des dispositifs institutionnels dans quatre démocraties européennes met en évidence le caractère partenarial qu'induit le développement de l'évaluation des politiques à une époque où l'unilatéralisme semble être passé de mode et que la gestion publique est dominée par un paradigme participatif. Cette situation suscite des modifications dans la perception du processus décisionnel puisque la loi perd, en partie, son autorité en raison d'un recours accru aux procédures de consultation, de coordination et de coopération[9]. Dans cette optique, il semble qu'aucun organe n'est en mesure d'assumer seul l'évaluation des politiques puisqu'elle est le fruit d'une collaboration entre différents niveaux de pouvoir aux intérêts multiples. Sur ce point, nous partageons l'avis de Pierre Moor qui estime que le Parlement ne s'en donne pas les moyens, que le Gouvernement manque de légitimité pour procéder à la définition et à la coordination générale des objectifs, tandis que l'administration a un champ de vision trop étroit et sectoriel. C'est dès lors une combinaison des différents acteurs concernés par la conduite de l'action publique qui aboutit au développement d'un dispositif intégré. Celui-ci passe, dans certains cas, par la généralisation d'un réflexe évaluatif, à l'aide notamment des clauses évaluatives mais également d'une mise en œuvre effective de ce principe et surtout d'une appropriation et d'une utilisation des savoirs produits. Cette situation peut apparaître utopique aux yeux de certains alors que, pour d'autres, elle est idéale à condition que chacun perçoive les enjeux et les limites de l'évaluation des politiques publiques.

Arrivé au terme de notre étude, nous pouvons répondre à la question « Do institutions matter ? » en matière d'institutionnalisation de l'évaluation des politiques publiques. Cette réponse est mitigée. Oui, les institutions prises comme cadre d'action possible influent sur la nature des constructions institutionnelles. Toutefois, nous l'avons vu, elles ne déterminent pas totalement le comportement des acteurs qui restent les véritables moteurs de la construction. Ce sont donc bien les acteurs qui sont les architectes des dispositifs et non le paysage institutionnel existant. Ceci ne signifie pas pour autant qu'il ne joue pas un rôle, que ce

---

[8] Isaia, H., « Comment passer de l'évaluation des politiques contractualisées à l'évaluation du contrat de plan État-Région ? », *Revue française de finances publiques*, 2000, n° 69, p. 200.

[9] Moor, P., *op. cit.*, p. 643.

soit en matière d'héritage ou sous la forme d'isomorphisme. Cependant, sans la volonté des acteurs, les contraintes institutionnelles n'auraient pas l'occasion de s'exprimer.

2. Les intérêts des acteurs comme moteur de l'engagement

Le cheminement institutionnel de l'évaluation des politiques publiques ne saurait donc être retracé et compris sans analyser en profondeur le jeu des acteurs concernés par le développement théorique et méthodologique, l'application concrète et les (anticipations des) effets politiques induits par les résultats mêmes de l'évaluation. L'ancrage institutionnel et sa configuration dépendent en premier lieu des intérêts défendus, des ressources mobilisées ainsi que des règles et arènes décisionnelles activées par des porteurs de projets actifs au sein du Parlement, du Gouvernement ou de l'administration, mais aussi de la réappropriation de ce nouvel instrument par les organes de contrôle traditionnels (Cour des comptes et commissions parlementaires par exemple) ou par d'autres instances centralisées de pilotage des politiques publiques (Bureau du Plan, etc.) et, finalement, de l'existence d'une communauté d'évaluateurs (académiques, consultants privés et fonctionnaires spécialisés).

Jean Leca énonce deux conditions nécessaires au développement de l'évaluation centrale. Selon cet auteur, il est indispensable

> qu'il y ait une durée de l'impulsion ; si l'impulsion s'arrête, l'évaluation retombera dans sa vitesse ordinaire (la dérive des glaciers étant irrépressible, l'évaluation continuera parce que c'est une espèce de contrainte sociale peut-être liée aux crises de régulation des sociétés occidentales), mais il y aura à ce moment un arrêt de l'évaluation officielle ; la deuxième condition est qu'il faut que l'acteur qui donne l'impulsion ait une légitimité dans l'appareil d'État, suffisante pour que l'évaluation puisse se développer sans apparaître comme une machine de guerre d'un pouvoir contre un autre ou d'un segment contre un autre segment.[10]

Ce sont ces deux éléments que nous avons cherché à mettre en évidence dans les processus nationaux étudiés. Sur cette base, l'explication première des différentes voies nationales suivies repose sur le poids respectif de réformateurs qui croient au « mythe »[11] de l'évaluation, dans le sens où, d'une part, ils adhèrent aux idées de modernisation du secteur public que sous-tend l'évaluation des politiques (aspiration réfor-

---

[10] Leca, J., *op. cit.*, p. 170.

[11] Bézès, P., « Les hauts fonctionnaires croient-ils à leurs mythes ? L'apport des approches cognitives à l'analyse des engagements dans les politiques de réforme de l'État. Quelques exemples français (1988-1997) », *RFSP*, 2000, vol. 50, n° 2, pp. 307-332.

matrice) et, d'autre part, jugent possibles sa mise en œuvre et sa pérennisation (faisabilité politique).

Il semble donc évident qu'il convient de tenir compte du rôle prépondérant que jouent les « soutiers de l'évaluation »[12]. Toutefois, le poids et la légitimité de ces derniers sont déterminants dans le développement de la pratique évaluative. En effet, l'activité militante est vouée à l'échec si elle reste déconnectée des lieux de prise de décision.

De plus, il existe un « *folklore de l'évaluation avec ses us et ses coutumes* »[13], c'est-à-dire que des rituels et des cérémonials rythment les étapes d'une évaluation. Par extension, nous avons constaté que ce phénomène est également présent lors de l'institutionnalisation de la pratique. En effet, chaque dispositif entraîne son flot de discours de légitimation et d'(auto-)justification. Les acteurs qui y sont associés se mobilisent pour en vanter l'organisation avant que la confrontation au réel ne leur donne raison ou tort. Dans ce cas, d'autres discours cherchent à énoncer un diagnostic et à suggérer une marche à suivre pour opérer un revirement. Il est intéressant de constater que l'institutionnalisation suit un parcours incrémental durant lequel les acteurs en présence changent peu. En règle générale, les rôles sont redistribués dans un espace des possibles très limité. En effet, reconnaître la nécessité de l'évaluation n'implique pas nécessairement son institutionnalisation. Dans le même ordre d'idée, l'institutionnalisation ne conditionne pas la réalisation d'évaluations ni leur utilisation. L'organisation de l'évaluation est présentée par certains comme une condition déterminante de son développement, c'est-à-dire que la « forme est indissociablement liée au fond. [Même s'] il ne suffit pas d'une organisation adéquate (d'outils fiables, d'informations disponibles, d'experts qualifiés et de rôles bien définis) pour que l'évaluation se concrétise dans des réformes »[14].

À la lecture des chapitres qui précèdent, nous constatons que cette question suscite de nombreuses interrogations auxquelles nous avons tenté d'apporter une amorce de réponse sans considérer la procéduralisation comme la panacée. En effet, sur ce point, il arrive que « le montage d'instances ressemble alors à une construction d'usines à gaz dévoreuse de temps et d'énergie alors que ces mêmes dispositifs se voient en même temps largement privés de ressources pour mener correctement

---

[12] Chanut, V., « L'évaluation : affaire d'État ou question d'organisation ? », *PMP*, 2002, vol. 20, n° 4, p. 7.

[13] Chanut, V., « Contes et mécomptes d'une connaissance ordinaire », *Pouvoirs locaux*, 2003, n° 57, p. 99.

[14] Chanut, V., « L'évaluation : affaire d'État ou question d'organisation ? », *PMP*, 2002, vol. 20, n° 4, p. 26.

leur travail à terme »[15]. D'un autre côté, « l'institutionnalisation de l'évaluation a joué et peut jouer un rôle utile pour susciter de nouvelles démarches et crédibiliser cette approche nouvelle dans l'administration »[16]. Pour cela, il est nécessaire d'envisager des critères d'appréciation voire de mesure de cette efficacité. La réappropriation des recommandations et des enseignements formulés à l'issue d'un processus évaluatif représente, par exemple, une première piste à explorer.

En nous intéressant à la construction des dispositifs institutionnels d'évaluation des politiques publiques dans quatre pays européens, nous avons mis en évidence l'existence de dynamiques d'action publique peu synchronisées. Cet état s'explique par la coexistence d'un certain nombre d'aléas conjoncturels associés à l'hétérogénéité des ambitions des porteurs de projets qui se situent généralement dans le court terme et qui tentent d'infléchir la dynamique de structures imprégnées du poids de leur histoire. À certains moments, il apparaît que les constructions et les réformes qui les accompagnent n'ont qu'un faible impact sur le comportement des acteurs.

En conclusion, nous constatons que l'évaluation, objet polymorphe, « a moins à craindre de son institutionnalisation proprement dite que de son enfermement dans des discours d'école »[17] souvent stériles ou du moins paralysants en termes d'innovation. C'est à cette condition que sera surmonté le double complexe dont souffre encore l'évaluation : de supériorité à travers une sacralisation de cette démarche, assimilée à une affaire d'État, quasiment infaillible et apportant une réponse à tous les problèmes ; et d'infériorité, en raison du désenchantement face au constat que les efforts consentis ne sont pas à la hauteur des résultats obtenus[18].

---

15 Thoenig, J.-C., *op. cit.*, pp. 34-35.

16 Hespel, V., « L'avenir institutionnel de l'évaluation des politiques publiques », *PMP*, 2002, vol. 20, n° 4, p. 52.

17 Duran, P., « L'évaluation au risqué de son institutionnalisation », *PMP*, 2002, vol. 20, n° 4, p. V.

18 Chanut, V., *op. cit.*, p. 5.

Bibliographie sélective

Les références qui suivent sont celles qui nous ont été le plus utiles dans la réalisation de notre travail. La bibliographie exhaustive de notre thèse est disponible sur http://www.stevejacob.net/these.htm

1. Monographie et articles de revue

1.1. Questions de méthode

Badie, B. et G. Hermet, *La politique comparée*, Paris, Armand Colin, 2001.

Blondel, J., « Plaidoyer pour une conception œcuménique de l'analyse politique comparée », *RIPC*, 1994, vol. 1, n° 1, pp. 5-18.

Chaty, L., « Éléments de pratique pour l'analyse des institutions » dans CURAPP, *Les méthodes au concret*, Paris, PUF, 2000, pp. 253-274.

Feick, J., « L'analyse comparative des politiques publiques », *L'année sociologique*, 1990, vol. 40, pp. 179-225.

Gerhardt, U., « The Use of Weberian Ideal-type Methodology in Qualitative Data Interpretation: An Outline for Ideal-type Analysis », *Bulletin de méthodologie sociologique*, 1994, n° 45, p. 74-126.

Hamel, J., « Pour la méthode de cas : considérations méthodologiques et perspectives générales », *Anthropologie et sociétés*, 1989, vol. 13, n° 3, pp. 59-72.

Hassenteufel, P., « Deux ou trois choses que je sais d'elle. Remarques à propos d'expériences de comparaisons européennes » dans CURAPP, *Les méthodes au concret*, Paris, PUF, 2000, pp. 105-124.

Heidenheimer, A., Heclo, H. et C. Adams, *Comparative Public Policy: The Politics of Social Choice in America, Europe and Japan*, New York, St Martin's Press, 3e éd., 1990.

Inkeles, A. « Cross Cultural Research Confronts the Needs of Policymaker » dans Dierkes, M., Weiler, H. et A. Antal (eds.), *Comparative Policy Research: Learning from Experience*, Gower, Aldershot, 1987, pp. 50-55.

Knoepfel, P. et C. Larrue, « Les politiques publiques comparées : tourisme intelligent ou vrai progrès ? Le cas des politiques comparées de l'environnement », *PMP*, 1984, vol. 2, n° 3, p. 45-63.

Landman, T., *Issues and Methods in Comparative Politics: An Introduction*, Londres, Routledge, 2000.

Ragin, C. et H. Becker (eds.), *What Is a Case?*, Cambridge, Cambridge University Press, 1992.

Sartori, G., « Bien comparer, mal comparer », *RIPC*, 1994, vol. 1, n° 1, pp. 19-36.

Seiler, D.-L., « Science politique, comparaison et universaux ou ce que comparer veut dire ... », *RIPC*, 1994, vol. 1, n° 1, pp. 91-110.

Seiler, D.-L., *La méthode comparative en science politique*, Paris, Armand Colin, 2004.

Smith, A., « L'analyse comparée des politiques publiques : une démarche pour dépasser le tourisme intelligent ? », *RIPC*, 2000, vol. 7, n° 1, pp. 7-19.

Stepan, A., *Arguing Comparative Politics*, Oxford, Oxford University Press, 2001.

Timney-Bailey, M., « Do Physicists Use Case Studies? Thoughts on Public Administration Research » dans White, J. et G. Adams, *Research in Public Administration. Reflections on Theory and Practice*, Thousand Oaks-London, Sage, 1994, pp. 183-196.

Yin, R., *Applications of Case Study Research*, Newbury Park-London, Sage, 1993.

1.2. Réflexions sur l'institutionnalisme et la théorie des organisations

Aranson, P., « The New Institutional Analysis of Politics », *Journal of Institutional and Theoretical Economics*, 1998, vol. 154, n° 4, pp. 744-753.

Clemens, E. et J. Cook, « Politics and Institutionalism: Explaining Durability and Change », *Annual Review of Sociology*, 1999, vol. 25, pp. 441-466.

Desreumaux, A., *Théorie des Organisations*, Paris, Éditions Management et Société, 1998.

Diermeier, D. et K. Krehbiel, « Institutionalism as a Methodology », *Journal of Theoretical Politics*, 2003, vol. 15, n° 2, pp. 123-144.

Gorges, M., « New Institutionalist Explanations for Institutional Change: A Note of Caution », *Politics*, 2001, vol. 21, n° 2, pp. 137-145.

Holm, P., « The Dynamics of Institutionalization: Transformation Processes in Norwegian Fisheries », *Administrative Science Quarterly*, 1995, vol. 40, n° 3, pp. 398-422.

Kaufman, H., *Are government Organizations Immortal?*, Washington, Brookings Institution, 1976.

Lane, J.-E. et S. Ersson, *The New Institutional Politics. Performance and Outcomes*, London-New York, Routledge, 2000.

Lowndes, V., « Varieties of New Institutionalism: A Critical Appraisal », *Public Administration*, 1996, vol. 74, pp. 181-198.

March, J et J. Olsen, *Rediscovering Institutions. The Organizational Basis of Politics*, New York, Free press, 1989.

March, J. et J. Olson, « Organizing Political Life: What Administrative Reorganization Tells Us About Government », *APSR*, 1983, vol. 77, n° 2, pp. 281-296.

Mayntz, R. et F. Scharpf, « L'institutionnalisme centré sur les acteurs », *Politix*, 2001, vol. 14, n° 55, pp. 95-123.

Meier, K.J. et J. Bohte, « Not With a Bang, But a Whimper. Explaining Organizational Failures », *Administration and Society*, 2003, vol. 35, n° 1, pp. 104-121.

Pierson, P., « The limits of Design: Explaining Institutional Origins and Change », *Governance*, 2000, vol. 13, n° 4, pp. 475-486.

Powell, W., et P. DiMaggio (eds.), *The New Institutionalism in Organizational Analysis*, Chicago, University of Chicago Press, 1991.

Quermonne, J.-L., « Les politiques institutionnelles : essai d'interprétation et de typologie » dans Grawitz, M. et J. Leca (dir.), *Traité de science politique*, Paris, PUF, 1985, t. 4, pp. 61-88.

Searing, D., « Roles, Rules and Rationality in the New Institutionalism », *APSR*, 1991, vol. 85, n° 4, pp. 1239-1260.

Thelen, K., « Comment les institutions évoluent : perspectives de l'analyse comparative historique » dans Association recherche et régulation, *L'année de la régulation. Économie, institutions, pouvoirs*, Paris, Presses de Sciences Po, 2003, pp. 13-43.

Vining, A. et D. Weimer, « Inefficiency in Public Organizations », *International Public Management Journal*, 1999, vol. 2, n° 1, pp. 1-24.

Weaver, R. et B. Rockman (eds.), *Do Institutions Matter? Government Capabilities in the United States and Abroad*, Washington, Brookings Institution, 1993.

1.3. Analyse et évaluation des politiques publiques

Baslé, M. et C. Guignard-Hamon (dir.), *Évaluation et gouvernance. Actes du colloque de Rennes des 15 et 16 juin 2000*, slnd.

Bemelmans-Videc, M.-L., Elte, R. et E. Koolhaas, « Policy Evaluation in the Netherlands: Context and State of Affairs » dans Rist, R. (ed.), *Program Evaluation and the Management of Government : Patterns and Prospects Across Eight Nations*, New Brunswick, Transaction Publisher, 1998, pp. 105-118.

Boual, J.-C. et P. Brachet, *L'évaluation démocratique : outil de citoyenneté active*, Paris, L'Harmattan, 2000.

Bussmann W., Klöti, U. et P. Knoepfel (dir.), *Politiques publiques : évaluation*, Paris, Économica, 1998.

Chanut, V., « L'évaluation : affaire d'État ou question d'organisation ? », *PMP*, 2002, vol. 20, n° 4, pp. 1-32.

Conan, M., *L'évaluation constructive : théorie, principes et éléments de méthode*, La Tour d'Aigues, De l'Aube, 1998.

de Visscher, C. et F. Varone (dir.), *Évaluer les politiques publiques : regards croisés sur la Belgique*, Louvain-la-Neuve, Academia Bruylant, 2001.

Duran, P., « Les ambiguïtés politiques de l'évaluation », *Pouvoirs*, n° 67, 1993, pp. 137-149.

Duran, P., « Les non-dits de l'évaluation » dans Timsit, G. (dir.), *Les administrations qui changent : innovations techniques ou nouvelles logiques ?*, Paris, PUF, 1996, pp. 161-186.

Duran, P. et É. Monnier, « Le développement de l'évaluation en France. Nécessités techniques et exigences politiques », *RFSP*, 1992, vol. 42, n° 2, pp. 235-262.

Fontaine, J., « Évaluation des politiques publiques et sciences sociales utiles. Raisons des décideurs, offres d'expertise et usages sociaux dans quelques pratiques régionales », *Politix*, 1996, n° 36, pp. 51-71.

Furubo, J.-E., Rist, R. et R. Sandhal (eds.), *International Atlas of Evaluation*, New Brunswick, Transaction Publishers, 2002.

Gaxie, D. et P. Laborier, « Des obstacles à l'évaluation des actions publiques et quelques pistes pour tenter de les surmonter » dans Favre, P., Hayward, J. et Y. Schemeil (dir.), *Être gouverné. Études en l'honneur de Jean Leca*, Paris, Presses de Sciences Po, 2003, pp. 201-224.

Hespel, V., « L'avenir institutionnel de l'évaluation des politiques publiques », *PMP*, 2002, vol. 20, n° 4, p. 61.

Hoogewerf, A., « Policy Evaluation and Government in the Netherlands: Meta Evaluation Research as One of the Solutions » dans Mayne, J. *et al.* (eds.), *Advancing Public Policy Evaluation: Learning from International Experiences*, Amsterdam, Elsevier, 1992, pp. 215-227.

Horber-Papazian, K., *Évaluation des politiques publiques en Suisse : Pourquoi ? Pour qui ? Comment ?*, Lausanne, Presses polytechniques et universitaires romandes, 1990.

Jacob, S. et F. Varone, *Évaluer l'action publique : état des lieux et perspectives en Belgique*, Gand, Academia Press, 2003.

Jacob, S. et F. Varone, « L'évaluation des politiques publiques en Belgique : état des lieux au niveau fédéral », *Administration publique. Revue du droit public et des sciences administratives*, 2001, n° 2, pp. 119-129.

Kessler, M.-C. *et al.* (dir.), *Évaluation des politiques publiques*, Paris, L'Harmattan, 1998.

Knoepfel, P. Larrue, C. et F. Varone, *Analyse et pilotage des politiques publiques*, Genève-Bâle-Munich, Helbing et Lichtenhahn, 2001.

Leca, J., « Sur le rôle de la connaissance de la modernisation de l'État et le statut de l'évaluation », *RFAP*, 1993, n° 66, pp. 185-196.

Leca, J., « L'évaluation comme intervention : sciences sociales et pratiques administratives et politiques » dans Finger, M. et B. Ruchat, *Pour une nouvelle approche du management public*, Paris, Seli Arslan, 1997, pp. 213-232.

Lonsdale, J., « L'évolution des méthodes d'audit de l'optimisation des ressources – impacts et implications », *RISA*, 2000, vol. 66, n° 1, pp. 85-105.

Meny, Y. et J.-C. Thoenig, *Politiques publiques*, Paris, PUF, 1989.

Monnier, É., *Évaluation de l'action des pouvoirs publics*, Paris, Économica, 2e éd., 1992.

Moor, P., « Du modèle de la séparation des pouvoirs à l'évaluation des politiques publiques » dans *De la Constitution. Études en l'honneur de Jean-François Aubert*, Bâle, Helbing et Lichtenhahn, 1996, pp. 627-646.

Muller, P. et Y. Surel, *L'analyse des politiques publiques*, Paris, Montchrestien, 1998.

Nioche, J.-P., « L'évaluation des politiques publiques en France : "fast food", recettes du terroir ou cuisine internationale ? », *RFAP*, 1993, n° 66, pp.209-220.

Perret, B., *L'évaluation des politiques publiques*, Paris, La Découverte, 2001.

Spenlehauer, V., *L'évaluation de politique, usages sociaux. Trois études de cas d'évaluation*, Paris, L'Harmattan, 1995.

Spenlehauer, V., « Une approche historique de la notion de "politiques publiques". Les difficultés d'une mise en pratique d'un concept », *Informations sociales*, 2003, n° 110, pp. 34-45.

Rangeon, F., *et al.*, *L'évaluation dans l'administration*, Paris, PUF, 1993.

Rossi, P.H. et H.E. Freeman, *Evaluating: A Systematic Approach*, 5th ed., Newbury Park, Sage, 1993.

Scriven, M., *Evaluation Thesaurus*, Newbury Park, Sage, 1991.

Tenzer, N., « L'évaluation : de la modernisation de l'administration à la réforme de l'action publique », *Revue française des affaires sociales*, 2000, n° 1, pp. 35-45.

Thoenig, J.-C., « L'évaluation en actes : leçons et perspectives », *PMP*, 2002, vol. 20, n° 4, pp. 35-50.

Thoenig, J.-C., « Politiques publiques et action publique », *RIPC*, 1998, vol. 5, n° 2, pp. 295-314.

Thoenig, J.-C., « L'évaluation, source de connaissances applicables aux réformes de la gestion publique », *RFAP*, 1999, n° 92, pp. 681-693.

Van der Knaap, P., « Performance Management and Policy Evaluation in the Netherlands », *Evaluation*, 2000, vol. 6, n° 3, pp. 335-350.

Varone, F. et S. Jacob, « Institutionnalisation de l'évaluation et Nouvelle Gestion Publique : un état des lieux comparatif », *RIPC*, vol. 11, n° 2, 2004, pp. 271-292.

Warin, P., *Les usagers dans l'évaluation des politiques publiques : étude des relations de service*, Paris, L'Harmattan, 1993.

1.4. Administration et gestion publiques

Andeweg, R. et G. Irwin, *Dutch Government and Politics*, Londres, Macmillan, 1993.

Badie, B. et P. Birnbaum, *Sociologie de l'État*, Paris, Grasset, 1979.

Behn, R., *Rethinking Democratic Accountability*, Washington, Brookings Institution Press, 2001.

Bézès, P., « Les hauts fonctionnaires croient-ils à leurs mythes ? L'apport des approches cognitives à l'analyse des engagements dans les politiques de réforme de l'État. Quelques exemples français (1988-1997) », *RFSP*, 2000, vol. 50, n° 2, pp. 307-332.

Bézès, P., « Aux origines des politiques de réforme administrative sous la Ve République : la construction du "souci de soi de l'État" », *RFAP*, 2003, n° 102, pp. 307-325.

Bouckaert, G., « Techniques de modernisation et modernisation des techniques : évaluer la modernisation de la gestion publique » dans Rouban, L. (dir.), *Le service public en devenir*, Paris, L'Harmattan, 2000, pp. 107-128.

Dierickx, G., « Senior Civil Servants and Bureaucratic Change in Belgium », *Governance*, 2003, vol. 16, n° 3, pp. 321-348.

Dreyfus, F., *L'invention de la bureaucratie : servir l'État en France, en Grande-Bretagne et aux États-Unis (XVIIIe-XXe siècle)*, Paris, La Découverte, 2000.

Duran, P., *Penser l'action publique*, Paris, LGDJ, 1999.

Eymeri, J.-M., *Pouvoir politique et haute administration. Une comparaison européenne*, Maastricht, EIPA, 2001.

Genard, J.-L., « Spécificités de l'administration publique belge et réformes administratives » dans Gobin, C. et B. Rihoux (dir.), *La démocratie dans tous ses états. Systèmes politiques : entre crise et renouveau*, Louvain-la-Neuve, Academia Bruylant, 2000, pp. 163-174.

Germann, R., *Administration publique en Suisse : l'appareil étatique et le gouvernement*, Berne-Stuttgart, Vienne, Haupt, 1996.

Hood, C., « A Public Management for All Seasons? », *Public Administration*, vol. 69, n° 1, 1991, pp. 3-19.

Jacob, S. et J-L. Genard (eds.), *Expertise et action publique*, Bruxelles, Éditions de l'Université de Bruxelles, 2004.

Jobert, B., « La régulation politique : le point de vue d'un politiste » dans Commaille, J. et B. Jobert, *Les métamorphoses de la régulation politique*, Paris, LGDJ, 1998, pp. 119-144.

Jobert, B. et P. Muller, *L'État en action : politiques publiques et corporatismes*, Paris, PUF, 1987.

Joye, D., « Entre science et politique : l'expert » dans Bassand, M. Galland, B. et D. Joye, (eds.), *Transformations techniques et sociétés*, Berne, Peter Lang, 1992, pp. 89-102.

Kessler, M.-C., *Les grands corps de l'État*, Paris, PUF, Que sais-je ?, 1994.

Kickert, W., « Réformes administratives et gestion publique aux Pays-Bas », *RFAP*, 1995, n° 75, pp. 401-412.

Kickert, W. et F. van Vucht, *Public Policy and Administration Sciences in the Netherlands*, Hertfordshire, Prentice Hall, 1995.

Knoepfel, P. et F. Varone, « Mesurer la performance publique. Méfions-nous des terribles simplificateurs », *PMP*, 1999, vol. 17, n° 2, pp. 123-145.

Kriesi, H., *Le système politique suisse*, Paris, Économica, 1995.

Lowi, T., « The State in Political Science: How We Become What We Study ? », *APSR*, 1992, vol. 86, n° 1, pp. 1-7.

Meny, Y., *Le système politique français*, Paris, Montchrestien, 1999.

Osborne, D. et T. Gaebler, *Reinventing Government: How the Entrepreneurial Spirit is Transforming the Public Sector ?*, Meulo Park, Addison-Wesley, 1992.

Pelgrims, C., « Ministeriële kabinetten als flexibele brug tussen politiek en administratie. Een onderzoek naar de instroom in de ministeriële kabinetten », *Res Publica*, 2002, vol. 44, n° 4, pp. 627-650.

Pollitt, C. (e.a.), *Performance or Compliance? Performance Audit and Public Management in Five Countries*, Oxford, Oxford University Press, 1999.

Rouban, L., *Le service public en devenir*, Paris, L'Harmattan, 2001.

Soeters, J., « Cultures gouvernementales et administratives en Belgique et aux Pays-Bas : de la divergence à la convergence ? », *RISA*, 1995, vol. 62, n° 2, pp. 299-314.

Stenmans, A., *La transformation de la fonction administrative en Belgique. Administration publique et société*, Bruxelles, CRISP, 1999.

Timsit, G. (dir.), *Les administrations qui changent : innovations techniques ou nouvelles logiques ?*, Paris, PUF, 1996.

2. Liste des entretiens

2.1. Belgique

- Avontroodt, Yolande : présidente de la Commission santé publique de la Chambre (Bruxelles – 29 novembre 2001).
- Delésie, Caroline : présidente de la Commission d'aide aux victimes d'actes intentionnels de violence (Bruxelles – 9 janvier 2002).
- Denève, Christian, directeur général de l'administration des services généraux et de la communication au ministère de l'Emploi et du Travail (Bruxelles – 16 janvier 2002).
- De Neyer, Véronique : aimer à Louvain-la-Neuve (Louvain-la-Neuve – 30 octobre 2001).
- D'Haenens, Koen : conseiller au Cabinet du ministre de la Justice (par téléphone le 27 janvier 2002).
- De Vos, Dominique : directrice adjointe de l'Agence pour la simplification administrative (Bruxelles – 20 décembre 2001).
- Deweirt, Françoise : secrétariat de la Commission nationale d'évaluation (Bruxelles – 15 octobre 2001).
- Durieu, Jean-Luc, conseiller à la direction de la communication du ministère de l'Emploi et du Travail (Bruxelles – 16 janvier 2002).
- Erdman, Fred : président de la Commission justice de la Chambre (Bruxelles – 7 novembre 2001).
- Huart, Alain : ancien chef de cabinet de la Commissaire du gouvernement à la simplification administrative (par téléphone le 14 février 2002).
- Jadot, Michel : secrétaire général du ministère de l'Emploi et du Travail (Bruxelles – 6 décembre 2001).
- Kegels, Chantal : Bureau fédéral du Plan (Bruxelles – 13 décembre 2001).
- Paeleman, Valérie : évaluatrice interne au Service d'aide à l'intégration sociale de Tournai (Tournai – 22 octobre 2001).
- Paneels, Kris : conseiller à la direction générale de la coopération internationale (Bruxelles – 12 novembre 2001).
- Swaelens, Jean-Michel : chef de cabinet adjoint du Cabinet de la coopération au développement (Bruxelles – 14 novembre 2001).
- Targé, Carol : fonctionnaire au SPP (ministère de l'Intérieur) (Bruxelles – 24 octobre 2001).

- Trosch, Alain, Ketels, Michel et Joly, Pierre : Premier auditeur-directeur, Premier auditeur-réviseur et Auditeur à la Cour des comptes (Bruxelles – 7 novembre 2001).
- Van Esbroeck, Dirk : consultant chez South Research (Leuven – 5 novembre 2001).
- Van Goidsenhoven, Éric : conseiller au Cabinet du ministre de l'Intérieur (Bruxelles – 31 octobre 2001).

2.2. France

- Barbier, Jean-Claude : Directeur de recherche au Centre d'études de l'emploi – Ancien secrétaire de la SFE (Paris – 6 juin 2001).
- Berger, Guy : Président de la deuxième chambre de la Cour des comptes. Il a été président de l'instance d'évaluation de la loi Évin (Paris – 23 avril 2001).
- Chanut, Véronique : Rapporteur générale du Conseil national de l'évaluation (Paris – 25 avril 2001).
- Cousquer, Yves : Ancien président du Conseil national de l'évaluation (Limoges – 16 octobre 2003).
- Cytermann, Jean-Richard : Directeur de la direction de la programmation et du développement (DPD) au ministère de l'Éducation nationale (Paris – 16 mai 2001).
- Gibert, Patrick : Professeur à Paris X et directeur de l'Institut du management public (Paris – 21 mai 2001).
- Guignard-Hamon, Claire : Chargée de mission au Commissariat général du Plan (Paris – 14 mai 2001).
- Lamarque, Danièle : Présidente de la Chambre régionale des comptes de Haute-Normandie – Membre du CNE et du CSE (Paris – 2 mai 2001).
- Leca, Jean : Professeur des Universités à l'IEP de Paris – Ancien président du Conseil scientifique de l'Évaluation (Paris)[1].
- Marchand, Sylvie : Chef du bureau des statistiques, études et évaluation (FP9) de la DGAFP au ministère de la Fonction publique et de la Réforme de l'État (Paris – 30 avril 2001).
- Menasseyre, Bernard : Président de la septième chambre de la Cour des comptes (Paris – 21 mai 2001).
- Monnier, Éric : Directeur du centre C3E et professeur à l'Université de Genève (Lyon – 5 juillet 2001).
- Nioche, Jean-Pierre : Professeur à HEC – Membre du bureau de la SFE (Paris – 26 juin 2001).
- Perret, Bernard : ministère de l'Équipement – Membre du CNE et du CSE – Membre du bureau SFE (Paris – 25 avril 2001).

[1] Jean Leca nous a accordé plus d'un entretien puisqu'il a dirigé notre mémoire de DEA à l'IEP de Paris. Au fil de nos nombreuses discussions, il nous a fait part de ses souvenirs et nous a remis certains documents inédits au sujet de sa présidence du CSE. Par souci de confidentialité, certains passages de ses archives sont repris sous forme de propos d'entretien dans le texte.

- Savy, Robert : Président du Conseil régional du Limousin (Limoges – 16 octobre 2003).
- Tenzer, Nicolas : Chef du service modernisation de l'État et évaluation du Commissariat général du Plan (Paris – 2 mai 2001).
- Thoenig, Jean-Claude : Professeur et membre du GAPP de l'ENS de Cachan – Membre du CSE (Paris – 16 mai 2001).

2.3. *Pays-Bas*

- Herweijer, Michel : Professeur d'administration publique à l'Université de Groningen (Groningen – 1er juillet 2002).
- Israël, Érik : Chef de projet à la Cour des comptes (La Haye – 26 juin 2002).
- Leeuw, Frans : Professeur de sociologie à l'Université d'Utrecht, Inspecteur de l'enseignement supérieur et ancien président de la Société européenne d'évaluation (Haarlem – 16 août 2002).
- Ramawadh, Aniel : Fonctionnaire du ministère des Finances (La Haye – 28 août 2002).
- Van der Knaap, Peter : Directeur de l'unité évaluation du ministère des Finances (La Haye – 28 août 2002).
- Van der Meer, Frans-Bauke : Professeur d'administration publique à l'Université Érasme de Rotterdam (Rotterdam – 5 juillet 2002).

2.4. *Suisse*

- Balthasar, Thomas : Directeur d'*Interface Institut für Politikstudien* et Président de la Société suisse d'évaluation (Lucerne – 7 mars 2002).
- Bussmann, Werner : Fonctionnaire à l'Office fédéral de la justice (Berne – 11 mars 2002).
- Catacin, Sandro : Directeur du *Swiss Forum for Migration and Population Studies* de l'Université de Neuchâtel (Neuchâtel – 12 mars 2002).
- Delley, Jean-Daniel : Professeur à l'Université de Genève, Faculté de droit et Président de la Commission externe d'évaluation du canton de Genève (Genève – 13 mars 2002).
- Janett, Daniel : Chef de l'Organe parlementaire de contrôle de l'administration (Berne – 11 mars 2002).
- Laübli-Loud, Marlène : Cheffe du Centre de compétence en évaluation de l'Office fédéral de la santé publique (Berne – 8 mars 2002).
- Sangra, Emmanuel : Secrétaire permanent de la Commission externe d'évaluation du canton de Genève (Genève – 13 mars 2002). Responsable du centre de compétences « audit de rentabilité et évaluation » du Contrôle fédéral des finances (par téléphone le 3 septembre 2003).
- Schwab, Philippe : Secrétaire des Commissions de gestion des Chambres fédérales (Berne – 12 mars 2002).
- Widmer, Thomas : Chercheur à l'Université de Zurich et membre du comité de la Société européenne d'évaluation (Zurich – 7 mars 2002).
- Zogg, Serge : Chef adjoint de l'Organe parlementaire de contrôle de l'administration (Berne – 11 mars 2002).

Collection « Cité européenne »

« Cité européenne » est une collection interdisciplinaire ayant pour objet l'étude de l'intégration européenne au sens large. Tout en mettant l'accent sur l'Union européenne, elle encourage par ailleurs la publication d'ouvrages ayant une perspective pan-européenne, ainsi que des études comparatives, notamment sur d'autres formes d'intégration dans le monde. Les disciplines principales de la collection sont les sciences politiques et économiques, le droit et l'histoire. D'un haut niveau scientifique, « La Cité européenne » s'adresse tout autant au monde académique qu'aux acteurs politiques et aux praticiens et vise à promouvoir un large débat sur les questions européennes.

Directeur de collection : **Pascaline WINAND**,
Professeur à l'Université libre de Bruxelles et Chercheur qualifié du Fonds national de la recherche scientifique (Belgique)

Titres parus

- N° 37 : *Centre et centrisme en Europe aux XIXe et XXe siècles. Regards croisés*, Sylvie Guillaume et Jean Garrigues (dir.), 2006, 288 p., ISBN 90-5201-317-9
- N° 36 : *Vers une Europe fédérale ? Les espoirs et les actions des fédéralistes au sortir de la Seconde Guerre mondiale*, Bertrand VAYSSIÈRE, 2006, 416 p., ISBN 90-5201-079-X
- N° 35 : *Institutionnaliser l'évaluation des politiques publiques. Étude comparée des dispositifs en Belgique, en France, en Suisse et aux Pays-Bas*, Steve JACOB, 2005 (2e tirage 2006), 271 p., ISBN 90-5201-078-1
- N° 34 : *Visions, Votes and Vetoes. The Empty Chair Crisis and the Luxembourg Compromise Forty Years On*, Jean-Marie PALAYRET, Helen WALLACE & Pascaline WINAND (eds.), 2006, 339 p., ISBN 90-5201-078-1
- N° 33 : *To Strenghten Unity. The US State Department's Foreign Leader Program in Western Europe (1950-1973)*, Giles SCOTT SMITH, à paraître
- N° 32 : *Le droit institutionnel de la sécurité intérieure européenne*, Pierre BERTHELET, 2003, 324 p., ISBN 90-5201-193-1
- N° 31 : *La crise autrichienne de la culture politique européenne*, Jacques LE RIDER & Nicolas LEVRAT (dir.), 2004, ISBN 90-5201-188-5

- N° 30 : *Les opinions publiques face à l'Europe communautaire. Entre cultures nationales et horizon européen /Public Opinion and Europe. National Identities and the European Integration Process*, Anne DULPHY & Christine MANIGAND (eds.), 2004, ISBN 90-5201-186-9
- N° 29 : *Droit et souverainetés. Analyse critique du discours européen sur la Yougoslavie*, Barbara DELCOURT, 2003, 487 p., ISBN 90-5201-179-6
- N° 28 : *L'Europe et ses collectivités territoriales. Réflexions sur l'organisation et l'exercice du pouvoir territorial dans un monde globalisé*, Nicolas LEVRAT, 2005, 304 p., ISBN 90-5201-174-5
- N° 27 : *The European Union Transformed. Community Method and Institutional Evolution from the Schuman Plan to the Constitution for Europe*, Youri DEVUYST, Revised and updated edition, 2006, 205 p., ISBN 90-5201-278-4
- N° 26 : *The Atlantic Alliance for the 21st Century*, Alfred CAHEN, Atlantic Treaty Association, 2001, 139 p., ISBN 90-5201-946-0
- N° 25 : *L'Alliance Atlantique pour le XXIe siècle*, Alfred CAHEN, Association du Traité Atlantique, 2001, 139 p., ISBN 90-5201-945-2
- N° 24 : *Ever Closer Partnership. Policy-Making in US-EU Relations*, Éric PHILIPPART & Pascaline WINAND (eds.), 2001 (3e tirage 2004), 377 p., ISBN 90-5201-938-X
- N° 23 : *Le pouvoir renforcé du Parlement européen après Amsterdam*, Andreas MAURER, Groupe d'Études Politiques Européennes, 2000, 126 p., ISBN 90-5201-928-2
- N° 22 : *L'Europe et ses citoyens*, Louis le HARDŸ de BEAULIEU (ed.), Groupe d'Études Politiques Européennes, 2000, 238 p., ISBN 90-5201-929-0
- N° 21 : *The Euro and European Integration / L'Euro et l'intégration européenne*, EURO INSTITUTE / INSTITUT DE L'EURO, Jean-Victor LOUIS & Hajo BRONKHORST (eds.), 1999, 366 p., ISBN 90-5201-912-6
- N° 20 : *L'idée fédéraliste dans les États-nations. Regards croisés entre la Wallonie et le monde*, Philippe DESTATTE (dir.), Institut Jules Destrée, 1999, 464 p., ISBN 90-5201-902-9
- N° 19 : *L'identité européenne de sécurité et de défense. Des coopérations militaires croisées au Livre blanc européen,* André DUMOULIN, 1999, 294 p., ISBN 90-5201-901-0